루이스 헤이의
자기 사랑 치유 혁명

MODERN-DAY Miracles

by Louise L. Hay

Copyright © 2010 by The Hay Foundation

Original English Language Publication by Hay House, Inc., California, USA.

Korean translation rights arranged with Hay House, Inc, USA and Kmiraclemorning Publishing Inc.,

Seoul Korea through Interlicense Ltd.

이 책의 한국어판 저작권은 헤이 하우스 원저작권자의 독점 계약으로 도서출판 케이미라클모닝에 있습니다. 신저작권법에 의하여 저작권 보호를 받는 서적으로 무단 전재와 복제를 금합니다.

MODERN DAY

— 루이스 헤이에게 온 기적 편지 —

MIRACLES

루이스 헤이와 친구들 지음 | 엄남미 옮김

루이스 헤이의
자기 사랑 치유 혁명

케이미라클모닝

서문

나는 오랫동안 '내가 알아야 할 모든 건 이미 나에게 주어져 있다. 내가 필요로 하는 모든 건 나에게 나타난다. 나의 세상에서는 모든 것이 좋다.'라고 믿어 왔습니다.

새로운 지식은 없습니다. 모든 것은 원래부터 있었고 끝이 없습니다. 치유 과정에 있는 분들에게 도움이 되는 지혜와 지식을 한데 모으게 되어서 기쁘고 즐겁습니다.

이 책을 읽는 수많은 고객과, 같은 분야에 종사하고 있는 친구들, 나를 통해서 다른 사람이 알아야 할 것들을 영적(靈的) 교신해 주시는 신성하고 무한한 지혜를 가르쳐 준 모든 존재에게 감사합니다.

— 루이스 L. 헤이

목차

시작하는 글

30년 전, 나는 첫 번째 책《힐 유어 바디》(원제 : Heal your Body)
를 썼습니다. 이 책은 사람들에게 몸과 마음이 연결되어 있다는
중요한 사실을 인식하도록 돕는 책입니다.

나는 어린 시절 학대 받으며, 극심한 가난과 낮은 자존감에
허덕이며 살아왔습니다. 그 후, 낡은 부정적인 신념을 긍정적인
것으로 바꾸었을 때 얼마나 영향력이 있는지 체험을 통해 알게 되
었습니다. 그리고 뒤에 암 진단을 받았을 때, 한 번 더 오래된 낡은
분노를 청소할 기회를 얻었다고 여기게 되었습니다. 나는 용서하
는 작업을 하고 과거의 상처를 내려놓음으로써 나의 몸과 영혼을
치유했습니다. 무엇보다도 중요한 것은, 나 자신을 진심으로 사랑
하고 받아들이는 법을 배웠다는 것입니다.

그 뒤 나는《치유-있는 그대로의 나를 사랑하라》(원제 : You

Can Heal Your Life. 이하《치유》로 표기함 - 편집자 주)라는 책을 쓰기 시작했습니다. 이 책에는 다른 자기 계발서에서 배운 내용들도 포함되어 있습니다. 이 책이 그토록 많은 사람에게 감동을 줄지 몰랐습니다.

내가 쓴 책을 출판하기 위해 '헤이 하우스'라는 출판사를 열었고, 20년이 더 지난 오늘날, '헤이 하우스'는 자기 계발·몸·마음·영성 분야에서 최고의 출판사로 성장했습니다. 나는 사람들의 삶을 의미 있게 변화시킬 수 있도록 도와주는 작가들을 지지하는 데 기쁨을 느낍니다.

이 자리를 빌려, 이 책이 내 자신이나 회사를 홍보하기 위한 것이 아닐뿐더러, 어느 특정 영적 성장 방향이나 관점을 홍보하기 위해 쓴 것이 아니라는 점을 분명히 밝혀 두고자 합니다. 그동안 헤이 하우스 직원들과 나는 전 세계의 독자들에게서 편지를 받았는데, 그 안에는 많은 사람이 나의 치유 여정에 큰 영감을 준 것처럼 - 내가 그들의 삶을 치유하는 데 어떤 영감을 주었는지에 대한 이야기가 적혀 있었습니다. 그래서 우리는 이 놀라운 편지들을 책으로 묶는다면 사람들에게 영향을 미치고 삶을 변화시킬 가능성을 줄 수 있을 것으로 생각했습니다. 우리의 희망은 이 책에 실린 사람들의 이야기가 독자들에게 편안함을 주고, 위로되며, 동기 부여를 해 주는 것입니다. 그리고 한 개인이 세상을 치유하는 촉매제가 될 수 있는 구체적인 방법도 알려 주고자 합니다. 나에게는 이런 소임을 수행할 특권을 줬으며, 여러분 역시 여러분의 삶에서 이 역할을 잘 해낼 수 있을 것입니다!

　이 책에서는 건강·직업·사랑과 같은 일반적인 주제를 다룰 것입니다. 많은 이야기가 비슷한 내용을 가지고 있지만, 글쓴이들이 겪었던 주요 문제를 기반으로 분류했습니다. 각 장의 도입부마다 짧은 글로써 그 장의 내용을 소개했으며, 각 장의 마지막 부분에는 여러분의 치유를 촉진할 수 있는 몇 가지 연습 과제를 마련해 놓았습니다. (이런 이유로, 이 책을 읽으실 때 노트를 준비해 두시기를 바랍니다) 또한 우리의 의식을 긍정적으로 변화시켜 주는 확언과 치유 확언도 실었습니다. 다양한 사람들의 이야기를 읽으면서, 책에 실려 있는 연습을 하는 것은 여러분의 삶을 변화시키는 데 가장 중요한 단계입니다.

　전 세계 사람들의 이야기가 담긴 이 책을 읽는 동안, 여러분 자신의 생각, 말, 행동 그리고 의도가 다른 사람들에게 긍정적인 영향을 줄 수 있다는 것을 생각해 보시길 바랍니다. 인생은 이렇게 돌아가는 것이니까요. 어둠 속에 촛불 하나를 밝히는 것은 그 다음 촛불, 그다음 촛불, 그다음 촛불을 밝히는 힘이 됩니다.

　최근에 내 책이 전 세계적으로 5천만 부 이상 팔렸다는 것을 알게 되었습니다. 나는 5천만 개의 초가 또 다른 5천만 개의 초의 불빛을 밝힐 수 있고, 이런 방식으로 계속해서 어둠을 밝힐 수 있다고 생각합니다. 촛불 하나하나가 가진 힘이 얼마나 대단한가요? 이 모든 촛불이 모이면 우리는 전 세계를 환히 밝힐 수 있습니다.

1부
건강

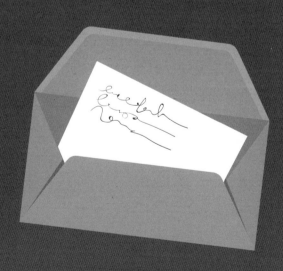

1장
질병(불편함)의 치유

질병이라는 단어에는 건강과 관련된 지 오래된 신념들이 참 많이 연관되어 있습니다. 나는 질병이라는 단어 대신 불편함(dlis-ease)이라고 쓰는 것을 좋아합니다. 불편함이란 우리 자신 또는 환경이 조화를 잘 이루지 못하고 있음을 의미합니다. 이는 또 우리 몸의 기본적인 상태가 편안함이라는 것도 말해 주고 있습니다. 나는 모든 종류의 불편함이 우리의 생각 때문에 생긴 것으로 생각합니다. 우리의 몸은 건강하고 편안한 상태를 원합니다. 또한 몸은 우리가 몸에 대해 생각하고 말하는 모든 것에 귀를 기울이기도 하기에 우리의 신념을 그대로 반영하곤 합니다. 약으로 몸의 증상들을 덮어 버리는 대신 몸이 하는 이야기에 귀 기울이면 우리는 몸의 치유를 위해 무엇을 해야 하는지 알게 됩니다. 자신 생각에 관해 책임을 질 때 건강을 되찾을 힘을 얻게 됩니다.

다음에 나오는 이야기의 주인공들은, 몸이 하는 이야기를 듣고 자신 생각을 바꿈으로써 어떻게 삶의 모든 분야를 치유할 수 있었는지를 보여 줄 것입니다.

믿어라!

- 캘리포니아에서, 은퇴한 빅토리아로부터

"앞으로 3개월 남으셨습니다. 길어야 6개월 정도일 겁니다. 아무래도 삶을 정리하시는 편이 좋을 것 같습니다." 신경외과 전문의가 결혼한 지 7개월밖에 안 된 남편에게 한 말입니다. 나는 망연자실하여 남편과 함께 병원을 나섰습니다. 이런 일이 일어나다니요. 우린 아직 신혼이었습니다. 나는 남편이라는 집, 그리고 그와 함께하는 기쁨을 뇌종양으로 잃고 싶지 않았습니다. 우리는 희생자가 될 수 없었습니다. 우리에겐 기적을 만들 힘이 있었습니다.

남편은 결혼할 때부터 내가 형이상학에 관심이 있다는 것을 알고 있었지만, 나의 인생관에는 익숙하지 않았습니다. 그는 해병대 대령인 아버지 밑에서 규칙을 준수하며 사회 통념을 중시하는 사람으로 성장했고, 아버지를 따라 자신도 해병이 되었습니다.

그런 그였기에 뇌암 중에서도 치명적이라는 뇌종양 진단을 받았을 때 가장 보편적인 치료 방법을 선택했습니다. 두 번의 뇌수술과 화학 요법, 방사선 치료를 받는 과정에서 또 다른 종양이 자라고 있다는 사실을 알게 되자 그는 다른 치료법에 마음을 열었습니다. 우리에겐 낭비할 시간이 없었습니다.

남편과 나는 더 이상 의사들이 그려 준 현실을 받아들이지 않고 우리만의 방식으로 새로운 현실을 만들기로 결심했지요. 의사는 신이 아니며, 이 넓은 우주에 우리를 위한 다른 가능성이 있을 것이라고 믿었습니다.

남편이 건강한 현실을 만들기 위해 우리는 건강한 척했습니다. 비록 남편은 휠체어 신세를 져야 할 정도로 쇠약해져 있었지만, 그에게 건강했을 때의 느낌을 떠올리게 했습니다. 우리는 그때의 감정과 모습을 느끼고 상상했습니다. 믿음이 곧 우리의 만트라(기도나 명상 때 외우는 주문-역자 주)가 되었지요.

우리는 끊임없이 짐의 몸이 자연 치유될 수 있는 방법을 찾았고, 그것들을 치료 과정에 포함했습니다. 효과가 있을 것이라 알려진 세상의 모든 방법이 다 포함되었습니다. 산더미처럼 많은 보조제를 먹었고, 과일 채소즙, 해독 요법, 침 치료를 비롯하여 보완 대체 요법으로 유명한 휴스턴에 있는 병원을 찾아가 진료를 받기도 했지요.

우리는 현생과 전생에 관한 문제를 해결하려는 조치도 취했습니다. 사람들이 종파를 초월하여 기도해 주었고, 건강해진 남편을 상상해 주었습니다. 우리는 시각화 기법을 이용해서 종양이 줄어드는 상상을 끊임없이 반복했습니다. 그리고 마침내 종양은 사라졌습니다.

남편과 나의 길고 긴 치료 여정을 지켜본 분들은 기적이 일어났다고 말합니다. 누군가 남편에게 어떻게 그 역경을 극복했는지 물어본다면, 우리의 답변은 매우 간단하지만 심오합니다. 바로 모든 건 마음먹기에 달려 있다는 것입니다. 짐은 마치 전쟁터에서 싸우는 투사 같았고, 전쟁을 위대한 승리로 이끌었습니다.

지금 내 손에는 작은 파란색 책 한 권이 들려 있습니다. 루이스 헤이가 쓴《힐 유어 바디》라는 책입니다. 20년 동안 반복해서 보느라 낡고 바랬지만, 이 책은 우리에게 몸과 마음의 상관관계를 새롭게 이해할 수 있도록 한 촉매제였습니다. 생각과 말은 우리의 몸에 영향을 줍니다. 생각과 말을 하는 방식을 바꿈으로써 우리는 삶의 모든 과정을 변화시킬 수 있습니다. 짐과 내가 그랬던 것처럼 말입니다.

기적을 기대하라

- 캐나다에서, 초등학교 교사인 바바라로부터

나는 지난 몇 년간 루이스 헤이의 아름다운 영화《치유》와 오디오 프로그램을 통해 그녀를 재발견했습니다. 언젠가 폐에 물이 차서 수술받기로 예정되어 있었지요. 수술 전날 밤, 루이스 헤이의 저녁 명상 테이프 중에서 한 개를 골라 들었는데, 다음 날 아침 눈을 뜨자마자 '기적을 기대하라'라는 문구가 떠올랐습니다.

병원으로 가 수술을 하기 전에 폐의 상태를 확인한 결과, 폐에 매우 적의 양의 물밖에 보이지 않는다며 집에 돌아가라는 진단을 받았습니다. 기쁘고 신이 난 건 이루 말할 수가 없었죠.

집 현관에 들어서서 2층을 바라보니 벽에 걸어 놓은 액자가 눈에 들어왔습니다. 친구가 선물로 준 그 액자에는 '기적을 기대하라'라는 말이 적혀 있었습니다.

나는 남편을 바라보며, "긍정적인 생각하는 힘과 우리가 집중하기로 선택한 것들이 진실로 열매를 맺는군요!"라고 말했습니다. 우리는 서로를 꼭 끌어안은 뒤 편안함과 축복, 감사를 느끼며 일상을 꾸려 나갔지요.

루이스! 당신 덕분에 나는 재발에 대한 두려움을 극복할 수 있었습니다. 그리고 매일 매일을 기쁨과 치유에 집중하게 되었답니다. 당신의 가르침이 내 잠재의식에까지 영향을 미치고 있답니다. 지금 나는 다시 시간제 교사로 일하고 있으며, 당신에게 배운 용기로 가득한 긍정의 말들을 학생들에게 전해 주고 있답니다.

희망과 용기의 불빛

– 조지아에서, 의사 보조인 앨리사로부터

나는 서른한 살에 매우 드물고 지독한 질병인 암을 진단받았습니다. 충격으로 혼란스러웠을 뿐만 아니라 극심한 공포 상태에 빠지게 되었습니다. 분명 잘 지내 왔다고 생각한 삶이 암이라는 진단에 산산조각 날 줄은 몰랐습니다. 갑작스레 깊고 어두운 나락으로 빠져드는 것만 같았지요. 의사가 내 몸의 상태를 확인하고 앞으로의 치료를 위해 검사를 하는 동안, 나는 어떻게 이런 일이 내게 일어났는지 그리고 이 암울함이 어떻게 내 삶에 찾아오게 되었는지 알고자 애썼습니다. 검사 결과가 하나씩 드러나고 병의 형태가 명확해지면서 절망은 더욱 커졌습니다.

　어둠이 마음속에 자리 잡는 것을 느끼면서 나는 필사적으로 빛을 찾았고, 마침내 TV에서 그 빛을 발견했습니다. 루이스 헤이라는 위엄 있고 사랑스러운 여성이 바로 그 빛이었습니다. 오프라 윈프리와의 인터뷰에서 루이스는 힘이 있는 목소리로 희망과 친절에 대해 말했습니다. 그녀의 목소리는 고요하면서도 안도감을 주었는데, 마치 사랑이 가득한 엄마의 목소리 같았지요. 평온한 목소리에서 나오는 자신감이 나의 내면 깊은 곳에 울려 퍼졌습니다. 대부분 사람이 치료율이 아주 낮다는 의료 통계 수치와 예후가 좋지 않은 치료 결과, 그리고 사람을 녹초로 만드는 치료 과정에 대해 줄곧 이야기하는 반면, 루이스는 치유와 온전함에 대해 명확한 메시지를 전해 주었습니다. "모두 잘될 거예요.","이 경험으로부터 나에게 좋은 것만이 주어질 거예요.", "모든 일들은 다 나의 지선(至善)을 위해 일어나고 있답니다.", "나는 안전합니다."

　그것이야말로 그토록 찾고 있었던 한 줄기 빛이었지요. 루이스의 말을 듣자, 내면에서 변화가 일어났습니다. 꺼졌던 불씨가 다시 점화되어 활활 타오르는 것 같았습니다. 희망과 용기의 불씨가 살아난 것이지요. 실제로 나는 재투성이 상태에서 다시 일어날 수 있었고, 건강한 삶을 향해 새로이 나아갈 수 있었습니다.

　루이스와 오프라의 인터뷰가 끝나자, 나는 완벽한 건강과 치유에 관한 확언을 미친 듯이 읽고 외우고 쓰기 시작했습니다. 치유, 온전함, 풍요와 사랑에 관한 루이스의 글을 읽으면 읽을수록 내면을 덮고 있던 암막이 걷히는 것 같았습니다. 곧 아름다운 신비와 지혜의 청사진이 드러났고 삶의 수수께끼들이 풀리기 시작했습니다.

의료진이 자신들의 소임을 다하고 있을 때, 나 또한 나의 소임을 다 했습니다. 발목을 붙잡고 있던 오래된 신념과 유형들을 하나씩 풀어 버리기 시작한 것이죠. 그것들은 내 마음과 삶이 진정한 본질과 잠재력을 발휘하지 못하도록 막고 있었습니다. 의료진들은 내가 보인 이례적인 치료 반응에 대해 놀라움을 금치 못했습니다. 나는 확언과 시각화가 현실이 되어 가고 있다는 것을 알았습니다. 내 몸은 다시 태어났고, 영적으로도 다시 태어났습니다. 때때로 내 영성이 삶을 주도하기도 했습니다. 삶에서 버려야 할 내면의 쓰레기를 청소할 수 있는 매우 드문 기회가 주어진 것이었습니다. 나는 다시 채워 놓고 싶은 것을 선택하면서 삶을 재정립하기 시작했습니다. 필사적으로 희망을 찾기 시작한 것이 깨달음과 치유의 확실한 행로가 되었습니다.

루이스! 당신은 나에게 집으로 돌아오는 길을 가르쳐 주었습니다.

당신은 우리 모두를 위한 사랑과 희망의 불빛입니다. 내 내면에 다시 불을 붙여 준 데 대해 감사드립니다.

한참을 배회하다 루이스를 만나다

텍사스에서, 퇴직 교사이자 사업가인 데비로부터

2007년, 나는 위장관기질암(Gastrointestinal Stromal Tumor : 위나 소장에서 발생하는 난치성 희소 암-역자 주)에 걸렸습니다. 종양 제거 수술이 끝난 뒤에 의사들이 추천하는 화학 요법과 방사선 요법을 받았지만, 치료 효과가 없었습니다.

당시 나의 감정 상태는 두려움이라기보다는 투지에 가까웠다고 할 수 있습니다. 병을 완치하기 위해 무엇이든 해 보기로 결심했지만, 막상 무엇을 해야 하는지 확신이 없었기에, 직감에 따르기로 하고 나 자신을 그냥 놔두었습니다. 집에 있을 때는 이 방 저 방을 돌아다녔고, 정원을 배회했습니다. 낮에는 고개를 들어 하늘의 구름을 관찰했고, 밤에는 별을 찾았습니다. 이러한 행동이 다른 사람의 눈에는 무언가를 찾아 헤매는 것처럼 여겨졌겠지만, 나는 실제로 찾고 있는 것이 이미 내가 가지고 있는 것임을 알고 있었습니다. 그것이 무엇이든 간에 완벽한 시간에 내 앞에 나타날 것이라고 믿었습니다.

내가 가장 좋아하는 장소는 집 근처 쇼핑가였습니다. 길 한쪽 끝에 자리한 유기농 식료품 가게는 내게 필요한 영양소를 채워 주는 유용한 장소가 되었습니다. 그 반대편 길 끝에는 반스 앤 노블(미국의 대형 서점 체인-역자 주)이 있었는데, 암 진단을 받은 지 4~5주 정도 지난 어느 날 서점에서 서가를 둘러보다가 책 한 권이 튀어나와 있는 것을 보았습니다. 나는 손을 뻗어 그 책을 빼고 싶은 충동을 강하게 느꼈습니다. 책 제목을 보고 나는 웃음을 터트렸습니다. '뭐? 내가 나를 치유할 수 있다고? 제목대로만 된다면 얼마나 좋을까?' 나는 내면의 목소리를 따라 그 책을 구매했습니다. 그 책은《치유》앞에서도 설명했듯이 원제는 You Can Heal Your Life로,('당신은 당신의 삶을 치유할 수 있다'로 풀이 된다 -편집자 주)였습니다.

집으로 돌아와 책을 탐독하면서 내가 그토록 찾고 있었던 것이 다 있음을 알았습니다. 나는 즉시 루이스가 제안한 연습 과제와 확언, 시각화 연습을 시작했습니다. 연습하면 할수록 더욱 익숙해졌습니다.

그로부터 1년 6개월이 지난 지금 나는 완전히 나았습니다. 기운이 넘치며, 의도했던 대로 행복하고, 생기가 넘치는 삶을 살고 있습니다. 루이스 헤이의 책《치유》는 지금도 참고하고 있는, 내 인생에서 영감을 주는 안내서가 되었습니다. 나는 언제까지나 루이스에게 감사할 것입니다.

일상의 기적이 일어나다

캘리포니아에서, 요가 강사이자 레이키 스승인

앨래나로부터

루이스 헤이는 나에게 영감 그 자체였고, 나의 삶을 긍정적으로 바꾸어 주었습니다. 병상에서 기적이 필요했을 때 나는 매일 그녀의 목소리를 들었고, 기적이 나에게 왔습니다!

나는 2003년에 크론병(Crohn's disease : 구강에서 항문까지 소화관에서 발생하며 특히 회장의 말단 부위에 잘 생기는 염증성 장 질병-역자 주)에 걸렸습니다. 2년 동안 꼼짝없이 침대에 누워 지내며 극심한 통증에 시달렸습니다. 나는 정부 보조를 받는 장애인이었고, 모든 의료 조치를 시도해도 효과가 없자 전문의들마저 포기했습니다. 의사들은 내가 침대에서 다시 일어나는 것이 불가능할 것이라고 말했습니다.

심리학자로 일하다가 은퇴한 어머니는 딸이 나을 수 있다는 희망을 버리지 않았습니다. 이혼으로 힘들어할 때 루이스 헤이의 극적인 도움을 받은 경험이 있는 어머니는 병원으로 루이스 헤이의 CD 2개를 가져와 함께 들었습니다. 루이스의 온화한 목소리가 날마다 병실에 울려 퍼져 위로해 주었습니다. 그녀의 책을 계속 읽으며, 하루에도 몇 차례씩 긍정 확언을 한 결과 나의 삶은 완전히 달라졌습니다.

정말로 일상의 기적이 일어난 것입니다. 몸이 회복되어 침대에서 일어났을 뿐만 아니라, 요가 수업과 기 수련까지도 가능해졌습니다. 그리고 이 두 가지는 나를 더욱 건강하게 만들어 주었습니다. 지금 나는 요가 강사이자 레이키(Reiki: 우주의 신성한 에너지) 스승으로서 만성·난치병 환자들의 치료와 교육에 참여하고 있습니다.

나는 요가 수업을 시작할 때마다 학생들에게 루이스 헤이의 확언 카드를 뽑게 합니다. 그리고 수업을 마칠 때 학생들에게 카드를 가져가서 마음에 드는 곳에 붙여 놓으라고 말합니다. 학생들은 확인 카드를 집에 가져가는 것만으로도 긍정적인 경험을 했다고 말합니다. 내 꿈은 언젠가 루이스처럼 많은 사람에게 도움을 주는 것입니다. 그녀처럼 강의하고, 책을 쓰고, 스스로 지지해 주고 싶습니다.

2007년, 나는 라스베이거스에서 열린 〈나는 할 수 있어〉 회의에 어머니와 함께 참석하는 기쁨을 누렸습니다. 그 여행은 내 인생 최고의 여행이었습니다.

루이스, 당신은 의사가 포기한 순간에도 부드러운 목소리로 나를 보살피며 회복을 도와주었습니다. 당신은 나에게 기적을 만들어준 분입니다.

건강의 빛

캐나다에서, 사업가인 아레나로부터

나는 중부 유럽의 작은 시골에서 태어났습니다. 1993년, 루이스 헤이의 책을 읽으면서 난생처음 나에게 진심으로 말해 주는 사람을 만났다는 느낌을 받았습니다. 나는 왜 스물일곱이라는 늦은 나이에 그녀를 만났는지 이해되지 않았습니다만, 지금은 그 이유를 압니다. 제자가 준비되어야 스승이 나타나는 법이니까요.

루이스는 삶의 모든 분야에 도움을 주었습니다. 나폴레온 힐Napoleon Hill · 데일 카네기Dale Carnegie · 노만 빈센트 필Norman Vincent Peale · 스티븐 R. 코비Stephen R. Covey 같은 유명 작가들에게서도 많은 것을 배웠지만, 루이스가 단연 으뜸이었습니다.

루이스가 내 삶에서 실질적인 영향을 미친 분야는 건강이었습니다. 그녀를 처음 알았을 무렵, 나는 연쇄 구균성 편도염(이하 편도선염)으로 고통받고 있었습니다. 의사들은 자세한 검사도 하지 않고 편도선염이라고 확신하면서 항생제를 처방해 주었습니다. 어떤 때는 6주 동안이나 편도선염에 시달렸으며, 2~3주 간격으로 항생제 처방을 받으러 가야 했습니다.

루이스의 조언, 그리고 남편의 사랑과 지지를 받으면서 나는 다른 방법을 찾아보기로 했습니다. 병원에서 편도선염 진단을 받고 항생제 처방을 받았지만, 알약 한 알 먹지 않고 병을 고치기로 마음먹었습니다. 그리고 마침내 해냈습니다.

나는 루이스 헤이의 책《치유》에 나온 확언을 이용해 명상했으며, 그녀의 조언에 따라 열량이 낮고 소화가 잘되는 음식을 먹음으로써 몸의 독소를 빼고 자연 치유될 수 있도록 나 자신을 도왔습니다. 일주일 뒤, 나는 의사에게 완전히 건강해졌다는 말을 들었습니다.

나의 기적은 항생제 없이 병이 치유된 것입니다. 그 뒤로 단 한 번도 편도선염에 걸리지 않았습니다.

루이스, 당신은 여행의 시작부터 내 옆에 있었습니다. 당신 덕분에 나는 빛 속에 살고 있습니다. 당신을 사랑하고 존경합니다.

마음이 가진 치유의 힘

텍사스에서, 은퇴한 B. 제이로부터

2004년 초, 수개월간 지속된 가슴 통증의 원인을 찾기 위해 수많은 검사를 받았지만 딱히 통증의 원인이 발견되지 않았습니다. 그해 6월, 자동차에서 내리다가 길바닥에 쓰러지면서 허리 약간 윗부분에서부터 하반신이 마비되었습니다. 구급차에 실려 가 병원에서 MRI를 촬영한 결과 척추에서 커다란 종양이 발견되었습니다. 유방암에서 전이된 것이지요. 의사는 나에게 종양 제거 수술을 받아야 하며, 그 수술이 4~5개월밖에 남지 않은 인생을 편안하게 지낼 수 있도록 도와줄 것이라고 했습니다. (내 딸은 내가 수술 자체도 버티지 못할 것이라고 했지만 말입니다.)

다음 날, 예순세 번째 생일에 나는 종양 제거 수술을 받았습니다. 중환자실에서 48시간을 보낸 뒤에 개인실로 옮겨졌습니다. 의사들은 나의 빠른 회복 속도에 놀라워하면서도 걷는 것은 불가능하다고 말했습니다. 나는 몇 주 동안 척추 방사선 치료와 유방암 약물 치료를 받았습니다. 의사들은 내 엄지발가락이 꼼지락거리는 걸 보고 한 번 더 놀랐지만, 그보다 더 좋아지지는 않을 거라고 확신했습니다.

재활 치료 병동으로 옮긴 뒤, 다시 한번 죽을 고비를 넘겼습니다. 혈전이 폐로 들어갔던 것이죠. 구급차에 실려 근처 병원 중환자실로 옮겨졌고, 딸은 다시 한번 의사에게서 이것이 마지막일 거라는 말을 들었다고 합니다.

폐와 심장에 혈청이 들어가는 것을 막기 위해 필터를 삽입한 부위가 포도상구균에 감염되는 사건이 있었지만, 4주 뒤에는 재활 치료 병동으로 옮겨졌습니다. 그곳에서 6주간 물리 치료와 의료 처치를 받았는데, 물리 치료사 한 분이 나에게 걸을 수 있을 것 같지만 확답할 수는 없다고 했습니다. 처음엔 겨우 절뚝거리면서 몇 발짝을 걷는 게 전부였지만 재활 치료 병동을 떠날 무렵에는 보행 보조기와 다른 사람의 도움을 받아 체육관 주변을 걸을 수 있게 되었습니다.

이후 4개월 동안 병원을 네 곳이나 다녔고, 그 후 8개월 동안 딸 집에서 지내면서 몸이 회복되어 다시 혼자 살 수 있게 되었습니다. 운전은 물론 하고 싶은 일 대부분을 하며 3년째 암에서 벗어나졌습니다. 자연스럽지는 않지만, 지팡이나 다른 도구에 의존하지도 않습니다.

여러분들은 이 이야기와 루이스가 어떤 관계가 있는지 궁금하실 것 같습니다. 입원 초기에 딸이 책과 CD를 가져다주었는데, 특히 루이스 것이 큰 도움을 주었습니다. 나는 매일 그녀의 CD를 들었고, CD를 듣지 않을 때는 명상하면서 확언을 반복했습니다. 루이스의 도움이 없었다면 나는 지금 걷기는커녕 아예 살아 있지조차 못했을 것입니다. 나는, 병은 마음에서 비롯되며, 완치될 수 있다는 것을 알게 되었습니다. 루이스는 스스로 생각을 바꿀 수 있음을 상기시켜 주었고, 당연히 내 삶은 바뀌었습니다. 나는 여전히 그녀의 책을 좋아하며, 진심으로 감사하고 있습니다.

다발성경화증을 받아들이기

캐나다에서, 그래픽 디자이너인 빅토리아로부터

1987년, 몽롱하고 손과 팔다리에 감각이 없어 병원을 찾았다가 '재발 완화성 다발성경화증'을 진단받았습니다. 신경외과 전문의는, 지금까지는 내 증상에 쓸 수 있는 약이 없으며, 2년 안으로 휠체어를 타게 될 것이라고 했습니다. 나는 속으로 절대 그렇게 되지는 않으리라 생각했습니다.

나는 다발성경화증에 말을 걸어 보기로 결심했습니다. "너를 존중해 줄 테니 너 또한 나를 존중하고 내가 살 수 있게 해줘." 나 자신을 존중하지 않으면 심한 현기증과 함께 팔다리에 힘이 빠졌고, 그 증상은 2~3개월 정도 지속되었습니다. 이런 상태는 15년 동안이나 지속되었습니다.

2003년, 병은 2차 진행형 다발성경화증'으로 급속하게 진행되었습니다. 의사의 말에 의하면 회복 가능성이 전혀 없었습니다. 목발 없이는 걸을 수가 없었고, 머리와 어깨에 전기 충격이 가해진 듯 극심한 통증이 왔습니다. 발음이 어눌해졌고, 식욕이 엄청나게 늘어났으며, 팔다리가 말을 듣지 않았습니다. 그리고 계속해서 잠이 왔습니다. 그러한 증상들은 내 마음에 일어나고 있던 상황들을 그대로 반영하고 있었습니다. 원망과 분노, 두려움이라는 지배적인 감정에 완전히 압도당해 버린 나를요.

그 무렵, 루이스 헤이를 알게 되었고, 그녀를 통해 내 몸의 병에 책임을 져야 한다는 것을 알게 되었습니다. 다시 걷기를 원한다면, 혼자 힘으로 설 수 있다는 사실을 선택하고 결정할 수 있는 유일한 존재는 나 자신이었습니다. 다발성경화증은 고통을 가장한 축복이었습니다. 몸은 내게 이야기를 시작했고, 내가 걷기를 선택한다면 다시 걸을 수 있다고 말해 주었습니다. 그렇게 하려고 나는 더 독립적이어야 했고, 스스로 선택해야 했습니다.

날마다 확언하자, 진심으로 확언이 느껴졌고, 삶이 변화하기 시작했습니다. 나는 두려움에서 벗어나 사랑과 진리에 기반을 둔 선택을 하기 시작했습니다. 나 자신을 사랑하고, 내 몸을 존중하며, 더 이상 희생자 역할을 떠맡지 않음으로써, 가장 대담하고 멋진 내가 될 수 있었습니다. 또한 나는 나와 비슷한 뜻을 가진, 긍정적이고 서로를 지지해 주는 사람들을 끌어당기기 시작했습니다.

현재 나는 필라테스와 벨리 댄스 수업을 듣고 있습니다. 미술 수업 강의를 시작했고, 그래픽 디자이너로서의 전공을 살려 일을 계속하고 있습니다. 나는 지금 명확하게 말하고, 볼 수 있으며, 힘이 넘칩니다. 그리고 내가 원하는 대로 몸을 100% 움직일 수 있게 되었습니다. 나는 목발을 나를 도와주는 지지자로 봅니다. 루이스 헤이의 책을 읽고, 매일 확언을 하면서 – 그리고 가장 중요한 이 확언을 마음으로 느끼면서 – 다발성경화증을 받아들였습니다. 그리고 두려움 없이 앞으로 나아감으로써 내면의 평화를 얻었습니다. 나는 다시 태어났으며, 내가 가진 능력에 대해 자신감이 있습니다!

루이스가 치유의 영감을 주고 도움을 주다

캘리포니아에서, 음악가이자 미술가이면서 작가인

매리로부터

루이스 헤이는 1986년부터 나에게 영감을 주었습니다. 당시 나는 샌프란시스코에 살고 있었는데, 어느 날 동네 서점에서 《치유》라는 책을 발견했습니다. 물론 그 책을 샀지요. 지금도 종종 마음에 드는 페이지를 접어놓은 그 책을 참조하곤 합니다.

책을 읽자마자 바로 루이스에게 동질감을 느꼈습니다. 나는 미혼이었고 기독교 가정에서 성장했지만, 기독교와는 잘 맞지 않아 1983년부터 초월 명상과 신사고 운동을 주제로 공부하고 있었습니다. 여러 해 동안 루이스 헤이의 책과 CD, 비디오 등 수많은 저작물을 구매하자 헤이 하우스에서 흰색 양장본으로 된《치유》책을 선물로 보내왔습니다.

나는 여러 해 동안 루이스의 저작물을 통해 깨달음을 얻었습니다. 예를 들면, 1988년 2월, 무언가 좋지 못한 일이 일어날 것을 감지한 직후 자궁경부암 2기 진단을 받았습니다. 누구에게도 이 사실을 말하고 싶지 않았던 나는 샌디에이고에 있는 'OHI (Optimum Health Institute: 최고 건강 협회)'에 가기로 결심했습니다. 그곳에서 약 2주가량 머물며 치료를 받았습니다. 나에게 진정한 치유제가 되어 준 것은 루이스 헤이의 상담과 확언을 담은 초기 오디오 카세트테이프였습니다. 루이스 헤이의 목소리가 OHI에서 치료받는 동안 몸과 마음의 이완을 도와주었습니다. 나는 그녀의 진실한 말을 듣고 내 것으로 흡수했던 것이 치유의 핵심이었다고 느낍니다.

OHI를 떠날 때 이미 다 나았다는 것을 알았지만, 몇 달 뒤에 건강 상태를 확인하기 위해 병원에 갔습니다. 의사는 내게 암이 깨끗이 사라졌다고 했습니다. 그 이후로 나는 계속 건강하게 지내고 있습니다.

루이스, 당신에게 내 사랑을 보냅니다.

내 문제를 수면 위로 가져오기
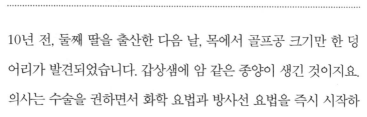

뉴욕에서, SRI(몸과 호흡의 연관성을 이용해 건강한 몸을
만드는 방법) 치료 협력자인 르네로부터

10년 전, 둘째 딸을 출산한 다음 날, 목에서 골프공 크기만 한 덩어리가 발견되었습니다. 갑상샘에 암 같은 종양이 생긴 것이지요. 의사는 수술을 권하면서 화학 요법과 방사선 요법을 즉시 시작하자고 했지만 나는 거절하고 아기와 함께 집으로 돌아왔습니다.

나는 충격에 휩싸인 채 모든 것에 대고 기도했습니다. 심지어는 나무와 꽃을 보고도 답을 달라고 기도했습니다. 아기에게 모유 수유를 계속하고 싶었기에 다른 방법을 찾아 서점에 갔습니다. 그때 루이스 헤이의 《치유》라는 책이 눈에 들어왔고, 그 책 덕분에 많은 시간을 확언하고 심호흡하며 지낼 수 있었습니다. 눈물을 충분히 흘린 덕분에 내면 깊은 곳의 문제들이 수면 위로 올라와 살펴볼 수 있었고, 세 살 때부터 앓아 왔던 류머티즘 관절염이 저절로 나았습니다. 잠시 오래된 과거 문제에 깊이 빠져들긴 했지만, 그것은 더 좋아지기 전에 일시적으로 나빠지는, 일종의 명현 현상이었습니다.

나는 약물이나 수술 치료 없이 스스로 치유할 수 있었다고 말할 수 있어서 참으로 기쁩니다. 루이스 헤이가 아니었더라면 그렇게 하지 못했을 것입니다. 무인도에 좌초되더라도《치유》책만 있으면 안심할 것 같습니다. 언젠가 나는 루이스의 눈을 직접 바라보며 그녀가 나에게 준 모든 걸 기꺼이 돌려드리고 싶습니다. 이 놀라운 여성에게 무한한 축복을 보냅니다.

의료 역사상 믿기 힘든 일

텍사스에서, 세일즈 매니저인 수로부터

"나의 몸과 마음과 영혼은 온전하다. 나의 세상에서는 모든 것이 좋다."

1999년 이후부터 줄곧 나의 만트라mantra이자 생명줄이 되어 준 확언입니다. 나는 이 말을 머릿속에 단단히 새겨 놓았고, 글로 적어 화장실 거울에도 붙여 놓았습니다. 그해 8월 31일, 나는 다발성골수종(뼈에 병변을 나타내는 혈액암의 일종-역자 주)을 진단받았습니다. 의사는 완치는 불가능하지만, 치료와 관리는 어느 정도 가능하다고 했습니다. 나는 그것이 현실이 아니라고 생각하고 싶었습니다. 진단을 받은 지 몇 주 후, 친구가《치유》는 책을 사주었습니다. 그것을 꼼꼼하게 듣는 몇 주 동안, 깊고 강한 힘을 가진 감동적인 목소리가 내면 깊은 곳에서 울려 퍼졌습니다. "나의 몸과 마음과 영혼이 온전하다. 나의 세상에서는 모든 게 좋다."라는 확언을 믿었기 때문에 살게 될 것이라는 걸 알았습니다.

그 후 수년 동안 나는 그 확언을 암송해 왔습니다. 《치유》는 내 삶의 안내서가 되었고, 루이스 헤이의 책과 확인 카드는 언제나 침대 위나 협탁 위에 놓여 있습니다.

루이스의 긍정 확언과 영감이 살 수 있도록 힘을 주었다는 것은 명확한 사실입니다. 그리고 그 기적은 2008년 7월 9일, 종양 전문의의 놀라움으로 드러났습니다. "수, 믿을 수가 없어요. 어떻게 이런 일이 일어날 수 있죠? 의료 역사상 믿기 힘든 일이에요. 다발성골수종이 나았어요! 완전히 없어졌다고요! 당신은 걸어 다니는 기적 그 자체예요."

나는 압니다. 마음속의 변치 않은 신에 대한 믿음과 항상 긍정적인 태도를 가지게 해 준 루이스 덕분에 내가 지금처럼 행복하고 건강한 사람이 되었다는 것을요.

루이스, 영원히 당신을 잊지 않을 겁니다.

내게 나타난 영광스러운 삶!

영국에서, 사진작가인 이와나로부터

나는 약 2년 동안 주기적으로 발생하는 음부 헤르페스(음부 포진 등의 증상이 일어나는 성병- 역자 주)에 신경을 썼습니다. 헤르페스는 2개월 단위로 발생했고, 그때마다 병원에서 항생제를 처방받아 복용하곤 했습니다.

어느 날, 나는 이 익숙한 불편함이 다시 나타나기 전에 루이스 헤이의 철학을 적용하기로 마음먹었습니다. 몇 년 전부터 그녀의 책을 읽어 왔기에 더 이상 항생제에 의지할 필요가 없다고 생각했습니다. 마음먹기에 따라 병을 치유할 수도 있고, 병을 생기게 할 수도 있다는 생각을 받아들이기로 했습니다.

무엇보다 먼저 해야 할 일이 젊은 나이에 생식기를 거부하게 된 오래된 유형을 살펴보는 것임을 깨달았습니다. 성기가 못생기고 창피하다고 믿었던 때와, 만지지도 못했던 때를 떠올렸습니다. 나는 생리 때 한 번도 탐폰을 사용한 적이 없습니다. 질 속에 무언가를 집어넣는다는 것을 상상할 수 없었기 때문입니다. 더더구나 성관계라니요. 스무 살이 되어서야 이런 관점들이 차츰 누그러들었고, 이제 '성장'해야 할 때가 왔다고 느꼈습니다. 그 무렵이 바로 헤르페스가 반복적으로 발생하는 원인에 대해 깨닫는 중이었지요.

나는 헤르페스를 일으킨 부정적인 패턴들을 극복하기 위해 희망과 기쁨의 감정으로 내면 작업을 시작했습니다. 질병이라는 환상에 힘을 내주지 않기 위해서 고통이란 단어 대신 감각이라는 단어를 사용했습니다. 루이스의 책《치유》에 나온 헤르페스와 관련된 확언을 했고, 만트라mantra로 사용했습니다. 이미 다 나았다는 강한 신념으로 확언을 반복하며, 최대한 많이 성기가 건강해지고 본연의 아름다움을 빛내고 있다는 상상했습니다. 나는 아름다운 성기를 위해 건강하고 감사한 분위기가 되도록 최선을 다했고, 빠른 속도로 치유되고 있음을 느꼈습니다.

4일 정도 작업을 한 뒤 놀라운 꿈을 꾸었습니다. 꿈속에서 헤르페스가 다 나았는지 보려고 병원에 갔습니다. 직관적으로 이미 다 나았다는 것을 알고 있었으면서도 말입니다. 의사가 검사하고 나서 내게 말했습니다. "루이스의 확언과 당신이 이제껏 노력한 내면 작업의 결과가 보이군요. 모두 좋아 보여요! 당신은 다 나았습니다."

나는 놀라운 기적을 경험하고서 얼떨떨한 느낌으로 잠에서 깨어났습니다. 꿈은 완치되었다는 확신을 해주었습니다. 항생제를 복용하지 않고 마음의 힘을 이용해서 스스로 치유한 것이지요. 이 경험으로 인해 나는 내면 작업에 대한 확신을 갖게 되었고, 내면으로 들어가서 자신을 치유하는 것이 바깥세상(현실)을 창조한다는 강한 믿음도 갖게 되었습니다. 모든 사람에게는 사랑과 기적으로 가득한 영광스러운 삶을 창조해 낼 잠재력이 있습니다.

몇 년이 지난 지금, 헤르페스는 한 번도 재발하지 않았습니다. 루이스 덕분에 완전히 나았습니다.

사랑은 치유하는 힘이 있다

캘리포니아에서, 주택 감정 회사의 부사장인

조디 크리스틴으로부터

1987년, 스물네 살 때 크론병에 걸렸습니다. 약을 먹었지만, 통증은 극심했고, 2년 뒤에 더 나빠졌습니다. 의사는 스테로이드를 투여하겠다고 결정하면서, 어쩌면 장의 일부를 제거하는 수술을 해야 할지도 모른다고 말했습니다. 나는 고통이 지긋지긋했지만 수술을 받고 싶진 않았습니다. 왜냐하면 수술은 진정한 치료가 아닌 미봉책에 불과하다고 여겼기 때문이지요. 다른 치료법을 찾기 위해 나는 기도를 하기 시작했습니다.

한 친구가 캘리포니아 산카를로스의 서클 스타 극장에서 열린 강연회에 나를 초대했습니다. 그곳에서 루이스 헤이를 만났고, 그 순간부터 내 삶은 변화하기 시작했습니다. 나는 사랑이 치유하는 힘이 있다는 것을 알게 되었고, 거울을 보며 매일 확언을 하기 시작했습니다.

"나는 나 자신을 있는 그대로 받아들이고 인정해."라고 반복해서 말하기 시작했습니다.

지금 나는 기적 그 자체입니다. 나는 마흔다섯 살이고, 아무 약도 먹지 않고 있습니다. 그리고 20년 전보다 훨씬 더 건강합니다. 2년마다 대장 내시경 검사를 받고 있는데, 매번 건강한 상태입니다.

루이스, 책상에 놓인 당신의 사진을 보며 나의 작업을 되새기고, 당신에게 감사합니다. 최근에 나와 남편은 로스앤젤레스에 가서 당신을 보았습니다. 당신과 다시 만나 이야기를 나눌 수 있어서 얼마나 기뻤는지 모릅니다. 당신에게 사랑과 축복을 보냅니다.

기적 같은 길

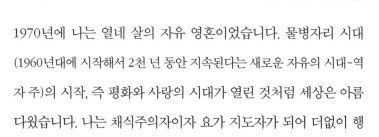

플로리다에서, 간호사이자 마사지 치료사이며
자연식 요리사인 개일로부터

1970년에 나는 열네 살의 자유 영혼이었습니다. 물병자리 시대(1960년대에 시작해서 2천 년 동안 지속된다는 새로운 자유의 시대-역자 주)의 시작, 즉 평화와 사랑의 시대가 열린 것처럼 세상은 아름다웠습니다. 나는 채식주의자이자 요가 지도자가 되어 더없이 행복하게 살았습니다.

1978년, 대학을 졸업한 뒤에 운 좋게도 아파트 안에 있는 요가 센터를 찾았습니다. 그 센터를 운영하시던 분은 내가 오랫동안 갈구해 왔던 무조건적인 사랑을 주는 엄마 같은 분이었습니다. 나는 그녀를 '스와미(Swami : 힌두교 종교 지도자-역자 주) 엄마'라고 불렀습니다. 그녀는 내 전부였고, 나는 그녀와 평생을 함께하리라 생각했습니다. 그러나 삶은 나를 다른 곳으로 옮겨가게 했습니다. 영양에 관한 관심을 충족시키고자 간호학교로 간 뒤 의료 세계에 완전히 빠져들었습니다. 하지만 하루하루가 지나면서 수술과 약물 치료, 일반 사람들이라면 거의 마주칠 일이 없을 환자들과 죽음을 목격하게 되었고, 나는 가야 할 길을 완전히 잃고 말았습니다.

스와미 엄마 곁으로 가고픈 수그러들지 않는 욕망이 결국 그녀에게로 돌아가게 했습니다. 요가 센터는 번창해 있었고, 나는 예전에 걸었던 길로 돌아올 수 있어서 정말 기뻤습니다. 하지만 2년이 지난 1996년 11월 9일, 스와미 엄마가 갑작스럽게 세상을 떠났고, 그녀가 준 사랑과 관심도 사라졌습니다. 나는 가슴이 터져 버리는 듯했습니다. 그 무렵, 마치 몸 전체가 부서지는 것만 같은 극심한 허리 통증이 왔고, 얼마 지나지 않아 가슴에서 덩어리가 만져졌습니다. 유방암이었습니다. 암은 곧 12군데 림프절로 번졌는데, 의학적으로는 사형 선고를 받은 것이나 다름없었습니다. 나는 6개월, 길면 1년까지 살 수 있을 것이라는 선고를 들었습니다.

그런데 스와미 엄마는 내게 선물을 남겼습니다. 센터 안에 있는 텐트에서 생활하고 있던 그녀의 학생 한 명이 나에게 루이스 헤이의 책《힐 유어 바디》를 건네준 것입니다. 그는 너덜너덜해진 책을 내게 주면서 꼭 읽으라고 했고, 나는 그가 시키는 대로 했습니다.

'어떤 스승이 당신을 감동하게 하고 그의 말이 심금을 울릴 때 치유가 즉시 일어난다'라는 말을 들은 적이 있습니다. 내가 책을 펼친 그날이 바로 그 순간이 아니었나 생각합니다. 허리, 가슴, 암……. 루이스는 나에게 있던 모든 문제의 원인에 대해 설명해 놓았습니다. 나는 그녀가 적어 놓은 확언을 암송하기 시작했습니다. 그녀의 암 치유 경험담에 푹 빠져들었고, 나 또한 암을 치유할수 있다고 확신했습니다. 1996년 그날 그 멋진 남자에게 받은《힐유어 바디》를 읽은 이래, 루이스 헤이의 책은 모두 읽고 있습니다. (참, 그 멋진 남자는 내 남편이 되었지요) 무엇보다도 너덜너덜해진 그 책을 테이프로 붙여서 지금도 남편과 함께 읽곤 합니다.

지금 나는 살아 있으며, 활력이 넘치고 건강합니다. 스스로 몸을 치유할 방법을 알려 주는 멋진 책을 쓴 루이스 헤이에게 날마다 감사하고 있습니다.

이것이 바로 내가 경험한 기적입니다.

마법의 책

에콰도르에서, 영업 간부인 마리아 이사벨로부터

2006년, 유방암 진단을 받고 어떻게 해야 할지 몰랐습니다. 시누이가 루이스《나는 나를 사랑하기로 했다》(원제 : The Power Is Within You)를 주었는데 마치 마법처럼 느껴졌습니다. 치료를 시작하면서 나는 책의 내용을 기억했고, 루이스가 말한 것을 모두 실습해 보았습니다. 결국 쉽게 치료를 마칠 수 있었고, 암에서 회복되었습니다.

누구라도 암에 걸리면, '암에 걸린 이 상황이 상상할 수 없이 좋은 것을 얻기 위한 기회이며, 우리가 살면서 누릴 모든 걸 발견할 좋은 기회'라고 말하기는 결코, 쉽지 않다는 것을 압니다. 그러나 나는 암에 대해 그런 태도를 보였고, 모든 건 멋지게 변했습니다.

치료를 시작했을 무렵, 나는 동네에서 한 시간 정도 거리에 있는 화훼 농장에서 일을 계속하며 집의 리모델링도 진행하고 있었습니다. 평소와 다른 것은 하나도 없었습니다.

나는 모든 게 잘될 것이라고 확신했습니다. 건강도 좋아질 것이고, 내 삶도 멋지게 될 것이라고 말이에요. 그리고 내 생각이 맞았습니다. 나는 이전에는 누리지 못했던 더 많은 기회를 누리게 되었으며, 오래오래 행복하게 살 것이라고 확신합니다.

나는 신이 루이스 헤이의 책을 내게 준 것이라고 믿습니다. 신과 루이스에게 감사드립니다.

모든 면에서 완전히 치유되다

캘리포니아에서, 마사지 치료사인 재이미로부터

2006년 여름, 갑작스럽게 궤양성대장염이 재발했습니다. 의사를 몇 분 만났지만 별 도움을 받지 못하고 5월부터 7월까지 집에 갇혀 지냈습니다. 제때 화장실에 가지 못할 것을 두려워하면서 말입니다. 이런 일은 처음이 아니었습니다. 나는 화장실의 노예나 다

름없는 내가 창피했습니다. 언제 배에 신호가 올지 몰랐고, 신호
가 오기만 하면 몇 시간을 꼼짝없이 화장실에 있어야 했습니다.
때로 침대에 누워 있는 동안 극심한 통증이 오기도 했는데, 그럴
때면 '차라리 죽어버리면 이 통증도 끝나지 않을까?' 하는 생각까
지 했습니다. 내 아이들은 어릴 때부터 매우 독립적입니다. 지금
은 그 점에 감사하지만, 당시에는 아이들의 그런 점까지도 나를
무력하게 하는 데 일조하는 듯했습니다.

하루는 강아지와 잠깐 산책하기 위해 집을 나왔는데, 이웃 한
분이 루이스 헤이와《치유》라는 책에 대해 알려 주었습니다. 루이
스의 생각들을 받아들이기에 힘들 수도 있지만, 책의 내용을 따라
심리 작업을 한다면 병이 치유될 수 있을 것이라고요. 나는 항상
내가 영적인 사람이라고 생각하고 있었기에 한번 도전해 보기로
마음먹었습니다.

《치유》를 다 읽고 연습 과제를 꼼꼼히 한 결과 나는 완전히
나았습니다. 삶을 바라보는 시선은 완전히 바뀌었고, 지금도 아름
다운 삶의 여행을 하고 있습니다. 나는 영적 치유자들과 침구사,
주술사들도 만났고, 도린 버츄Doreen Virtue나 브랜든 베이스Bran-
don Bays 등 영성 작가들의 책도 읽었습니다.

나는 나에 대해서 배웠던 모든 것에 대해 진심으로 감사드립
니다. 지금도 배우고 있으며, 이 과정을 통해 내 인생뿐만 아니라,
주변 사람들도 도울 수 있게 되었습니다.

지금 나는 예전보다 더 나은 사람이 되었습니다. 나에게 이런

경험을 하게 해 주신 신께 감사드립니다. 모든 사람과 사물에 대해 매 순간 감사드립니다. 우주에 감사드리며, 루이스 헤이의 나날을 진심으로 축복합니다. 그녀는 나의 영적 스승으로서, 내가 지금 여기, 치유되어 건강하고 감사하며 행복하게 존재할 수 있게 해 주었습니다.

루이스, 마음속 깊은 곳으로부터 감사를 표합니다. 그리고 내 건강한 대장에게도 감사를 표합니다.

암으로부터 자유로워지고 축복으로 가득차다

뉴저지에서, 문장 학습 코치인 린으로부터

'그건 오직 생각일 뿐이야. 그리고 생각은 바뀔 수 있어!

이 말은 15년 전 내가 유방암에 걸렸다는 사실을 알게 된 순간부터 나의 기도문이 되었습니다.

몸과 마음의 상관관계에 대한 학위 논문을 쓰고 있던 어느 날, 서점에서 루이스 헤이의 책을 발견한 뒤로《치유》책과 오디오 프로그램에 빠져들었습니다. 기적이 현실이 되었고, 많은 것들이 내가 필요한 곳에 나타났습니다.

암은 한 사람의 인생을 완전히 뒤바꾸어 놓았습니다. 겨울이라 날씨가 추웠지만 나는 부정적인 에너지를 없애기 위해 남편과 함께 걷고 또 걸었습니다. 집에 돌아와서 잠이 들 때까지 루이스의 테이프를 들었습니다. 속상할 때마다 부정적인 생각을 바꾸는 데 집중했습니다. 그리고 확언을 반복하고 또 반복했지요.

몇몇 사람들이 나에게 뛰어난 유방암 전문의를 소개해 주었습니다. 나는 보험회사에 전화를 걸어 그가 나를 치료해 줄 예정이니 보험 업무를 처리해 달라고 요청했습니다. 전문의가 약관에 사인했다는 소식을 들었을 때, 나는 암을 성공적으로 치료할 수 있는 제대로 된 곳에 와 있다고 느꼈습니다. 나는 《기적 수업》 등 긍정적인 생각을 가진 작가들의 책을 찾아 읽었고, 암 치료는 큰 진척이 있었습니다.

지금은 암이 완전히 사라졌고, 루이스 헤이가 나를 위해 닦아 놓은 기초 작업에 감사드립니다. 삶은 내게 참으로 많은 성공의 기회를 마련해 주었습니다. 나는 축복 받은 사람입니다.

미소와 기적

네바다에서, 구직 중인 낸시로부터

삶에 대한 도전은 엄마 배 속에 있을 때부터 시작되었습니다. 나는 슬픔과 수치심으로 가득 차 있었기에 열세 살이 되도록 어떻게 웃는지조차 몰랐습니다. 그러던 중, 매일 만나는 사람들에게 웃어 주는 것이 좋다는 잡지 내용을 보게 되었고, 내가 웃으면 어떻게 보이는지 거울을 통해 확인해 보기로 했습니다. 막상 웃으려고 하자 얼굴 근육의 통증이 느껴졌고, 거울에는 불쾌감을 주는 찌푸린 얼굴이 비쳤습니다. 충격이 컸지만, 찌푸린 얼굴을 모델의 미소 짓는 얼굴처럼 바꿔 보기로 결심했습니다. 몇 개월 동안 웃는 연습을 하고 나서 마침내 사람들 앞에서 웃었을 때, 중년의 신사분이 온화한 미소로 답해 주었습니다. 나는 참으로 기뻤습니다. 이 작은 사건은 내 삶이 변화하고 있다는 것을 증명해 주었지요!

쉰두 살 때, 나는 또 다른 삶의 변화를 경험하게 되었습니다. 유방암 진단을 받고 오른쪽 가슴을 절제하기로 했던 것이지요. (어머니가 쉰네 살 때 그러했던 것처럼 말입니다) 수술 날 아침, 나는 병원에 전화를 걸어 수술받지 않겠다고 했습니다. 그러자 놀랍게도 전화를 받은 간호사가 "좋은 생각이에요."라고 응답해 주었습니다.

나는 암을 치료하기 위해 무엇을 어떻게 해야 할지 몰랐지만, 우주는 알고 있었습니다. 대체 요법 치료를 해 주는 사람들을 한 명씩 차례대로 만났고, 루이스 헤이의 《치유》를 읽었습니다. 나는 그녀가 스스로 암을 치유한 이야기에 감동하였고, 그녀의 메시지를 비롯하여 내가 알고 있는 방법들을 모두 적용하기 시작했습니다. 그렇게 나는 나 자신을 치유해 나갔고, 지난 7년 동안 내 건강은 정상이었습니다.

최근, 나는 라스베이거스에서 열린 〈나는 할 수 있어〉 회의에 참여하여 루이스의 책이 과거에서부터 현재까지 내게 준 영향에 대해 나누었습니다. 나는 루이스에게, 성인이 된 자녀들에게 그녀에게서 배운 것들을 어떻게 알려 주었는지, 그리고 그것들을 통해 자녀들이 어떤 멋진 경험을 하고 있는지에 대해서도 말했습니다. (심지어 큰아들은 크리스마스 때마다 《나는 할 수 있어》 달력을 구해 달라고 합니다.)

모든 기적이 세계를 떠들썩하게 할 뉴스거리가 되는 것은 아닙니다. 종종 기적은 아주 작은 선(善)의 씨앗과 같아서 그 씨앗을 기꺼이 나누고자 하는 사람들에 의해 심어지곤 합니다. 이 씨앗들은 거센 풍파 속에 싸우며 강한 본보기로 성장하게 됩니다. 그리하여 삶의 길에서 다른 사람들에게 영감과 용기를 주게 되지요.

그날 루이스가 내 손을 꼭 잡으며 묻더군요. "낸시, 당신이 이토록 힘 있는 여성인 것을 알고 있나요?" 그 물음에 멈칫했지만, 그때까지 해 왔던 여행이 떠올랐습니다. 미소조차 짓지 못했던 열세 살의 소녀에서 유방암을 치유한 성숙한 여성으로 성장하여, 지금도 루이스 헤이의 기적적인 선의 씨앗을 심고 있는 내가 있었습니다.

나는 루이스 헤이의 눈을 똑바로 바라보고 활짝 웃으며 힘차게 말했습니다" 네, 물론이죠!

루이스와 함께하는
내면 치유 작업
—— ◆ ——

건강에 관련된 문제를 다룰 때는 전문의와 먼저 이야기를 나누는 것이 중요합니다. 또한 자신 내면에 있는 불편함(질병)의 뿌리를 찾아내는 것이 중요합니다. 신체 증상을 치료하는 것만으로 불편함(질병)을 완전히 치료할 수는 없습니다. 질병의 근원이 되는 정서적·영적 문제를 치유하기 전까지는 우리의 몸은 병의 징후들을 계속 나타낼 것입니다.

아래에 나와 있는 실습으로, 건강에 관련된 자신 생각을 더 잘 이해하게 될 것입니다. (종이 한 장을 따로 준비하거나, 연습장에 자신의 대답을 적어 보세요.)

건강 문제로부터 자유로워지기

진정한 치유는 몸, 마음 그리고 영혼이 함께 치유되는 것을 말합니다.

우리가 앓고 있는 병과 관련된 정서적·영적 문제를 다루지 않은 채 신체적 증상만을 치유한다면 병은 재발하게 될 것입니다.

자신 몸을 지속해서 아프게 하는 이유를 없애고 싶으신가요? 변화를 원한다면 이 점을 명심하세요! 당신이 가장 먼저 해야 하는 일은 다음과 같이 말하는 것입니다. "나는 지금, 이 상황을 만들어 낸 내면의 욕구를 기꺼이 놓아준다." 다시 한번 말해 보세요. 이번에는 거울을 보면서 말해 보세요. 건강에 대해 생각이 들 때마다 위의 말을 반복하세요. 이것이 바로 변화를 위한 첫 번째 단계입니다.

우리 삶에서 병의 역할

자, 이번에는 최대한 솔직하게 다음 문장을 완성해 보기 바랍니다.

1. 내가 나 자신을 아프게 하는 방식은 _____
_____이다.

2. 나는 _____를 회피하려고 할 때 아프다.

3. 나는 매번 _____을 원할 때 아프다.

4. 어릴 적 내가 아플 때마다 엄마/아빠는 내게 늘 _____
_____.

5. 아플 때 가장 두려운 것은 바로 _____이다.

가족 병력

잠시 시간을 내어 다음의 내용에도 답을 해 보기 바랍니다.

46   1부 건강

1. 어머니의 질병을 모두 적어 봅시다.

2. 아버지의 질병을 모두 적어 봅시다.

3. 자신의 질병을 모두 적어 봅시다.

4. 위의 내용 중에 어떤 관련성이 보이나요?

질병에 대한 나의 신념

여러분이 질병에 대해 어떤 신념을 가졌는지 좀 더 자세히 알아보도록 합시다. 다음의 질문에 대해 답해 보세요.

1. 어린 시절에 나는 어떤 병에 걸렸나요?

2. 당신이 앓았던 질병에 대해 부모님은 어떤 반응을 보이셨나요?

3. 어린 시절, 아파서 좋았던 점이 있다면 무엇이든 적어 보세요.

4. 어린 시절 아팠을 때 가지게 된 신념 중에서 지금까지 영향을 미치는 것이 있나요?

5. 당신은 자신의 건강 상태에 어떤 이바지를 했나요?

6. 몸이 건강해지기를 바라나요? 그렇다면 어떤 식으로 변화하기를 바라나요?

자존감과 건강

이번에는 자신의 건강에 대한 자존감의 문제를 살펴보도록 합시다. 아래의 질문에 답해 보세요. 각각의 질문에 답을 한 뒤, 부정적

인 대답이 나온다면 그 신념을 대처할 수 있는 긍정적인 확언을
한 개 혹은 그 이상 써 보도록 합시다.

1. 당신은 좋은 건강을 누릴 자격이 있나요?

2. 건강과 관련해서 가장 두려운 것은 무엇인가요?

3. 이 신념으로부터 '얻은' 것은 무엇인가요?

4. 만약 이 신념을 버리려고 하면 어떤 무서운 일이 벌어지나요?

확언 목록

- 나는 매일 매일 기분이 점점 더 좋다.

- 나는 나이와 상관없이 늘 아름답고 힘이 있다.

- 나는 건강 상태가 매우 좋으며 건강미가 넘친다.

- 내 몸은 빠르게 치유된다.

- 나는 에너지와 열정으로 가득 차 있다.

- 사랑으로 채워진 내 생각이 내 면역 체계를 강화한다.

- 나는 내적으로나 외적으로나 늘 안전하다.

- 나는 건강하고 온전하며 기쁨으로 가득하다.

- 나는 내 마음에 드는 날렵한 몸매를 가지고 있다.

- 나는 이런 상황을 만드는 내면의 의식 패턴을 기꺼이 내려놓는다.

- 나는 내 몸의 경이로움에 늘 감사한다.

- 나는 나 자신을 사랑하며 내 몸을 소중하게 대한다.

- 나는 내 인생을 사랑한다. 삶을 살아가는 것은 안전한 일이다.

- 나는 건강하고 온전하며 완전하다.

- 나는 이 상황을 만들어낸 유형을 해결하기 위해 내면으로 들어간다.

- 나는 이제 신성한 치유를 받아들인다.

- 나는 항상 완전히 편안하다.

- 병원에서 치료받을 때, 나를 만지는 모든 손은 곧 치유의 손이며, 사랑만을 표현한다.

- 수술은 빨리, 쉽게, 완벽하게 진행된다.
- 숨을 들이쉴 때마다 나는 점점 더 건강해진다.
- 이제 좋은 건강은 내 것이다. 나는 과거를 흘려보낸다.

질병 치유 확언

내 존재의 자연 그대로의 상태가 곧 건강이다.
나는 이를 받아들인다.

어떤 방식으로든 불편함(질병)을 초래하는
내면의 정신적 유형이 있다면
나는 그것이 무엇이든 의식적으로 내려놓는다.
나는 나 자신을 사랑하고 받아들인다.
나는 내 몸을 사랑하고 받아들인다.

나는 영양가 있는 음식과 음료를 먹고 마신다.
나는 나를 즐겁게 만들어 주는 재미있는 운동을 한다.
나는 내 몸이 얼마나 경이롭고 훌륭한 기계인지를 잘 안다.
그리고 나는 내가 이러한 몸 안에서 살고 있음을
특권으로 여긴다.
나는 활력이 넘치는 것이 좋다.
나의 세상에서는 모든 게 좋다.

2장
통증과 상처 치유하기

통증은 다양한 형태로 나타나곤 합니다. 사람들은 종종 약을 통해 통증을 없애길 바라면서, 통증으로부터 숨으려고 부단히 애씁니다.

그러나 몸이 하는 이야기를 무시하면 몸은 여러분의 관심을 끌기 위해 더 애쓸 수밖에 없게 됩니다. 여러분의 몸은 여러분께 도움을 청하고 있는 것이니까요.

고통을 일으키는 진짜 원인인 '생각과 신념'을 치유하기 위해서는 고통과 직면해야 합니다. 고통을 다루는 한 가지 방법은 그 상황에 대한 자신의 인식을 바꾸는 것입니다. 그 상황에 대해 그저 포기하거나 체념하라는 것이 아닙니다. 예를 들어, 팔목이 아프다는 사실에 초점을 맞추기보다는, 팔목에 수많은 감각이 있다는 점에 주목하려는 것입니다. 이렇게 하는 것은 유쾌하지 않은 경험을 극복하는 데 도움을 주며, 자신의 마음과 영혼을 치유하는 데 집중할 수 있게 해 줍니다. 그러면 고통의 치유는 저절로 따라오게 되어 있습니다.

다음의 이야기들은 고통과 상처로부터 회복된 이들의 이야기입니다. 이 이야기들이 여러분들에게 영감을 줄 수 있기를 바랍니다.

상처투성이의 몸에서 새로운 삶을 살게 되다

캐나다에서, 신경 치료사, 마사지사 마르테즈로부터

1987년, 플로리다에서 휴가를 즐기던 중에 심각한 자동차 사고를 당하면서 나의 삶은 순식간에 달라졌습니다. 정면충돌로 인해 오른쪽 발목과 대퇴골이 부러졌으며, 오른쪽 무릎이 네 군데나 골절되었고 인대도 끊어졌습니다. 척추에 금이 갔고, 갈비뼈와 가슴뼈가 부러졌으며, 오른손 힘줄도 끊어졌지요. 목뼈와 연부 조직이 심하게 손상되었으며, 손과 팔다리에 유리 조각이 박혀 살이 찢긴 건 말할 필요도 없었습니다.

사고가 나기 전까지만 해도 나는 독자적으로 의상 디자이너 일을 하는 스물네 살의 활동적인 청년이었습니다. 그런데 나는 몸을 옷을 입히는 대상으로만 알고 있었을 뿐, 몸의 진실에 대해서는 아는 것이 거의 없었습니다. 디자이너가 진정으로 원하는 길이 아님을 느끼면서도, 무의식적으로 주어진 삶을 살고 있었습니다. 사고가 난 것은 바로 그 무렵이었고, 나는 향후 4년 동안 행해질 일곱 번의 수술 중 첫 번째 수술을 준비하고 있었지요.

다행히도 사고가 일어나기 바로 전, 나는 루이스 헤이의 파란 책《힐 유어 바디》를 선물 받았습니다. 수술 후 회복 기간에 책을 읽으면서, 생각의 변화가 삶에 미치는 영향에 대해 인식하게 되었습니다. 그렇다면 앞으로의 기나긴 회복 과정에서, 내 생각이 긍정적일수록 회복의 양상이 달라질 것은 분명했습니다. 나는 확언의 힘에 대해 읽고는 즉시 병원에서 확언하기 시작했습니다.

"나는 매일 모든 방면에서 점점 더 좋아지고, 강해지고, 건강해진다."

그렇게 2주가 지나 팔과 다리에 깁스를 한 채 휠체어를 타고 퇴원했습니다. 그리고 마침내, 목발을 시작으로 지팡이를 짚고 다닐 수 있을 정도로 건강해질 수 있었습니다. 물론 그렇게 되기까지는 수년 동안 의사를 비롯한 전문가의 수많은 치료를 견뎌야 했습니다. 그들이 치료 결과에 대해 낙관하지 않았음에도 말입니다.

내가 한 확언들은 내 몸과 마음, 영혼 그리고 삶 전반에 밀려온 갑작스러운 변화에 잘 대처할 수 있도록 도와주었습니다. 그뿐만 아니라 치유를 위해 올바른 방향으로 집중할 수 있도록 했지요.

치료받는 중에 가장 신경 썼던 부분은 손의 앞뒷면을 이중으로 수술해야 한다는 점이었습니다. 마취 순간까지도 나는 다음과 같은 긍정 확언을 반복했습니다. "나는 통증이 거의 없이 아주 쉽고 빠르게 회복된다." 확언은 이루어졌습니다! 그때까지 받은 수술 중에서 가장 복잡하고 힘들었지만, 통증을 거의 느끼지 않았을 뿐더러 회복 또한 매우 빨랐습니다.

몇 년이 지나 나는 완전히 건강해졌고, 그간의 경험을 토대로 학교로 돌아가 전문 마사지사이자 신경 치료사가 되었습니다. 나는 그 일을 16년째 해 오고 있으며, 일하는 과정에서 긍정 확언을 적극적으로 활용하고 있습니다. 아울러 고객들에게도 생각이 어떻게 삶과 건강에 영향을 미치는지에 대해 교육하고 있습니다.

루이스, 정말 감사합니다! 이 은혜는 평생 갚지 못할 겁니다!

자신을 사랑함으로써 치유는 시작된다

네바다에서, 전인 치료 전문가 앤으로부터

대부분 관점으로는, 지난 몇 년간의 삶은 악몽 그 자체였습니다. 그러나 나는 그 과정을 삶의 목표가 무엇인지 찾도록 도와준 치유 여행으로 여깁니다.

그 여행은 1992년에 시작됩니다. 자궁외임신으로 인해 오른쪽 나팔관을 제거하는 수술을 해야만 했지요. 2년 뒤에는 또 다른 수술을 하게 됩니다. 불임 여부를 알아보기 위해 복강경 수술을 하게 되었는데 불행히도 이 과정에서 소장 막힘이 유발되어 응급실에서 장절제술을 받았지요. 소장을 약 75cm 정도 제거하는 동안 장출혈과 감염을 막기 위해 상처 부위를 지지고 나팔관에 있는 반흔 조직을 제거했습니다. 나는 중환자실에 3주 동안 입원했으며, 거의 죽을 뻔했지요.

마침내 퇴원했을 때는 체중이 36.3kg밖에 나가지 않았습니다. 장이 제대로 치료되지 않아 음식을 소화할 수 없었을 뿐만 아니라 극심한 생리통과 생리로 인한 과다 출혈, 만성 설사와 빈혈로 고통받았습니다. 살이 지나치게 빠져 뼈는 돌출되었고, 탈모증까지 왔습니다. 침대에 누워 있어야만 했던 나는 나 자신이 너무나 약하게 느껴졌고, 외로움과 두려움, 우울함이 한꺼번에 몰려와 힘이 들었습니다. 그렇게 2년이라는 시간이 흘렀습니다.

주치의는 내게 임신할 수 없으며, 더 이상 치료할 수 없다고 했습니다. 나는 충격에서 헤어나질 못했습니다. 그런데 이 깊은 고통과 혼란 속에서 우연히 루이스 헤이의 《치유》라는 책을 발견했고, 책을 읽기 시작하면서 절망감과 외로움이 사라지는 듯한 느낌을 받았습니다. 그 사실에 고무된 나는 루이스 헤이의 긍정 확언을 날마다 했고, 밤마다 찾아오던 끝없는 통증에서 벗어날 수 있었습니다.

루이스의 메시지는 분명했습니다. "만약 당신이 책에 나오는 연습 과제들을 해 본다면 어떤 종류의 문제도 치유될 수 있습니다." 와, "치유는 바로 자기 자신을 사랑하는 것으로부터 시작됩니다."

나는 서른두 살에, 《치유》를 읽고 나서야 비로소 의식적으로 건강에 책임을 지기로 결심하게 되었습니다. 침과 한약 치료를 받기 시작했으며, 전인 치유 센터에 등록하여 요가·태극권·기공·명상·시각화했을 뿐 아니라, 에너지 치유 세션도 받았습니다. 긍정적인 생각과 운동, 식이 요법 덕분에 내 증상은 2개월 만에 사라졌습니다. 그리고 나는 다시 임신하게 되었습니다. 비록 자궁외임신이었지만, 임신했다는 사실은 내 몸이 치유되었다는 것을 보여 준 좋은 예이기도 했지요. 다시 임신하다니! 이건 정말 기적이었습니다.

나는 애리조나 세도나에서 에너지 치유사이자 전인 치료 전

1부 건강

문가가 되었고, 영적 파트너인 미치와 사랑에 빠져 결혼했습니다. 그리고 아리애나라는 예쁜 딸을 입양했습니다. 아리애나는 신이 내게 주신 귀한 선물입니다.

나는 루이스 헤이의《힐 유어 바디》에 있는 긍정 확언을 학생들에게 사용하고 있습니다. "건강 상태가 어떠하든, 자신을 사랑함으로써 그리고 나를 제한하는 과거의 낡은 신념을 내려놓음으로써 자신을 치유할 수 있다."는 루이스의 가르침이 얼마나 진실한지를 나는 증언할 수 있습니다.

새롭게 태어난 나의 춤

이스라엘에서, 학생 쉬라로부터

몇 년 전, 나는 꿈을 좇아서 춤을 공부하기로 결심하고 직업 전문학교에 입학했습니다. 그 뒤로 첫 1년은 꿈만 같았지요. 매일 아침을 발레 수업으로 시작했고, 점심에는 스튜디오에서 춤을 추고 하루 종일 이 수업 저 수업을 들으면서 몸을 단련시켰습니다.

그런데 2학년이 되기 전, 허리에 통증이 느껴지더니 통증 부위가 점점 넓어지고 강도가 심해졌습니다. 병원 X-ray 검사 결과 추간판탈출증(디스크)이라는 진단을 받았습니다. 인터넷에서 내 병에 관련된 글을 모조리 찾아 읽으면서, 이 병이 치유되지 않고 평생을 따라다닐 것이라는 사실도 알게 되었지요. 수술로 아픈 부위를 없애더라도 평생을 고통받으며 살아야 할 것이라는 설명도 볼 수 있었죠. 나는 충격에서 벗어나기가 어려웠습니다. 더 이상 춤을 출 수 없을 것이라는 현실이 말로 표현할 수 없을 정도로 슬펐습니다.

새로운 학기가 시작되었고, 수업에 참여해 보려고 무던히 애를 썼지만 그럴 수 없었습니다. 나는 스튜디오 구석에 쭈그리고 앉아 왜 이런 일이 나에게 일어났는지를 생각했습니다.

전문의에게 마사지 치료도 받아 보았으나 효과가 없었습니다. 나는 유령처럼 주변을 배회했습니다. 애드바라는 친구가 진지한 이야기를 하기 위해 나를 멈춰 세우기 전까지는 말이에요. 애드바는 내게 루이스 헤이의《치유》책을 주면서 꼭 읽어 보라고 했고 나도 약속했습니다.

집에서 1주일간 쉬면서 루이스 헤이의 책에 있는 연습 과제를 했습니다. 난생처음으로 나 자신에게 사랑한다고 말하기 위해 거울 앞에 섰을 때는 말이 나오지 않았습니다. "지금, 이 상황을 초래한 모든 걸 기꺼이 내려놓겠다."라고 말할 때마다 울음이 터졌지만, 루이스가 제시한 대로 연습을 해나갔습니다. 매 순간 생각을 알아차렸고, 나에게로 긍정의 편지를 쓰기 시작했습니다. 하루에 300번씩 나 자신에게 사랑한다고 말해 주었고, 명상했으며, 용서하기 위해 노력했지요. 마침내, 천천히, 그러나 분명하게 나는 다시 웃기 시작했습니다.

《치유》에 있는 연습을 마치고 얼마 지나지 않아 주치의가 다른 방식으로 치료를 권유했고, 그로부터 딱 1주일이 지나 통증이 완전히 사라졌습니다. 나는 스튜디오로 돌아와서 새로 태어난 사람처럼 춤을 추기 시작했습니다. 왜냐하면 나 자신이 치유되었다는 것을 알았기 때문이지요.

내 진정한 치유자

캘리포니아에서, 실내장식 디자이너인 디온으로부터

1994년에 루이스 헤이를 알게 되었습니다. 그녀의 책《치유》에 있는 내용이 너무나도 획기적이었기 때문에 처음부터 끝까지 여러 번 반복해 읽었습니다. 물론 이전에도 몸과 마음의 관계에 대해 들어 본 적은 있었지만, 생각을 바꿈으로써 몸의 건강 상태까지 바꿀 수 있다는 발상이 나를 신나게 했습니다.

그 당시 나는 수근관증후군(손목의 뼈와 인대로 구성된 수근관이 다양한 이유로 좁아지면서 내부 신경이 압박받아 유발되는 손 저림·감각 저하·마비 등의 증상-역자 주)으로 인해 오른쪽 손목에 극심한 통증을 느끼고 있었습니다. 이에 따라 기본적인 생활도 하기 힘들 정도였지요. 수술한다고 해서 확실하게 낫는다는 보장이 없었고, 루이스의 긍정 확언을 따라 한다고 해서 손해 볼 것도 없었기에 한번 해 보기로 결심했습니다. 나는 틈이 날 때마다 하루에 수백 번씩 긍정 확언을 반복했습니다. 그렇게 일주일이 지나자,

손목이 많이 좋아졌습니다. 다시 2주가 지나자, 손목 통증이 완전히 사라지고, 정상적으로 사용할 수 있게 되었습니다. 물론 그 이후로 내 손목에는 문제가 없습니다.

내가 나의 진정한 치유자인 것을 알 수 있도록 도와준 루이스 헤이에게 진심으로 감사드립니다.

나에게 꼭 필요했던 충격

스위스에서, 요가 치료사이자 워크숍 지도사인
마가렛으로부터

어느 날 운전을 하고 있는데 '쿵! 쿵! 쾅!' 하는 소리가 들렸습니다.

'대체 이게 무슨 일이야?' 하는 순간 몸이 앞뒤로 밀리기를 반복했습니다. 뒤에 오던 차가 내 차를 들이받은 것이지요. 그 이후로 며칠 동안 온몸이 쑤시고 아팠는데 특히 목과 어깨의 고통이 심해서 회사에서 일을 할 수가 없었습니다. 이는 곧 내게 주어진 승진의 기회를 놓치는 것을 의미했습니다. 나는 "이제 내 인생은 끝났어." 하고 한탄했고, 그럴수록 삶은 더욱 망가졌습니다. 몸은 나에게 비명을 지르고 있었고, 내 마음과 영혼은 너무나 외롭고 풀이 죽어버렸습니다.

하지만 차츰 내게도 변화가 나타나기 시작했습니다. 루이스 헤이의 《치유》를 읽은 것이 그 시작이었지요. 이 책을 통해 느끼고 생각하는 것 모두가 자기 자신에게 달려 있다는 것을 알게 되었습니다.

처음으로 긴장 완화 수업에 참여하던 날, 이완하는 것이 너무 어려웠지만 계속해서 수업을 들었습니다. 그것이 내게 필요한 것임을 알고 있었기 때문입니다. 또한 전인적인 치유가 효과적이라는 사실을 알게 되면서 보완·대체의학에도 관심을 가졌습니다. 아마츠마사지 치료법을 공부했고, 나에게 도움이 되는 것에 대해 더 많이 알게 되었습니다. 그러나 이에 따라 직업까지 바꾸게 되리라고 생각하지 못했지요. 나는 자기 계발 서적을 아주 많이 읽었고, 라스베이거스에서 열린 〈나는 할 수 있어〉 학회를 비롯한 수많은 워크숍에 참가했습니다. 나는 명상을 하면서 내면의 목소리를 듣기 위해 노력했고, 이를 통해 찾은 확언을 소리 내어 말하고, 노래로 부르고, 종이에 적기도 했습니다. 감사하는 것이 제2의 천성이 될 때까지 감사 목록도 만들었습니다. 또한 나는 지독하게 독립적인 사람이었지만, 사업을 시작하기 위해 다른 사람들에게 도움을 청하기도 했습니다. 거울 연습은 내가 새로운 모험을 시작할 수 있도록 도와준 매우 효과적인 방법이었습니다.

지난 몇 년 동안 내 삶은 참으로 다양해졌습니다. 자기 계발 워크숍 지도자가 되었고, 아마츠와 두개 천골 요법CST 치료사가 되었으며, 요가 강사가 되었습니다. 나는 가슴이 안내하는 길을 따라 삶을 더 가치 있고 존경할 수 있게 하겠다고 나 자신과 약속했습니다. "내 삶은 항상 점점 더 좋아진다."라는 확언을 계속한 결과 그것은 현실이 되었습니다. 나는 건강하고 힘이 있으며 그 어느 때보다도 유연해.'라고 생각했고, 그렇게 되었습니다.

현재 나는 스위스에서 나를 지지하고 사랑해 주는 배우자와 함께 꿈에 그리던 집에 살고 있습니다. 내 주변에는 멋진 친구와 이웃이 있지요. 나는 세계적인 일을 하며, 누구나 원하는 삶을 창조할 수 있는 활력이 있다는 것을 깨닫도록 도와주고 있습니다. 나는 삶의 많은 부분에서 진정으로 축복받았다고 느낍니다. 내가 겪었던 차 사고는 나에게 꼭 필요했던 충격이었습니다. 그 사고가 나에게 기쁨과 성공, 성취감을 찾을 수 있도록 도와준 귀한 선물인 것도 알게 되었습니다.

힘은 내 안에 있다!

베네수엘라에서, 은퇴한 이래이다로부터

2004년 1월이 끝나갈 무렵, 딸 조이마가 나를 건강 강좌로 인도했습니다. 수업을 듣기 위해 교실로 들어선 순간 한 강사가 "무엇을 얻기 위해 여기에 오셨나요?" 하고 묻더군요. 두통을 없애고 싶다고 대답하자 "우리가 그 고통을 없애 드릴 수 있어요."라고 말하더군요. 그녀는 내게 많은 책을 추천해 주었는데, 그중 하나가 루이스 헤이의 《치유》였습니다.

때마침 친구 한 명이 책을 빌려 주기에 읽기 시작했습니다.

도중에 책을 덮기가 너무 아쉽더군요. 독서광도 아닌데 5일 만에 다 읽고는 책에서 알려 준 대로 확언을 하기 시작했는데, 확언할 때의 느낌들이 참으로 좋았습니다.

그해 생일날, 딸에게 《힐 유어 바디》와 《치유》를 선물 받고 얼마나 기뻤는지 모릅니다. 그것을 계기로 루이스 헤이에게 더 많은 관심을 가지게 되어 《나는 나를 사랑하기로 했다》를 비롯하여 다양한 책을 구해 읽었고, 드디어 내 삶이 변화하고 있음을 느끼기 시작했습니다.

예를 들면, 이전의 나는 두통이 생기면 약에 의존했지만, 지금은 약을 먹는 대신 "나는 나 자신을 받아들인다.", 그리고 "내 안에 힘이 있다."라고 확언하곤 합니다.

이 아름답고 훌륭한 것들을 배울 기회를 주신 하느님께 감사드립니다. 그리고 루이스 헤이에게도 진심으로 감사드립니다. 나는 그녀가 아름답고 긍정적인 생각들을 더 많은 사람에게 계속해서 나눠 주기를 바랍니다. 그녀에게 늘 신의 축복이 함께하길 기원합니다.

모든 것의 아름다운 흐름

토리나다드토바고(서인도 제도에 있는 독립국-역자 주)에서,

상담가인 싸리로부터

2001년 6월, 친구 집에 놀러 갔다가 우연히 책상 위에 있는 책 한 권을 보게 되었습니다. 그 책은 루이스 헤이가 쓴 《치유》라는 책이었습니다. 그녀의 이름을 처음 보았지만, 책 디자인이 마음에 들어서 친구에게 빌려 달라고 부탁했습니다.

책을 아무 페이지나 펴서 읽기 시작했는데, 특히 몸의 상태와 그 증상을 유발한 원인, 그에 대한 해결책으로 새로운 사고 유형을 제안해 놓은 목록이 마음에 들었습니다. 이 목록은 뒷날 나의 생명줄이 되었습니다.

그해 12월, 왼쪽 난소에 생긴 물혹을 떼어내는 쉽고 간단한 수술을 받게 되었는데, 여덟 시간이 지나서야 극한의 고통을 느끼며 마취에서 깨어났습니다. 내 위장은 일주일 동안 심하게 부어 있었습니다. 그때 서야 나는 무언가 크게 잘못되었다는 것을 알게 되었습니다. 워낙 격렬하게 토한 나머지 식도 벽이 약해져서 피가 났으며, 몸 왼쪽 부위가 심하게 아팠습니다. 응급실에 실려 간 날, 신우신염에 걸린 것을 알게 되었습니다.

혼란과 고통으로 가득했던 몇 주를 보내고 나서 다음과 같은 진단을 받았습니다. 종양을 제거하기 위해 사용했던 레이저가 실수로 다른 내부 장기들을 건드렸다는 것입니다. 그 결과 방광에

구멍이 났고, 신장이 손상되었으며, 요관이 거의 다 잘려 몸 안에서 오줌이 새고 염증이 심해지게 된 것이었지요.

그 후 몇 주 동안 나는 커다란 오줌주머니를 단 채, 다리에 경련을 느끼고, 과민성 장으로 힘들어하며, 진통제에 의존하고, 정맥신우조영술을 받고, CT 촬영을 하고, 스텐트 시술(혈관 폐색 등을 막기 위해 혈관에 주입하는 것- 역자 주)과 복강경 수술까지 받아야 했습니다. 자칫 자궁절제술을 받거나 장루(인공 항문)를 평생 부착하고 살아야 할지도 모른다는 사실이 나를 우울하게 만들어 바닥까지 추락시켰습니다.

그러던 중 나는 신기한 꿈을 꾸었습니다. 돌아가신 어머니와 나의 수호신, 대천사 라파엘이 나오는 꿈이었습니다. 찰나이긴 하지만 눈물과 기도가 삶의 안식처가 되어 주었습니다.

운 좋게도 그 과정에서 나는 다음과 같은 경험을 하게 되었습니다. 내 주변을 둘러싼 모든 기운과 시간이 멈춘 것 같았고, 이 우주가 완벽하게 움직이는 것을 볼 수 있었습니다. 만물이 아름답게 흘러가는 것을 말입니다. 나를 치료해 주는 모든 사람이 내 삶에 이미 들어와 있거나 새로이 나타난 놀라운 존재인 것을 알게 되었습니다. 그들은 나에게 힘을 주고 지지해 주는 가족과 친구, 간호사와 간호조무사들, 그리고 실제적인 영향을 미치며 무언가 혹은 누군가에게 기적을 만들어 주는 도구인 의사들이었습니다.

어둡고 힘든 시간이 지난 뒤, 나는 루이스의 책에 있던 '목록'을 떠올리고 다시 그녀의 책으로 돌아갔습니다. 비로소 건강 문제와 생각 사이의 관계를 이해할 수 있었습니다. 아울러 스스로 치유하는 것을 선택할 수 있다는 것도 알게 되었습니다. 당연히 나는 그렇게 했습니다. 몸이 예전처럼 활기를 띠고, 원래의 신체 기능을 되찾는 것을 선택했습니다. 웃고 미소를 띠며, (오줌·대변) 주머니와 스텐트 없이 사는 것을 선택했습니다. 배우고 성장하는 것을 선택했으며, 완전하게 용서하는 것을 선택했습니다. 몇 년이 지난 지금 나는 건강하고 행복합니다.

기쁘게 살면서 앞으로 나아가기로 선택한다!

플로리다에서, 작가인 베타니로부터

2006년 여름, 나의 삶은 바닥을 치고 있었습니다. 신체적·정서적으로 나를 학대하는 사람으로 인해 몸과 영혼이 부서져 버리기 직전이었습니다. 당시 나는 섬유근육통을 앓고 있었는데 상태가 좋지 않아 걷기가 어려웠지요. 시간 대부분을 침대에 누워 있으면서, 나는 도대체 어디서부터 잘못된 것인지 알고자 애썼습니다.

나를 학대하는 그가 집에 오면, 더 이상 학대하지 못하게 막고 싶었지만, 방법을 알지 못했습니다. 이미 늦어 버렸다는 생각이 나를 두렵게 했고, 공포에 떨게 했습니다. 그러던 어느 날 밤, 정말 바닥을 쳤다는 것을 느꼈고, 죽을지 살지를 결정해야 한다는 것도 알았습니다. 나는 살기로 결심했습니다.

다음 날, 신의 도움으로 나는 루이스 헤이의 책《치유》를 손에 쥐는 축복을 받았습니다. 책을 읽기 시작하자 마음속에서 밝은 불꽃 하나가 빛나기 시작했습니다. 확언 부분을 읽을 때는 스스로 나의 삶을 치유할 수 있다는 생각에 기뻤습니다. 나는 즉시 확언하기 시작했습니다. 확언에 푹 빠져서 날마다 다음과 같은 확언을 반복하고 또 반복했습니다. "나는 나를 사랑해. 내 몸은 치유되고 있어. 나는 나 자신과 타인을 용서해. 나는 내 삶을 믿어."

천천히, 나는 그 남자의 학대를 막고, 내게서 떨어지게 할 수 있었습니다. 또한 내 삶에서 무언가 아름다운 것을 만들 때가 왔다는 것을 직감했습니다. 나에겐 꿈이 있었습니다. 캘리포니아에서 일을 해달라는 제안도 받았는데, 무릎 관절이 완전히 낫지 않아 보행이 불편한 것이 문제였습니다.

나는 다시 루이스의 책을 보기로 마음먹었습니다. 무릎에 관해 적힌 페이지를 찾아보니 무릎 문제는 '융통성이 없음'과 관계가 있더군요.

앞으로 나아가는 것이 두려워 변화에 저항하고 있다는 의미였습니다.

이는 전혀 놀라운 일이 아니었습니다. 나는 매번 원하지 않는 곳으로 끌려가고 있다고 생각했으니까요. 그 순간 나는 확언을 시작했습니다.

"나는 유연하고 물 흐르듯이 흘러가는 사람이다."

확언을 시작한 다음 날 아침, 잠자리에서 일어나서 가볍게 조징했습니다. 신의 축복 또는 우연이라고도 부를 수 있겠지만, 나는 이것을 기적이라고 부릅니다. 내 무릎은 완전히 나았습니다.

그다음 주에 캘리포니아로 이사를 하고 나서는 처음으로 영혼이 자유로워졌습니다. 그리고 곧 모든 꿈이 현실이 되기 시작했습니다.

나는 지금 작가가 되었습니다. 이전에는 이미 죽었다고 생각했던 내면의 불꽃이 아주 환하게 빛나고 있습니다. (참, 나는 지금도 매일 확언을 하고 있습니다.)

루이스, 당신은 최고로 멋진 나의 닮고 싶은 사람입니다. 당신이 내 삶에 미친 큰 영향에 대해 진심으로 감사드립니다.

내가 바로 기적

뉴질랜드에서, 교사로 일하는 그레인으로부터

나는 세계 여행 중에 한 남자를 만나 첫눈에 반했습니다. 우리는 함께 여행하기로 했고, 그것은 참으로 재미있는 일이었습니다. 무계획이 바로 우리의 계획이었거든요! 모험을 함께했고, 결혼했으며, 뉴질랜드에 정착하여 사랑스러운 딸도 낳았습니다(지금 그 딸은 일곱 살이 되었답니다). 모든 게 좋았습니다. 멀리 떨어져 살고 있는 가족들과 친구들을 잃었다는 것 한 가지를 빼면 말이에요. 물론 시간이 허락하면 집에 갈 수 있었지만 말입니다.

그러던 중, 친정엄마가 내게, 집으로 돌아와 자신을 돌봐주며 함께 살면 어떻겠느냐고 물어 오셨고, 남편과 상의한 후 그렇게 하겠노라고 했습니다. 그런데 오빠가 나의 복귀를 환영하지 않는다고 분명하게 말하더군요. 나는 심한 욕을 퍼붓는 오빠에게 여동생한테 어떻게 그런 식으로 말할 수 있느냐며 울었습니다. 오빠의 분노를 전혀 이해할 수 없었기에 큰 충격을 받았습니다.

나는 뉴질랜드로 돌아와 남편과 딸아이를 데리고 새집으로 이사를 하였습니다. 극심한 피로감을 느꼈지만, 이사를 하기 위해 이를 무시했지요. 오빠한테 받은 충격도 컸지만, 가족 중 그 누구도 연락을 주지 않는 것이 마음을 더 아프게 했습니다. 속이 상한 나머지 상황은 더 나빠졌습니다. 심각한 퇴행성 류머티즘성관절염에 걸리는 등 말 그대로 스스로 좀먹기 시작했습니다. 나는 그 끔찍한 말이 나를 먹어 치우고 있다고 믿게 되었습니다.

증상은 더욱 심해져서 옷을 벗고 입을 때조차 남의 도움이 필요할 지경에 이르렀고, 통증을 잡기 위해 독한 약을 처방받았지요. 이전에는 아스피린조차 먹어 본 적이 없던 내가 약에 의존하는 사람이 되어 버렸습니다. 내 몸은 기대를 저버렸습니다. 나는 스스로 실망했고, 무력감을 느꼈으며, 감당할 수 있는 선에서 최대의 스트레스를 받았습니다.

어느 날, 우연히 루이스 헤이의 《치유》를 읽게 되었는데, 책의 내용이 심금을 울렸습니다. 내 머릿속에서 펼쳐지는 것과 현실에서 펼쳐지는 것이 서로 관련 있다는 것을 깨닫고는 오빠를 용서하는 것에서부터 치유 작업을 시작했습니다. 나는 상처와 분노를 내려놓고 나에게 관심을 쏟았습니다. 할 수 없는 것을 찾는 대신, 내가 할 수 있는 모든 걸 목록으로 만들었습니다. 나는 감사 일기를 쓰기 시작했습니다. 내가 쓰는 단어들을 바꾸기 시작했고, 그 단어들을 인식할 수 있게 되었습니다. 나는 내 몸에게 건강해지는 것은 자연스러운 일이라고 말해 주었습니다.

그러자 조금씩 내면과 연결되는 것이 느껴졌습니다. 계속해서 변화하고 치유되고 향상되는 몸의 세포들에 관심을 집중했습니다. 내 몸은 무엇을 해야 할지 알았습니다. 얼마 지나지 않아 나는 통증으로부터 자유로워졌고, 마침내 약에서도 벗어날 수 있었습니다. 나는 더 이 상 내 몸 상태가 평생 지금과 같으리라 생각하지 않게 되었고, 미래관도 행복해졌습니다.

나는 지금 병의 차도를 보이고 있으며 생기로 가득 차 있습니다. 내게 굉장한 일이 나타날 수 있게 하는 능력이 있다는 것을 믿습니다. 나 자신이 내 삶의 기적입니다.

삶의 미학

이스라엘에서, 교사 베키로부터

"나는 있는 그대로 나다!" 이 얼마나 멋진 말인가요! 북부 이스라엘에 있는 아름다운 카멜 포레스트 온천휴양지에서 〈당신 자신을 사랑하라! 그리고 삶을 치유하라〉 프로그램 지도자 양성 과정에 참가하고 있었는데 이 정보가 심금을 울렸습니다.

나는 칠레에 살고 있던 독일인 부모에게서 태어났습니다. 어머니는 대학살(1930~40년 때 나치에 의한 유대인 대학살-역자 주)로 인해 가족을 모두 잃었지요. 어린 시절, 나는 엄마의 사진을 보며, 아빠가 어떻게 엄마와 사랑에 빠졌는지 이야기 듣는 것이 참 좋았답니다. 내 영혼은 어린 시절부터 이처럼 사랑이 가득한 환경에서 성장하는 것을 선택했습니다. 나는 유쾌하고 자신감 넘치는 아이였고, 배우이자 무용수였고, 음악가이며 화가이기도 했었습니다. 나는 아직도 지붕 위에서 춤을 췄을 때의 그 아름다운 그 느낌을 기억합니다. 내가 춤과 사랑에 빠졌던 그 순간을 말입니다.

열한 살 때, 나는 소아마비와 뇌막염 진단을 받았습니다. 아버지가 나를 안아서 아래층에 있는 안락의자로 데려다주시던 기억이 납니다.

안락의자에 앉아서 오지 않는 친구를 하염없이 기다리는 동안 나는 의식 속에서 걷는 법을 지워 버렸습니다. 학교, 일, 관계 등 새로 시작하는 모든 것에서 극심한 공포를 느꼈다는 것을 정확히 기억합니다.

열여섯 살 때, 우리 가족은 이스라엘로 이사했습니다. 칠레에서의 활기찬 삶에 비해 이스라엘의 사고방식과 발음하기 힘든 히브리어, 지루한 종교 학교는 적응하기가 힘들었습니다. 나는 세상을 두려움과 어려움 그리고 판단으로 인식하면서 창의성을 억눌렀습니다. 그렇게 유쾌했던 어린 소녀는 어디론가 사라져 버렸습니다.

나의 불안함은 커져만 가고 있었습니다. 삶은 내가 깊은 상처 입기를 원하는 것 같았습니다. 서른 살이 되었을 때 나는 신경질적이고 불행한 엄마이자 아내로서 세상에 너무나 화가 나 있었습니다. 막내딸이 태어난 뒤, 내 몸은 극심한 고통을 겪었습니다. 오른쪽 다리가 짧아졌고, 허리 통증이 심했으며, 위장은 내가 먹은 모든 약에 대해 반항했지요. 나는 또다시 불구자가 되었고, 몸의 세포들은 어릴 적 시절의 고통을 고스란히 기억해 냈습니다.

그러나 제자가 준비되었을 때 스승이 나타난다고, 변화에 대해 갈급했던 나는 신과 나 자신을 믿기 시작했습니다. 그리고 다양한 치료 방법들을 경험하기 시작했죠. 나는 텔아비브에서부터 샌디에이고까지 루이스 헤이의 치유 지도자 과정을 따라다니기 시작했습니다. 그리고 완전히 다른 사람이 되었습니다. 나는 마음이 정신없이 떠들어 대는 순간에도 어떤 생각을 해야 하는지 결정할 수 있었습니다. 그리고 나 자신에 "다른 생각에 네 마음을 주지 마"라고 말할 수 있었습니다. 내 삶에 관해 책임을 짐으로써 죄책감에서 벗어날 수 있었고, 내면 깊은 곳에서 스스로 할 수 있다는 것을 알아차렸지요.

2주 후, 이스라엘에서 루이스 헤이의 가르침을 전파하겠다는 결심을 함으로써 삶은 크게 변화하기 시작했습니다. 나는 가업을 그만두고, 나를 사랑하는 일에 전념하기로 했습니다.

내 몸도 변화하기 시작했습니다. 자기 자신을 사랑하는 일을 하자 통증이 사라졌습니다. 지금은 어떠냐고요? 약에서 벗어나졌고, 넘어지고 쓰러지는 장면들이 머릿속에서 사라졌으며 절름거리지 않고 똑바로 걷게 되었습니다. 삶은 도전을 받는 순간에도 대단한 것입니다.

왜냐하면 삶에 대한 관점이 완전히 바뀌기 때문이지요.

나는 오늘도 기도하며, 의도합니다. 이 지구상에 이 훌륭한 도구가 더 많은 사람에게 퍼지기를 말입니다. 우리의 아름다운 영혼을 치유 할 수 있다니, 이 얼마나 강력한 도구인가요?

용서와 치유

이다호의 관리인으로 일하는 패트리샤 앤으로부터

10년 전, 나는 신장결석 수술로 병원에 입원해 있었습니다. 의사들은 다양한 각도로 수술했습니다. 세 개의 결석을 제거하는 수술을 진행했지만, 큰 결석 두 개가 꼼짝도 하지 않았지요. 내가 느끼는 통증은 차마 표현할 수 없을 정도였습니다. 그때 친구 한 명이 루이스 헤이의《치유》책을 선물로 주었습니다. 통증이 심해 책을 읽기가 쉽지 않았지만, 천천히 내 방식대로 조금씩 읽어 나가기 시작했습니다. 책을 읽어나가는 동안 너무나 아름다운 여성이 내 눈을 뜨게 했습니다.

나는 그동안 과거, 특히 어린 시절의 기억에 붙잡혀 살고 있었다는 것을 깨닫고 결심했습니다. '아, 지금이 바로 어린 시절 나를 버렸던 엄마를 용서할 시간이구나.'라고 말입니다. 그래서 엄마를 용서한다는 내용의 확언을 반복하기 시작했습니다. 마음속에서 엄마를 용서하게 되자, 나는 직접 엄마를 마주 보며 용서했다고 말씀드렸지요.

　　그로부터 얼마 지나지 않았을 때 주치의가 물었습니다. "결석을 다시 제거할까요?" 그때 서야 나는 결석 자체를 잊어버리고 있었다는 것을 알았습니다. 내 말을 들은 주치의는 결석이 저절로 사라지기란 불가능하다고 했습니다. 그러나 나는 결석이 사라진 것을 확신했고, 정말 좋아졌습니다.

　　내가 한 확언과 엄마에 대한 용서가 신장결석을 사라지게 하는 데 도움이 되었다는 것을 압니다. 그 이후로도 나는 계속해서 '변화하고 내려놓으려고' 노력합니다. 내게 《치유》를 소개해 준 친구와 루이스 헤이에게 진심으로 감사합니다. 나는 루이스와 같은 작가들의 책을 찾아 읽으며 내 영적 의미에 대해 눈을 뜨고 있습니다.

통증이 감쪽같이 사라지다

캐나다에서, 사업가인 개일로부터

루이스 헤이는 많은 면에서 내 삶을 감동하게 했습니다. 그녀를 알게 된 것은 10년도 훨씬 더 전의 일입니다. 그때 나에겐 정말로 영감이 필요했습니다. 남편의 비난과 언어폭력으로 자존감을 잃고 만신창이로 지내다가 마흔 살이 되어서야 이혼을 준비하게 되었던 것이죠.

당시 나는 관절염이 심해 걷기 힘들었습니다. 어딜 가나 부딪치고 다치기 일쑤였는데, 그런 나를 보고 남편은 '아프고 게으르다'라며 비난했지요. 우리에겐 세 명의 자녀와, 공동으로 운영하는 회사가 있었습니다. 어느 날 남편은 여름철 특수로 고용한 스물두 살짜리 여직원과 바람이 나서 나를 버렸습니다. 나는 바닥으로 더욱 내려앉았고, 삶이 산산이 부서져 버린 듯했습니다.

관절염 통증을 가라앉히기 위해서는 알약을 다섯 개씩 먹어야 했습니다. 그 무렵 루이스의 책과 CD는 큰 위안을 해 주었고, 기운을 되찾도록 도와주었습니다. 나는 왜 이런 일이 나에게 일어났는지 그 이유를 찾고 이러한 상황이 의미하는 축복은 과연 무엇인지 알아내기로 결심했습니다. 결혼 생활이 깨진 것이 평소에 하는 혼잣말 때문인 것을 알아차리는 데는 별로 시간이 걸리지 않았습니다. 나는 "이런 상황을 더 이상 견딜 수 없어."라고 입버릇처럼 말하곤 했었지요. 루이스는 늘 말을 조심하라고 이야기합니다.

몸 또한 내가 시키는 대로 발부터 관절염이 시작된 것이었습니다.

　루이스의 가르침을 적용하자, 치유의 수문(水門)이 열린 것 같았습니다. 상태가 호전되어 의사에게 약 복용량을 줄이겠다고 하자 의사가 만류했습니다. 그로부터 얼마나 지난 2005년, 라스베이거스에서 열린 〈나는 할 수 있어〉 회의에 참여하여 - 그 뒤로 나는 네 번이나 더 참가했지요. - 좋은 친구들과 함께 멋진 시간을 보냈습니다. 집으로 돌아오는 비행기 안에서 나는 루이스의 말을 떠올렸습니다. "무(無)에서 왔으니, 무(無)로 돌려보내라." 나는 관절염을 무(無)로 돌려보냈습니다. 더 이상 관절염을 앓을 필요가 없었습니다.

　몇 개월 뒤에, 나는 복용하고 있던 모든 약을 끊고 의사에게 말했습니다. "이제껏 도와주셔서 감사합니다. 안녕히 계세요!"

　요즘은 몸이 아프거나 통증을 느껴도 두렵지 않습니다. 통증이 느껴지면 다만 나 자신에게 물어볼 뿐입니다. "내 삶에서 해결해야 할 부분이 있다면 무엇이지?" 나는 몸이 하는 말에 따릅니다.

　지금 내 삶은 참으로 멋집니다. 나는 행복하게 이혼했습니다. 나를 최악으로 대했던 전남편은 훌륭한 사람이었습니다. 지금도 우리는 회사를 함께 운영하며 아이들 양육도 함께하고 있습니다. 또한 나는 새로운 사람과 사랑에 빠져 약혼까지 했답니다.(내가 나를 잘 대하니 삶 또한 나를 멋지게 대해 줍니다. 이 모든 게 루이스 덕분입니다) 현재 내 삶에서 가장 기쁜 것은 열네 살짜리 딸 마리사가 루이스를 두 번이나 만났다는 것입니다. 마리사도 나만큼 루이스를 좋아한답니다.

강하고 건강하며, 무조건인 사랑을 받다

영국에서, 교사로 일하는 타냐로부터

어린 시절 나의 소원은 무대에서 춤추는 것이었지만 무릎이 약했기 때문에 부정적인 말을 들어야 했죠. 어른들은 "그건 유전이야!"라고 말하곤 했습니다.

나는 열여덟 살까지 춤을 추었습니다. 그러다 결국 오른쪽 무릎이 망가져서 걷지 못하게 되어 병원에 실려 갔고, 퇴원할 땐 목발을 짚고 병원을 나왔습니다. 대학으로 돌아갈 때가 되었지만 3~4개월 정도 더 집에 머물면서 물리 치료를 받았고, 그 결과 목발 없이 걸을 수 있게 되었습니다.

그로부터 3년 뒤, 우연히 수정 가게에 들렀는데 갑자기 허리가 아파졌습니다. 가게 주인은 수정 치료를 해 주면서 루이스 헤이의 《치유》라는 책을 읽어 보라고 했습니다. 나는 그 책을 사자마자 질병 목록을 펼쳐서 지금까지 아팠던 부분들이 어떤 것과 연관되었는지 찾아보았습니다. 책의 내용들은 내 마음을 울렸습니다(어렸을 때 자주 몸이 아팠거든요). 나는 내가 조건부 사랑을 받으며 성장해 온 것을 알게 되었고, 주변 사람들이 자신과 타인에게 매우 비판적이라는 점도 알게 되었습니다.

나는 나를 사랑하는 법을 배우기 시작했고 날마다 확언했습니다.

(물론 지금도 하고 있습니다.) 가장 많이 한 확언은 "나는 완전히 나 자신을 사랑하고 받아들인다"라는 것이었습니다. 이 말은 누가 내게 어떤 말이나 행동하든, 나 자신이 언제나 사랑스럽다는 것을 떠올릴 수 있게 했습니다.

치유의 과정은 예상보다 훨씬 길었지만, 확언은 시작하자마자 효과가 있었습니다. 나는 너무나 오랜 시간을 사랑받지 못하고, 받아들여지지 못한다고 느끼는 데 허비했습니다. 그리고 다른 사람들의 의견과 인정을 좇기만 했습니다. 하지만 나 자신을 조건 없이 사랑하는 법을 배움으로써 삶은 변화하기 시작했습니다.

나는 요즘에도 가끔 무릎이 아프지만 이제는 감정을 느끼고 확언을 할 수 있습니다. 그러면 통증은 곧 사라집니다. 대개 갈등 상황이 생길 때면, 내 에고가 확언이 있을 자리를 꿰차고 나에게, 넌 '쓸모없는 아이야'라고 말하려고 합니다. 그럴 때 나는 사랑의 에너지를 마음과 무릎으로 보내면서 나 자신이 얼마나 소중한지를 상기시킵니다. 최근에는 하프 마라톤에도 참여했는데, 이는 태어나서 지금까지 내가 가장 멀리 뛴 기록입니다. 나는 내가 자랑스럽습니다. 몇 년 전만 해도 그렇게 멀리 뛸 것이라고는 상상조차 할 수 없었습니다. 많은 사람이 염려했지만, 무릎 근육이 화끈거렸을 뿐 통증은 없었습니다. 나는 믿기 힘들 정도로 강하고 건강해졌습니다.

루이스가 "당신의 몸을 치유할 수 있다.", "당신의 삶을 치유할 수 있다."라고 말한 것은 진실이었습니다. 나는 행복하고 건강한 몸을 가지게 되었으며, 완전히 다른 사람처럼 느껴집니다. 내게 사랑의 힘을 가르쳐 준 루이스에게 무한한 감사를 보냅니다.

멋진 선물

뉴욕에서, 배우이자 인생 상담사인 글래디스로부터

10개월 전의 토요일 아침, 나는 울면서 잠에서 깨어났습니다. 머리를 살짝 들어 올리려는 순간, 머리에서부터 목까지 통증이 느껴지더니 이내 목구멍까지 고통이 전해졌습니다. 흐느낌이 절규로 변했고, 침대에서 나오는 데 10분이나 걸렸습니다. 물론 내게는 훨씬 더 길게 느껴진 시간이었지요. 어떻게 해서 겨우 척추 지압사에게 갈 수 있었고, 신경 근육 이상증으로 진단을 받았습니다.

다음 날에도 고통은 가라앉지 않았습니다. 그때 문득 영감을 줄 만한 영상물이나 책을 보면 치유에 도움이 되겠다는 생각이 들어, 그때까지 사다 놓고 뜯어 보지도 않았던 《치유》 영화 DVD를 보기로 마음먹었습니다. 영화를 다 보고 나자, 건강을 위한 확언과 고통을 진정시킬 수 있는 확언을 하고 싶은 욕구가 불타올랐습니다. 하지만 그날 밤은 극심한 통증 때문에 울고 있을 수밖에 없었습니다. 치유와 편안함을 달라고 짧게나마 기도드린 것이 내가 할 수 있는 전부였습니다.

다음 날 아침, 나는 이 일시적인 통증이 삶에서 어떤 일이 벌어지더라도 행복하게 살 수 있는 법을 배우는 기회라는 점을 명확하게 이해하면서 잠에서 깨어났습니다. 다시 말하면, 이 경험은 일종의 영적인 체험이었습니다. 나에게 쓸모가 있다고 여겨지는 것이라면 무엇이든지 뛰어들어야 했습니다.

그날 직장에 나갈 수도 없었기 때문에, 치유를 위해 건설적이고 적극적인 하루를 보내기로 마음먹었습니다. 나는 루이스의 영화를 다시 보고 명상 CD를 들으면서 치유 작업을 시작했습니다. 확언했고, 기도를 올렸으며, 명상하고, 일기를 썼습니다. 앞서 말씀드린 것처럼 머리를 똑바로 들 수 없어서인지 연습 도중에 종종 졸음이 왔지만 말입니다. 드디어 내면의 행복과 선(善)을 알아차리고 믿을 수 있게 되었습니다.

그날 밤, 치유가 시작되었을 뿐만 아니라, 완전한 힘을 발휘하고 있다는 것을 확실히 느끼면서 잠자리에 들었습니다. 루이스의 목소리가 담긴 명상 CD를 통해 '지금, 이 순간에 내 힘이 있다'라는 것과 '모든 게 좋다'는 것을 확신할 수 있었습니다. 다음 날 아침, 나는 몸이 한결 좋아진 것을 의식하면서 일어났습니다. 실제로 대단한 치유가 일어났습니다. 뻣뻣했던 목에 변화가 일어난 것이지요. 나는 침대에 누워서 씩 웃으며, 고개를 왼쪽 오른쪽으로 조금씩 움직여 보았습니다. 그간의 방식에서 벗어나 루이스의 안내를 따름으로써 내면에 있는 거대한 치유의 잠재력을 활성화

할 수 있었던 것이었습니다.

그렇습니다. 10개월 전, 나는 뻣뻣하고 아픈 목을 부축하며 고통에 울며 잠에서 깨어났고, 그것은 멋진 선물이 되었습니다. 처음엔 받고 싶은 선물처럼 여겨지지 않았지만, 이 선물은 루이스의 말이 지닌 거대한 치유의 잠재력을 나에게 주었으며, 상상할 수 없을 정도로 많은 방면에서 성장하게 도와주었습니다.

루이스와 함께하는
내면 치유 작업
———— ◆ ————

나는 나 자신을 치유자라고 말하지 않습니다. 나는 다른 사람들을 치유하지 않습니다. 나는 단지 사람들에게 자신을 사랑하는 법을 가르쳐 줄 뿐입니다. 개개의 사람들이야말로 진정한 자기 치유를 하는 존재 자체입니다. 그러나 이 말이 곧 사람들이 자신의 모든 문제를 반드시 혼자서 치유해야 한다는 것은 아닙니다.

친구와 가족 또는 의료 전문가에게 도움을 청한다고 해서 약한 사람이 되는 것은 아닙니다. 치유의 길은 항상 내면에서 시작된다는 것을 기억하면 됩니다. 마음으로 건강을 받아들이지 않으면, 육체적으로도 건강을 받아들일 수 없게 됩니다.

다음의 연습들은 통증과 몸에 관한 여러분들의 신념들을 확인하는 것을 도와 줄 것입니다. 종이나 노트에, 질문에 관한 답을 적어 보세요.

몸에 대한 느낌

아래의 질문에 최선을 다해 답해 보세요.

1. 어린 시절, 자신 몸에 대해 어떻게 생각했나요?

2. 사람의 몸에 대해 부모님은 어떻게 말씀하셨나요?

3. 몸의 어딘가를 바꾸고 싶다면, 어떤 부분을 바꾸고 싶나요?

통증에 대한 신념

다음 질문에 대해 마음을 열고 솔직하게 대답해 보세요.

1. 몸과 통증에 가지고 있는 생각 중에서 가장 부정적인 생각은
   무엇인가요?

2. 이 생각들은 어디에서 비롯된 것인가요?

3. 기꺼이 그 생각들을 놓아주고 싶나요?

거울 연습

거울을 보고 이렇게 말해 보세요. "나는 기꺼이 내 몸을 사랑합니다." 이 말을 여러 차례 해 보세요. 말할 때마다 이 확언에 다른 의미를 부여해 보기도 하고, 단어 하나하나를 순차적으로 강조해 가며 말해 보세요. 이 말에 동의하나요? 왜 동의하나요? 그렇지 않다면 왜 동의 하지 않나요?

다시 거울을 보고 이렇게 말해 보세요. "나는 나를 이롭게 하

지 않고 지지해 주지 않는 이유들을 내려놓습니다." 이 말을 했을 때, 몸에서 어떤 반응이 일어나는지 주의 깊게 살펴보세요.

흘려보내기

자, 심호흡을 해 봅시다. 숨을 쉬면서 몸의 긴장을 풀어 봅시다. 머리, 이마 그리고 얼굴의 긴장을 풀어 봅시다. 여러분의 머리는 이 글을 읽는 데 긴장할 필요가 없습니다. 혀, 식도, 어깨의 긴장을 풀어 보세요.

팔의 긴장을 푼 상태로 이 책을 손에 드세요. 지금 해 보세요. 등과 배, 골반의 긴장도 풀어 보세요. 손과 발의 긴장을 풀기 위해 편안하게 호흡해 보세요.

이 앞의 문장을 읽으면서 몸에서 일어난 변화를 알아차리셨나요? 긴장을 풀고, 편안한 상태에서 자신에게 말해 주세요.

"나는 기꺼이 내려놓습니다. 나는 내려놓습니다. 나는 흘려보냅니다.

나는 모든 통증을 내려놓습니다. 나는 모든 긴장을 내려놓습니다. 나는 모든 불편함을 내려놓습니다. 나는 모든 두려움을 내려놓습니다.

나는 모든 분노를 내려놓습니다. 나는 모든 죄책감을 내려놓습니다.

나는 모든 슬픔을 내려놓습니다. 나는 모든 한계를 내려놓습니다. 나는 흘려보냅니다. 그리고 나는 평화롭습니다. 나는 나와 함께 평화롭습니다. 나는 삶 속에서 평화롭습니다. 나는 안전합니다." 이 연습을 두세 차례 해 보세요. 통증에 관한 생각이 올라올 때마다 반복해 보세요. 곧, 이 연습은 삶의 일부분이 될 것입니다. 그리고 여러분은 삶에 어떤 일이 벌어지든지 간에 이 평화로운 상태를 유지할 수 있게 될 것입니다.

확언의 힘

확언은 여러분의 통증을 유발하는 어떤 신념과도 맞서 대응할 수 있는 강력한 도구입니다. 확언을 종이에 쓰는 것은 확언의 힘을 강화해 줍니다. 준비한 노트나 종이에 여러분의 몸에 대한 긍정적인 확언을 25회씩 적어 보세요. 여러분만의 확언을 만들거나, 아래의 목록에 있는 것 가운데 하나를 이용해 보세요.

확언 목록

- 나는 내 마음속에 평화를 창조한다. 그리고 내 몸은 이를 반영한다.
- 나는 생기, 에너지 그리고 삶의 기쁨으로 충만하다.
- 내 몸은 더할 나위 없이 건강하고, 나는 새로운 매 순간을 즐긴다.
- 나는 내가 가지고 있는 힘을 요구하며, 사랑을 담아 내 현실을 창조한다.
- 나는 삶의 과정을 신뢰한다.
- 나는 내 자신의 몸, 마음 그리고 감정을 다정하게 돌본다.
- 나는 내 삶에 책임을 진다. 나는 자유롭다.
- 나는 내 몸을 사랑한다. 나는 나 자신을 사랑한다. 모든 게 좋다.
- 나는 모든 새로운 경험을 쉽게 잘 소화해 낸다. 그리고 그것들을 내 삶의 일부로 기쁘게 받아들인다.
- 있는 그대로 내가 되어도 안전하다.
- 나는 내 유형을 보며, 변화하는 것을 선택한다.
- 나는 기꺼이 내 한계를 뛰어넘는다.
- 나는 지금 강하고 온전한 몸을 창조하는 것을 선택한다. 나는 편안하다.
- 나는 더 이상 필요하지 않은 것들을 쉽게 내려놓는다. 나는 기분이 좋아도 된다.
- 나는 신속하게, 편안하게, 완전히 치유된다.
- 내 몸은 건강해지길 원한다. 나는 내 몸의 말을 잘 듣고, 친절하

게 대해 준다.

• 나는 내 사랑스러운 세상에 기쁜 경험들만 창조한다.

• 나는 내 몸을 비판하고 싶은 욕구를 흘려보낸다.

• 나는 기꺼이 나 자신과 삶에 대한 새로운 생각들을 창조한다.

• 매일 매일 나는 점점 더 강해지고 있다.

• 나는 나 자신을 사랑하고 소중히 여긴다. 나는 나 자신에게 친
  절하고 다정하다.

통증과 상처 치유 확언

나는 내 몸을 좋은 친구로 여긴다.

내 몸의 모든 세포는 신성한 지혜가 있다.

나는 세포가 말하는 지혜를 귀 기울여 듣고,

그 조언이 타당하다는 것을 안다.

나는 항상 안전하며, 신성으로 보호받고 안내받는다.

나는 자유롭고 건강한 삶을 선택한다.

나의 세상에서는 모든 게 좋다.

3장
온갖 중독에서 벗어나기

사람들이 중독되는 것은 비단 약물이나 술뿐만이 아닙니다. 도박·쇼핑·음식 심지어는 관계 맺기(연인)에도 중독될 수 있답니다. 스스로 사랑하지 않거나 받아들이지 못할 때, 우리들은 종종 이러한 것들에 의지하게 됩니다. 때로는 다른 사람이나 상황을 탓하기도 하고요. 하지만 우리가 지금, 이 순간에 내리는 선택은 이미 지나간 과거의 그 어떤 것들보다도 힘이 있습니다.

당신이 진심으로 변화하고자 한다면 스스로 그 변화를 일으킬 수 있습니다. 물론 그 모든 걸 홀로 감당할 필요는 없습니다. 친구들과 가족, 정신 건강 전문가들, 그리고 후원 모임들의 도움을 얻을 수 있으니까요.

다음의 나오는 이야기들은 역경을 이겨낸 사람들의 기록입니다. 이 이야기들이 여러분에게 격려와 감동을 주게 되길 바랍니다.

인생이라는 놀이 안에서 춤추기

뉴질랜드에서, 보석 세공사이자 영적 교사인 클레어로부터

생일 축하를 받고 나서 정신을 차렸을 때, 내 옷은 벗겨져 있었고, 몸은 멍투성이였습니다. 마약 금단 증상이 심한 나머지 끔찍한 환영을 보았고, 완전히 겁에 질려서 집 밖으로 나갈 수가 없었습니다.

나는 열네 살 때부터 술을 마시기 시작했습니다. 숫기가 없고 내성적인 성격의 나로서는 현실에서 도피하는 데 술이 적격이었습니다. 그렇게 10년이 흘렀고 나는 절망의 구렁텅이에 빠져들었습니다. 스물네 번째 생일이 이틀 지난날, 남자친구가 내 목을 졸랐습니다. 때마침 방 친구가 돌아온 덕분에 구사일생으로 목숨을 건질 수 있었고, 나는 그 즉시 집을 나와 다시는 돌아가지 않았습니다. 오랫동안 성적 학대와 약물 중독에 시달린 데다 집은커녕 일자리도 없었던 나는 완전 바닥 신세였지요. 너무 두려워서 차라리 자살하는 편이 낫겠다고 생각했지만, 그럴 수도 없었습니다.

내가 가진 것은 달랑 옷 가방 하나와 《치유》 책 한 권뿐이었습니다.

그런데 책을 읽기 시작하면서 새로운 세상으로 통하는 문이 열렸습니다. 알 수 없는 그 무엇인가가 영혼을 울렸습니다. 아마 그것은 진실이었을 겁니다. 나는 10년 동안 약물과 술에 의존하며 정신이 들 때마다 혐오감에 시달려 온 터였지만 중독 증세를 치료

하기 위해 즉시 재활 프로그램에 등록했습니다.

몸이 너무나 쇠약해져서 길을 건널 때조차 온몸이 떨렸습니다. 나는 악착같이 확언하기 시작했습니다. 종이에 확언을 적었고, 거울을 보며 확언을 해 나갔습니다. 그리고 재활 프로그램을 함께 하는 사람들 앞에서도 확언을 발표했습니다. 그들은 나를 보고 얼이 빠졌다고 여겼겠지만, 나는 그것이야말로 내가 해야 할 일이라고 확신했습니다.

몇 달 사이에 나는 내면에 큰 변화가 일어났음을 알아차렸습니다.

다른 사람들이 나를 대하는 태도도 크게 변했는데, 그것이 나의 책임임을 알 수 있었습니다. 또한 내면에서 벌어지는 대화가 어떻게 현실을 만들어 나가는지도 알게 되었습니다. 결과적으로, 나는 '내 과거를 바라보는 방식 및 전적으로 내 삶에 책임지기, 인식 바꾸기' 그리고 '비극이라고 생각했던 것들 안에 숨어 있던 선물들을 찾아내는 법'을 알게 되었습니다. 루이스 헤이의 책으로 인해 나는 이전에는 감히 꿈꾸지도 못했던 삶을 살게 되었습니다.

나는 계속 성장하고 발전해 나가고 있습니다. 여전히 명상하고 확언하는 가운데 점점 더 많은 힘을 얻고 있습니다. 이제는 영혼의 소리에 귀를 기울입니다. 그 신비의 문이 열린 것은 실로 놀라운 일입니다. 우울해하고, 제구실 못 하고, 정처 없고, 일자리도 없었던 나는 이제 인간으로서의 경험을 만끽하며 인생이라는 놀이 안에서 춤추는, 생기 있고, 힘이 넘치며, 자유롭고 신성한 영혼

이 되었습니다. 이제 나는 내가 배운 유용한 도구들로 중독자들의
재활을 도와주고자 합니다.

나는 그들이 자신 내면에 있는 신성한 빛을 찾을 수 있도록
돕게 된 것을 영광스럽게 생각합니다.

나의 금연 성공 이야기

오리건에서, 예술가이자 작가인 터리싸로부터

나는 30년 동안 담배를 피웠다가 끊기를 반복했습니다. 쉰 살에
이혼을 겪은 뒤로는 하루에 담배 한 갑을 피워 대는 지독한 흡연
가가 되었습니다. 그야말로 담배에 중독된 것이죠. 도무지 담배를
끊을 수가 없었고 심지어는 내가 금연을 하고 싶어 하는지조차도
알 수가 없었습니다. 나중에는 결국 건강상의 이유로 끊어야만 했
지만요.

나는 니코틴 금단 증상을 줄여 준다는 아주 비싼 약을 처방
받아 구매했습니다. 그 약이 효과를 발휘하려면 시간이 걸리기 때
문에 약을 먹기 시작한 첫 달에 담배를 필 수 있는 뜻밖의 즐거움
을 누릴 수 있었지요. 약을 먹은 지 2주가 되었을 때, 담배를 끊으
려면 도대체 얼마나 더 오랜 시간이 걸려야 하는 걸까? 하고 생각
하며 담배를 뻐끔거리고 있었습니다. 그때까지도 담배를 끊겠다
는 실낱같은 생각조차 없었던 것입니다.

그때 내 곁에 루이스의 《치유》 책이 놓여 있었습니다. 그 책에, 금연에 관한 내용이 있었다는 걸 기억해 내고는 곧장 그 부분을 펼쳤습니다. 거기엔 다음과 같이 적혀 있었습니다.

당신 자신에게 다음과 같이 물어보세요. "나는 불편한 관계들을 기꺼이 포기하려 하는가? 나의 담배들은 내가 그런 불편한 관계들을 마주치지 않도록 좋은 연막을 만들어 주고 있던 건 아니었나? 나는 왜 이런 불편한 관계들을 만들어 내고 있는가?

나는 마치 몇 톤의 벽돌에 얻어맞은 듯한 충격을 받았습니다. 나는 독불장군이면서 부정적인, 심하게 비난을 일삼는 한 친구와의 관계를 떠올렸습니다. 그다음엔 모두 다 내 잘못인 것처럼 여겨졌던 내 결혼 생활을 돌아보았습니다. 루이스의 이야기는 계속 이어졌습니다.

이제 당신은 이제껏 당신이 그토록 불편했던 이유가, 다른 이들이 늘 당신을 비난한다고 생각했기 때문이었음을 알게 될 것입니다. 잘 들여다보면, 당신은 어렸을 때 비난을 많이 받았을 겁니다. 당신의 내면 아이는 비난받을 때만 편안하다고 느낍니다. 당신은 비난받는 자신에게서 숨기 위해 연막을 만들어 왔던 것입니다.

나는 내 어린 시절을 재빨리 회상해 보았습니다. 특히 나를 비롯한 형제자매들이 하는 모든 말과 행동에 집안의 질서를 지킨다'라는 명분으로 '안 돼'를 남발했던 부모에 대해 생각했습니다. 우리들은 그분들의 성에 차지 않았던 겁니다.

나는 갑자기 깨달았습니다. 반쯤 태운 담배를 비벼 끄고는, 남아 있는 담배들을 모조리 꺼내어 으스러뜨렸습니다. 그리고 선언했죠. "나는 이 비난 받아야만 한다는 믿음을 기꺼이 떠나보내겠어!"

나는 그날로 담배를 끊었고, 처방받은 약은 단 한 알도 먹지 않았습니다. 금연이 쉬운 것을 알게 되자 나 자신에게 좀 더 너그럽게 대할 수 있었습니다. 그 이후로도 나의 치유 여정은 계속되고 있습니다. 나는 진정으로 나를 격려해 주는 새로운 관계를 맺게 되었습니다. 스스로 부족하다고 믿었던 예전에는 내 주변 또한 그러한 믿음을 확인시켜 주는 사람들로 가득했었습니다. 그때마다 나는 담배를 피움으로써 진실과 마주치는 것을 피했던 것이지요.

이제 나는 내가 자신과 다른 사람들에게 어떤 식으로 말하는지를 주의 깊게 관찰합니다. 내가 다른 누군가를 비난하면, 그것은 바로 나 자신을 비난하는 것임을 잘 알고 있습니다. 이제는 나 자신을 좋아하기 때문에 스스로 혐오하는 행동을 하지 않습니다. 그것들은 더 이상 내게 어울리지 않습니다.

호주에서, 학생인 아이리나로부터

《치유》 책이 내게 처음 왔을 때, 그것은 마치 누군가가 가장 적절한 시기에 천사를 보내 준 것만 같았습니다. 이전에는 그 누구도 나에게 이렇게 특별한 선물을 챙겨 준 적이 없었기에 매우 감사하게 받았습니다. 처음 이 책을 읽었을 때, '두 번째 기회'라는 말이 무엇을 뜻하는지 이해할 수 없었습니다. 게다가 그런 걸 받을 자격이 있다고 믿지도 않았고요. 조금 오래 걸리긴 했지만, 책을 끝까지 다 읽었을 때는 그동안의 삶이 지겹다고 느껴졌습니다. 바로 그 '두 번째 기회'를 원하고 있었던 것입니다. 나는 내가 이 세상에 베풀 것이 참으로 많다는 것과, 나 자신이 변화할 수 있다는 것, 그리고 그 누구라도 그럴 수 있다는 것을 깨닫게 되었습니다.

나는 꽤 괜찮은 집안에서 자라며 도덕을 비롯한 중요한 가치관들을 배웠지만, 어느 순간 엇나가기 시작했습니다. 아주 어릴 때 마약에 손을 댔고, 정신을 차렸을 땐 이미 마약에 중독되어 있었습니다. 내 주변에는 중독에서 빠져나오도록 도와주기는커녕 오히려 부추기는 사람들로 가득했습니다. 나는 나이가 두 배나 많은 남자와 사랑이라 착각했던 피학적인 관계를 했습니다. 그것이 애정 표현 방식이라고 생각했기에, 그가 가하는 정서적·육체적 고통쯤은 얼마든지 감수할 수 있다며 버티고 있었습니다.

어느 날, 경제적 어려움에 봉착한 그는 나에게 도와달라고 했습니다. 그를 위해서라면 무엇이라도 할 준비가 되어 있었던 나는 어느새 일주일에 닷새, 하룻밤에 12시간 매춘을 하며 그에게 수천 달러를 건네주고 있었습니다. 하지만 그는 더 많은 돈을 요구했고 더욱 심하게 나를 학대했습니다.

몸을 팔며 고루한 일상들을 보낸 지 몇 달이 지나서야 이 남자가 나를 사랑하지 않았다는 걸 깨달았습니다. 다른 매춘부들에게 내 사정을 말했을 때, 나 같은 사람들을 위한 후원 모임이 있다는 걸 알게 되었습니다. 나는 부끄러운 데다가 그동안 엄마를 너무 힘들게 했기 때문에, 차마 엄마에게는 알리지 못하고 그 모임에 있는 아가씨들에게 내 사정을 이야기했습니다. 그곳에서 내게 큰 힘이 된 루이스의 책을 건네준 천사를 만나게 되었고, 마침내 남자친구와도 헤어지고 마약도 끊었습니다.

이제 나는 대학에서 심리학을 전공하고 있으며 가족의 품으로 돌아와 함께 지내고 있습니다. 그 뒤로는 마약을 한 적이 없으며 대체로 행복하게 지내고 있습니다. 한 차례씩 우울함이 몰려올 때마다 나 자신에게 말합니다. "나의 세상에서는 모든 게 순조롭다고. 그리고 루이스가 찾는 방법을 알려 준 긍정의 기운으로 나 자신을 둘러쌉니다.

나는 나 자신을 사랑하고 인정합니다

캘리포니아에서, 영성 코치인 브라이언으로부터

나는 나 자신을 사랑하고 인정합니다." 처음 이 말을 들었을 때 나는, 도대체 무슨 소리를 하는 거지? 하고 생각했습니다. 그건 말도 안 되는 소리였습니다. 자기 자신을 혐오하고 자신의 문제를 세상 탓으로 돌리며 멋대로 삶을 살아가던 20대 에이즈 양성 반응 환자가 그 말을 이해한다는 것은 불가능했습니다. 그렇습니다. 나는 V(victim : 희생자)를 무슨 훈장이라도 되는 양 달고 다녔습니다. 삶에 대한 분노와 좌절은 내가 해 보려고 애쓰던 모든 곳에 녹아 들어 좋은 일이 이어지는 경우가 없었습니다. 조금 완곡하게 표현하자면, 나는 짜증을 잘 내고, 차분하지 못하며, 매사에 불만이 많았습니다. 나는 정말 불행했고, 분노와 절망으로 가득 차 있었습니다. 하지만 희망은 있었지요. 변화를 원한다는 것……. 다만 방법을 몰랐을 뿐이었습니다.

에이즈로 진단받은 1988년에, 루이스 헤이에 대해 처음 알게 되었습니다. 그녀가 수요일 밤마다 서부 할리우드에서 에이즈 환자들을 위한 후원 모임인 〈헤이라이드 Hayride〉를 연다는 소식을 듣고 그곳에 갔고, 그곳에서 본 것들은 내 삶을 변화시켰습니다.

당시에 루이스가 했던 이야기들은 대중매체에서 떠들어 대던 것과는 사뭇 달랐습니다. 대중매체는 에이즈가 사형 선고와 다름없다고 주장하며, 사람들에게 그 병에 대해 공포심을 갖게 했습니다.

실제로 그것은 사실이 되기도 했습니다. 그런데도 루이스는 앞장서서 우리에게 희망의 메시지를 전해 주었습니다.

내가 처음 참가했던 헤이라이드에는 약 500명이 참석했는데, 그곳에서 내가 보고 느낀 감정을 말로 표현할 수가 없습니다. 다만 모든 경험이 이상하리만치 친숙하게 느껴졌다고 말할 수 있겠네요. 루이스가 "우리가 여기에 모인 이유는 너무 끔찍해!'라며 희생자 놀이를 하기 위함이 아닙니다."라고 말했을 때 나는 감동했습니다. 그녀는 "그 누구도 당신을 구원할 수 없어요. 오직 당신만이 당신 자신을 구원할 수 있습니다."라는 매우 단순한 메시지를, 부드럽고 다정하면서도 담담하게 전해 주었습니다. 루이스가 이끄는 모임 안에서 나는 안도감과 신뢰, 사랑을 느꼈습니다.

이 모임을 통해 내 의식이 변화되기 시작했음을 확실히 알 수 있었습니다. 루이스를 만난 그날을 진심으로 감사하게 여깁니다. 그녀의 책과 강의 그리고 가르침들은 나를 변화시켜 20년이나 더 살게 해 주었습니다. 오늘날까지도 나는 루이스를 추종하고 있습니다. 헤이 하우스를 통해 알게 된 저자들과 영적 교사들은 귀한 선물입니다.

나는 행복하고 강인하며 건강한, 성공한 사람입니다. 나는 신과 12단계 자기 계발 그룹의 도움으로 20년 동안 진지하게 살아왔습니다.

나는 루이스의 가르침을 삶의 곳곳에 적용해 왔는데, 특히 날마다 확언하는 것이 큰 힘이 됩니다. 이 모든 일은 수년 전에 내가 들었던 아주 간단한 만트라로부터 시작되었지요. 그것은 바로 '나는 나 자신을 사랑하고 인정한다'입니다.

루이스 헤이, 당신에게 신의 축복이 함께하기를 바랍니다.

나의 밝은 미래

캐나다에서, 행정 보조관 헬레네로부터

나의 치유 여정에서 루이스 헤이는 생명줄이었습니다. 친구들은 암으로 죽고, 부모와 형제는 세상을 떠났으며, 집과 돈, 남편까지 잃었습니다. 대부분을 잃고 힘겨운 시간을 보내며 이렇게 살 수밖에 없다고 믿었지요. 절망에 빠져 마약과 술에 절어 있었습니다. 하지만 싱글맘으로써, 이런 삶을 지속할 수 없다는 걸 잘 알고 있었습니다. 나를 의지하는 천사 같은 두 딸 때문에라도 일어서야 했습니다.

나는 루이스의 책을 읽고 날마다 확언함으로써 기운을 차렸습니다. 그녀의 가르침 대로 살고 있으며, 삶은 바뀌었습니다. 새로운 곳에서 새롭게 살아가기까지 6년이 걸렸지만, 멋지게 살아 있습니다. 좋은 회사에 입사하여 긍정적인 동료들과 함께 일합니다. 나의 몸을 성스럽게 보살피며, 삶에서 아름다운 것들을 빠짐없이 감상하고 있습니다.

그러고 보니 단 하루도 루이스에게 감사하지 않은 날이 없군요. 나는 모든 이에게 자신감을 가지라고 응원합니다. 삶은 당신 자신이 만들어 가는 것이니 결코, 절망하지 마세요. 나쁜 경험들조차도 당신이라는 존재를 위해 좋은 일로 바뀔 수 있으니까요.

루이스! 당신 덕분에 내 앞날은 밝습니다. 언젠가 당신의 강연에 참석해서 내 삶에 당신이 가져온 변화에 대해 개인적으로 감사를 표할 수 있기를 바랍니다. 당신은 내게 축복입니다.

맞아요! 나는 내 삶을 치유할 수 있어요!

켄터키에서, 자존감 코치인 애비게일로부터

2003년 12월 25일, 어머니가 내게 《치유》라는 책 한 권을 건네주었습니다. 표지 안쪽에 이렇게 써 놓으셨더군요. "네가 루이스 헤이의 건강법을 즐겼으면 좋겠구나. 그녀는 내가 가장 좋아하는 사람이란다."

당시 나는 마약과 알코올에 중독되어 있었습니다. 과체중으로 고생하고 있었고, 강간에서 비롯된 성 정체성 혼란을 겪고 있었습니다. 게다가 현실 감각도 무뎌져서 성형 수술까지 할 예정이었지요.

필요할 때마다 피해자 역할을 자청하다 보니 어느새 그것이 편해졌습니다. 남모르게 고독감과 외로움에 젖어 지내면서도 겉으로는 세련된 리더인 척하는 거짓 일상을 살아갔지요. 루이스의 가르침들이 필요한 상황이었지만 그때는 그 어떤 말도 듣고 싶지 않고, 느끼고 싶지도 않았습니다. 그런데 고맙게도 책 안에 들어 있는 질병 목록에 공감이 되었습니다. 목록이 간결해서 필요한 부분을 찾아 쉽게 읽을 수 있었을 뿐만 아니라, 의식 수준을 순식간에 고양해 줄 만큼 강력했기에 푹 빠져 버리고 말았습니다.

책을 읽고 난 뒤, 나는 나 자신이 온전하다 믿으며 작성한 '내 몸을 사랑하는 방법' 목록으로 거울 속의 나를 보며 확언했습니다. 그러나 하루도 지나지 않아 습관에 떠밀려 확언을 그만두었습니다. 나는 '지킬박사와 하이드'처럼 아름다우면서도 스스로 의심하는 우울한 지도자였던 것이죠. 사는 게 고통이었지만 안주하는 것이 더 편했습니다.

어느 날 아침, 눈을 떴을 때 나는 얼굴과 무릎이 멍과 피딱지로 뒤덮인 모습으로 감옥에 있었습니다. 전날 밤 술에 취해 경찰관을 폭행하려다 벌어진 일이었습니다. 구체적인 정황까지는 기억하지 못해도 느낌만큼은 생생했습니다. 경찰이 나를 경찰차에 밀어 넣으려 하자 몇 년 전 강간당하던 기억이 떠올라 완강히 반항했고…… 나를 미치광이 전용 감방에 집어넣기 위해 보석 장신구들을 억지로 벗겨 낼 때의 고통……. 정신을 차리고서야 실제로 그 일이 내게 벌어졌다는 걸 알게 되었지요. 내가 바라보고 있던, 희미한 거울 속 모습은 내가 되고자 했던 그 사람이 아니었습니다.

집에 돌아와서 나는 《치유》 책을 다시 꺼내 들었습니다. "내가? 내가 내 인생을 치유할 수 있다고?" 나는 묻고 또 물었습니다. 와락 겁이 났지만, 처음으로 '그래, 할 수 있을 거야.'하고 용기를 냈습니다. 사람들을 위한 사자(使者)가 되는 것이 나를 향하신 신의 뜻임을 알아차리고, 일회용 반창고 식 처치는 그만두기로 했습니다. 나는 육체적으로나 정신적으로, 그리고 영적으로도 치유될 터였으니까요. 그래서 루이스의 책에 나온 대로 새로운 생각 양식을 받아들이고 하나하나 실천했습니다.

몇 년 동안 다른 이들에게 조언해 왔지만, 나 자신을 위해 온전히 책임지는 일은 새로웠습니다. 순수한 의도에 따라 목적을 가지고 살게 되었으며, 모든 것이 시작되었습니다.

2005년 이후로 나는 배움을 위한 여행을 해 왔으며 가끔 가르침을 나누기 위해 한곳에 오래 머물기도 합니다. 오늘날 내 의식은 명료합니다. 나는 영적이고 성공적이면서 용기 있는 사람입니다. 고등학생들과 여대생들이 루이스의 확언들과 내 경험 그리고 우주의 힘을 통해 좀 더 나은 삶을 만들어 갈 수 있게 도와주는 나는 인생 상담사입니다.

길고 어두운 터널 끝에서 만난 빛

아일랜드에서, 반사 요법사이면서 그룹 지도자인

메리 앨런으로부터

1980년대 중반에 빈털터리가 되었습니다. 마치 나를 조각조각 해체하여 좀 더 쉽게 아집을 버리고 영적으로 깨어나라고 그 일이 일어난 것만 같았습니다. 나는 직장과 집을 잃었습니다. 남편은 나보다 더 아름답고 조건이 좋은 여자와 눈이 맞아 달아나 버렸고, 임종이 얼마 남지 않은 어머니와의 관계도 소원해졌습니다. 이 모든 일들을 인정할 수가 없었기에 나 자신은 물론 영혼과의 연결도 끊어 버렸습니다.

알코올에 의존하기 시작했고, 성적으로 문란해졌으며, 4년 동안이나 훈련받아 온 전문직을 포기하고 하루살이 인생으로 전락해 버렸습니다. 마치 도덕적 나침반이 고장이라도 난 것처럼요. 30년 동안 한 번도 하지 않았던 행동들이 일상이 되어 버렸습니다. 삶을 내동댕이쳐 버렸습니다.

길고 어두운 터널은 5년이나 계속되었습니다. 나는 자살을 여러 차례 시도했습니다. 자동차 사고를 두 번이나 냈고, 알코올에 중독되었으며, 우범 지역에서 술에 취해 널브러지기도 했습니다. 두 번이나 체포되어 밤새도록 구금되어 있기도 했고요. 사람들과의 안정적인 관계 들을 다 끊어 버린 덕분에 알고 지내던 사람들 모두가 떠나갔습니다.

정이 유난히 많은 한 친구의 거실 소파에서 깨어난 어느 맑은 날 아침, 절망감에 심하게 압도된 나는 가진 것이 아무것도 없다고 느끼고 자포자기하는 심정으로 산책하러 나갔습니다. 우거진 수풀 사이로 살짝 엿보이는 서점으로 들어갔는데, 그곳은 마치 안에 있는 모든 것이 영혼의 종을 올리는 성소(聖所) 같았습니다. 나는 가게 안의 모든 걸 살펴보고는 《치유》라는 제목의 책을 샀습니다. 집에 돌아와 책을 찬찬히 읽으면서 책에 나온 작업을 했습니다. 루이스와의 인연은 내가 가진 것 중에서 유일하게 좋은 것이었습니다.

아주 길고 느린 여정이 20년 동안 이어져 왔습니다. 오늘날 나는 조용한 곳에 자리 잡은 아름다운 집에서 사랑스러운 남편과 좋은 일이 끊이지 않는 삶을 누리고 있습니다. 영혼과 교감하며 날마다 신성한 하나 됨에 점점 더 다가갑니다.

나는 나만의 독특한 방식으로 수백 명의 사람들과 루이스의 작업을 나누어 왔으며, 그녀의 지혜를 계속 전파하고 있습니다. 아마 언제까지나 그렇게 할 것 같습니다. 나는 영원히 루이스를 사랑하고 그녀에게 감사할 것입니다.

구원

캐나다에서, 작가인 제임스로부터

1995년 여름, 동료 한 명이 《치유》라는 책을 극찬하는 바람에 루이스 헤이를 알게 되었습니다. 나는 무엇인가에 이끌린 듯 곧장 서점으로 가 그 책을 샀습니다. 그때 나는 무언가를 애타게 찾고 있었습니다.

그것이 어쩌면 구원이었는지도 모를 일입니다.

그 운명적이었던 여름날 오후, 루이스의 책을 접어 든 순간 변화가 시작되었습니다. 책에서 알 수 없는 힘이 느껴졌지만, 읽는 것은 나중으로 미루고 일단 마약에 취하기로 했습니다. 당시 나는 심각한 마약 중독자였습니다. 두려움에 빠져 있었고, 외로웠으며, 자존감이라곤 전혀 없었습니다. 마약만이 현실에서 잠시나마 나를 도망치게 해 주었습니다. 마약에 취해 있는 동안만큼은 아무것도 무섭지 않았고, 사람들이 앞에서도 자신감 넘치는 '다른 사람'이 되었습니다. 온몸에 행복감이 나른하게 퍼졌습니다. 적어도 약 기운이 떨어지기 전까지는……. 약 기운이 떨어지는 순간 나는 바닥으로 추락했습니다. 내가 사랑받을 수 없는 존재라고 믿었고 공허함을 채우기 위해 수많은 남자와 잠자리를 가졌습니다.

사흘 연속으로 잠을 잘 수 없었던 어느 날 - 마약에 너무 취해서 잠자는 게 불가능했거든요 -《치유》책을 꺼내 들고 처음부터 끝까지 한 줄도 빼놓지 않고 읽었습니다. 책을 한 번 더 읽은 뒤에 하루하고도 한나절이나 단잠을 잘 수 있었습니다. 잠에서 깨어나 방 안을 둘러보니 모든 것이 예전보다 좀 더 밝고 선명하게 보였습니다. 머리맡에는 루이스의 책이 놓여 있었습니다. 나는 한 번 더 책에 담긴 내용을 빨아들였습니다. 큰소리로 확언을 한 뒤 욕실로 달려가 거울에 비친 얼굴을 보며 확언했습니다. 난생처음 내 얼굴을 장면으로 바라볼 수 있었습니다.

마약으로 나 자신을 망가뜨리는 것을 그만두기로 결심한 그날 모든 것은 변했습니다. 친구들이 남기고 간 마약의 유혹을 뿌리치기가 쉽지 않았지만, 빛은 서서히 내 영혼을 비추어 주기 시작했습니다. 루이스의 책을 탐독하고 날마다 확언을 한 결과, 몇 달 사이에 건강해졌으며, 사는 재미를 느끼기 시작했습니다. 그리고 마침내 나 자신을 좋아하게 되었습니다.

요 몇 년 사이, 두려움은 사라지고 삶에 대한 기대가 자리를 잡았습니다. 나는 사랑과 환희로 매 순간을 살아갑니다. 이제 나는 나 자신을 사랑하고 내가 할 수 있는 것보다 더 훌륭하게 모든 일을 해냅니다. 나는 놀랍고 경이로우며 만족스러운 삶을 누리고 있습니다. 매일 매일이 감사로 가득 찬 삶을요.

루이스, 당신은 우주가 내게 보내 준 선물입니다. 나는 이 지구별이라는 한 공간에서 당신과 함께 살고 있음을 영광으로 생각합니다. 진리를 따라 살면서, 매일 당신의 기운을 온 세상에 전하며, 당신은 내 인생을 비롯한 수많은 인생을 구원하고 있습니다. 고맙습니다.

알코올 중독과 죄책감, 수치심 극복하기

테네시에서, 학생 케써 린으로부터

이것은 기억이 시작되는 시점부터 죄책감과 수치심을 안고 살아온 소녀의 이야기입니다. 매일 아침 그녀는 거울에 비친 자신 모습에서 흠집을 찾아내고 부족한 점을 들추며 "나는 ~ 해야만 해"라는 강박증으로 하루를 시작했습니다.

나는 스물다섯 살 때부터 술을 마시기 시작했고, 서른다섯 살이 되었을 때 '알코올 중독자 협회Alcoholics Anonymous를 찾아갔습니다. 외동아들을 낳기 전까지 2년 넘게 술을 끊었지만, 얄궂게도 출산 후 몇 달 뒤, 내 인생에서 가장 행복하고 아름다워야 할 시기에 술을 원한다는 걸 알아차렸습니다. 나는 필사적으로 기독 신앙과 알코올 중독자 협회 모임에 매달리면서 나를 치유해 줄 수 있는 것을 찾아 나섰습니다. 찾고, 찾고 또 찾았다고 표현할 수밖에 없네요. 어떻게든 나 자신을 구원해 내려고 애쓰면서 기도를 계속했습니다. 알코올 중독자 협회 모임에 질리도록 참석했고, 후원자를 찾아보았으며, 갱생에 필요한 치료 단계를 몇 번이나 반복했습니다. 내가 무엇을 잘못하고 있었던 걸까요?

세 번의 음주 운전과 다섯 번의 알코올 중독 치료에도 불구하고 술은 끊어지지 않았습니다! 그러다가 나는 술을 끊을 수 있는 유일한 방법은 술을 마시지 않는 것이라는 결론에 도달했습니다. 그동안 다른 결과를 기대하면서 똑같은 일을 반복하는 미친 짓을 하고 있었던 겁니다.

술을 마시지 않는데도 여전히 죄책감과 수치심은 나를 힘들게 했습니다. 그때 우주가 한 연합교회 서점의 《치유》라는 책 앞으로 나를 인도했습니다. 그리고 놀라운 일이 벌어졌습니다. 루이스의 안내로 삶을 치유하게 된 것이죠! 내게 오는 생각들을 명민하게 알아차리게 되었고, 확언의 힘을 알게 되면서 알코올 중독 치료가 다시 시작되었습니다. 루이스의 조언을 삶에 적용하면서, 내 몸의 모든 세포 하나하나가 정화되는 것을 느낄 수 있었습니다. 확언은 지금까지 믿어 왔던, 나의 삶을 파괴하는 잔혹한 거짓말들의 집요한 공격에서 나를 지키는 중요한 방어 전략이 되었습니다.

이제 나는 그동안 겪은 일들이 '나에게 벌어진' 것이 아니라 나를 위해 일어난 것임을 압니다. 나는 현재 상담 석사 과정에 있으며, 예전에는 상상할 수도 없었던 꿈을 갖게 되었습니다. 우주는 내가 상상할 수 있는 것보다 더 큰 계획을 품고 있음을 압니다. 나는 고통 받는 사람들, 인연이 닿는 그 누구라도 함께, 루이스 헤이의 철학이 지닌 놀라운 변화의 힘을 나누게 되기를 고대합니다.

루이스, 당신은 나의 소중한 지도자입니다. 모든 고통의 근원이 부족한 자기 사랑에 있다는 것과, 모든 치유의 기본이 되는 자기 사랑은 자기 용서와 자기 인정을 통해 이루어진다는 것을 세상에 전하고자 오늘도 당신의 발자취를 따릅니다.

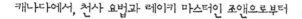
어쩌다 내가 루이스 헤이의 《치유》 책과 마주쳤는지는 정확히 기억하지 못하지만 내 인생에서 가장 필요로 하던 순간에 찾아왔다는 것만은 잘 알고 있습니다. 나는 알코올 중독으로 여러 해 고생해 왔고, 여차저차 해서 꽤 오랫동안 술을 끊어 보기도 했지만 2003년도에 다시 알코올 중독에 빠지면서 상황이 심각해졌습니다.

나는 주말마다 스스로 끔찍해하는 내가 끔찍했습니다. 돌봐야 할 자녀가 셋이나 있었고, 그럭저럭 직장에 다니긴 했지만 내면은 너무 힘이 들었습니다. 가까운 식구 한 명을 잃은 슬픔과 어린 시절 받은 성적 학대가 고통을 유발하고 있었습니다. 나는 해결해야 할 것이 많다고 생각했고, 그렇게 하려면 맨정신으로 나를 살펴봐야 했습니다.

어느 날 욕실 거울에 비친 내 모습을 바라보며 물었습니다. "내가 이걸 어떻게 하지? 믿거나 말거나, 한 남자의 목소리를 들었습니다! "술에 취하지 말고 깨어 있으라!"

나는 그것이 신의 음성이라고 믿습니다. 그 음성을 들은 것은 이번이 세 번째로, 참을 수 없이 힘들 때 들려 왔습니다. 어쨌거나 나는 바로 술을 끊었습니다. 이따금 입에 대긴 했지만, 곧 멀리했지요.

그 뒤에《치유》가 내게 왔습니다. 루이스가 가르쳐 준 확언들 덕분에, 나는 사고방식을 바꾸고 내 영혼에 필요한 것들로 나를 채우기 시작했습니다. 트라우마를 다루기 시작하면서부터 온전한 정신으로 깨어 있게 되었고 영적으로도 깨어나게 되었답니다.

이제 나는 돈을 벌기 위해 일하지 않습니다. 천사 요법 공인 전문가이자 레이키 스승으로서 나는 내 안의 신성한 목적을 이루기 위해 일합니다.

루이스, 비록 단 한 번도 만난 적이 없지만 당신은 내 삶에 영감을 주었습니다. 당신을 보내 주신 신께 감사합니다.

내면 아이 사랑하기

메릴랜드에서, 마사지 치료사인 폴로부터

막 성인이 되면서 나는 부모와 선생님들에게서 받은 부정적인 경험의 영향으로 파괴적이고 비정상적인 행동 양식을 되풀이하며, 약물 치료로 멍한 상황에서 무기력감과 자기 부정을 반복적으로 경험하고 있었습니다.

나중에 루이스 헤이의《치유》를 탐독하고 그녀의 오디오 테이프를 들으면서 차츰 나 자신과 다른 이들을 용서한다는 것이 어떤 것인지를 이해하기 시작했습니다.

30대 중반에 이르렀을 때 - 루이스의 작업에 대해 읽고 공부하기 시작했던 바로 그때 - 나를 비롯한 모든 사람이 매 순간 최선을 다하고 있음을 깨닫게 되었습니다. 그래서 나는 내 안의 분노와 탓을 내보냄으로써 느리지만 확실하게 육체와 정신 건강의 회복을 책임지기 시작했습니다. (중요한 것은 '지금, 이 순간'이지요.) 또 다양한 중독을 치료하는 과정에서 나 자신과 약속을 하고 내면 아이를 사랑하는 연습을 시작했습니다. 종종 부정적인 생각의 소용돌이에 빠지면 루이스가 알려 준 확언을 반복했습니다. 그런 식으로, 성장하면서 받고 싶었던 많은 메시지와 생각들을 자신에게 전해 줌으로써 여러모로 나 자신을 다시 키웠습니다.

그렇습니다. 마침내 나는 술도 끊고 이상 행동도 멈추게 되었습니다. 만일 내가 내면 아이를 사랑하고 인정하고 보살필 줄 몰랐다면 이 모든 것이 다 무슨 소용이 있었을까요?

루이스 덕분에 나는 지혜를 얻었고, 나 자신을 사랑하고 존중함으로써 삶의 새로운 기초를 다질 수 있게 돕는 도구들도 얻었습니다. 이제 이토록 탄탄하고 건강해진 이 자리에서, 나는 풍요와 사랑, 창조력과 번영 그리고 만족스러움을 내 세상으로 불러들일 능력이 있는 가치 있는 사람이라는 확언을 시작합니다. 참으로 나는 그러합니다.

나는 행복하고 건강하며 술에 의존하지 않습니다

뉴욕에서, 중독 전문 상담가인 드니스로부터

나는 브루클린 마린 공원의 꽤 괜찮은 중산층 가정에서 자라난 이탈리아 혈통의 쉰 살 여성입니다. 80년대 후반에 나는 크랙 코카인(결정 상태의 코카인)에 심하게 중독되어 있었습니다. 나에게는 딸이 두 명 있었으나 마약으로 인해 6개월 동안 만나지 못한 적도 있습니다. 재활 센터를 세 군데나 거치며 중독 치료를 했지만, 마약을 끊을 수가 없었습니다. 나는 크나큰 고통을 안고 인생에서 가장 깊고 어두운 시기를 보내고 있었습니다.

1989년 2월, 루이스 헤이의 책들을 알게 되면서 바로 확언을 시작했습니다. (지금 나는 중독으로 고통받는 많은 이들을 도와주는, 행복하고 건강하며, 술에 의지하지 않는 사람입니다.) 또 신께서 언제나 나와 함께하신다는 확언도 반복했습니다. 나에게 무슨 일이 일어났는지 알아차리기 전에, 이미 술을 마시지 않는 날들이 늘어나기 시작했습니다. 며칠이 모여 몇 주가 되고, 몇 주가 모여 몇 달이 되었습니다.

1990년에 나는 약물 남용자들을 대상으로 상담을 시작했습니다. 현재 나는 마약 및 알코올 중독 입원 치료 전문 센터에서 여성들을 위한 프로그램을 운영하고 있답니다. 물론 딸과의 관계도 새롭게 정비했지요. 얼마 전 큰딸에게서 다음과 같은 카드를 받았습니다. "나는 강인하고 아름다운 한 여인을 안다네 / 여러 해 동안 그녀를 지켜봐 왔네 / 그녀는 바로 어머니."

나는 자서전을 쓰는 중이며, 이 모든 일이 루이스 지혜의 가르침 없이는 불가능했을 것입니다. 그녀는 진정한 치유자입니다.

내가 바라는 모든 걸 가졌답니다!

캐나다에서, 사업가인 매릴린으로부터

전날 밤 너무나 많은 술과 코카인을 흡입한 나머지, 아침에 일어났을 때는 머리가 콘크리트처럼 무겁기만 했습니다. 나는 얼마 전에 내 아랫니들을 날려 버린 애인을 바라보며 생각했습니다. '이딴 식으로는 살기 싫어!'

변화는 지난주에 친구가 건네준 《치유》 책에서부터 시작되었습니다. 나는 원하는 것의 목록을 작성했습니다.

1. 다정하고 솔직한 남자친구
2. 성공적인 사업
3. 전원주택
4. 마약과 술에서 벗어나기

목록을 작성하고 확언했고, 모든 건 순서대로 실현되었습니다. 그것이 벌써 11년 전 일이로군요.

나는 지난 10년 동안 솔직하고 재미있고 따뜻한 마음씨를 가진 다정한 남자와 지내왔습니다. 우리는 무역회사를 성공적으로 운영하고 있으며, 겨울에는 해외로 여행을 다닙니다. 우리의 집은 캐나다의 작은 마을 호숫가에 자리한 고풍스러운 농가입니다. 마약과 술에서 벗어난 지 어느덧 8년이 되었습니다.

《치유》는 나의 애독서입니다. 이 책을 읽음으로써 고통에서 벗어나졌고, 삶을 바꿀 용기도 얻었습니다. 그렇게 하려면 '지금, 이 순간'에 집중해야 한다는 것을 배웠지요. 원하는 것을 얻게 해준 루이스에게 감사드립니다.

루이스, 나의 빛

캘리포니아에서, 행사 기획자인 로렌스로부터

루이스는 내 삶을 변화시켰습니다. 20대였던 1985년, 내 삶은 엉망진창이었습니다. 부모님은 어렸을 때 돌아가셨고, 어떻게 살아야 할지 막막하고 정신적으로도 유약한 상태에서 마약에 빠져들었습니다. 나는 아무런 이유 없이 화를 내는 혈기 왕성한 젊은이였습니다.

어느 날, 같이 일하던 친구가, 루이스 헤이라는 사람이 서부 할리우드의 플러머 공원에서 에이즈 환자들을 위한 놀라운 '치유 모임'을 진행한다며 나를 초대했습니다. 나는 에이즈에 걸리지도 않았지만-지금도 그렇고요-그곳에서 기적이 벌어진다는 소문을 들었기에 궁금해졌습니다.

나는 그 모임에서 무시무시한 병마-당시에는 사람들이 에이즈에 대해 크게 오해하고 있었고, 두려워했습니다.-와 싸우고 있는 용감한 사람들의 이야기를 몇 시간이나 들었습니다. '자기 자신을 사랑하라! 와 '생각이 현실을 창조한다'라는 메시지는 나를 끌어당겼습니다. 머지않아 우리가 이 질병을 퇴치할 수 있을 것이라는 넓은 시각으로 에이즈를 바라보자, 나는 이 치유 워크숍이 온 세상에 에이즈에 대한 더 큰 연민과 수용을 불러일으킬 수도 있겠다고 생각했습니다.

나는 그 기본 원칙들을 내 삶에 적용해 보았습니다. 그랬더니 즉각 마약을 끊게 되었고, 샌프란시스코로 이사를 하게 되었으며, 대학으로 돌아가 학위 과정을 마칠 수 있었습니다. 그 뒤로 14년간 연회/ 행사 전문업체를 성공적으로 운영했고, 인생의 동반자를 만났으며, 9·11 사건으로 사업이 몰락했음에도 불구하고 기적적으로 살아남았습니다. 나는 훌륭한 직장과 바닷가에 자리 잡은 아름다운 집, 17년이나 함께 해 온 사랑하는 동반자와 세상에서 제일 멋진 견공을 위해 고향인 LA로 돌아가기로 결심하고 사업을 정리했습니다.

나는 알코올 중독자가 있는 결손 가정에서 태어나 매를 맞으며 자랐으며, 부모님의 영향으로 일찌감치 자기 가치에 대한 끔찍한 걱정거리를 안고 살았습니다. 부모님은 잘되라고 그렇게 하셨

1부 건강

겠지만 나는 늘 힘들었고 부정적인 생각과 혼잣말을 많이 했습니다. 어쩌면 내 삶이 그런 쪽으로 쭉 흘러가 버릴 수도 있었겠지요.

나는 나이가 쉰 살이지만 여전히 루이스를 사랑하며 날마다 확언 작업을 하는 건강하고 행복한 사람입니다. 남아 있는 나날 동안 어떤 좋은 일들이 내게로 다가올지 기대가 됩니다.

나는 나 자신과 다른 이들에게, 오래전의 그 분노로 가득 찬 애송이로서는 상상조차 하지 못했을 방법으로 많은 것을 베풀게 되었습니다.

루이스는 내가 가야 할 곳을 밝히는 빛이 되어 주었습니다. 나는 우주가 얼마나 간단하고 쉽게 움직이는지를 깨달음으로써 삶을 바꾸었지요. 놓아주는 걸 배우고 매일매일 감사하는 태도로 산다면 당신도 그렇게 할 수 있습니다.

루이스와 함께하는
내면 치유 작업
——— ◆ ———

어떤 책도 – 하물며 책 한 장(표)이 – 치료를 대신하거나 중독 치료 12 단계 프로그램을 대신할 수 없습니다. 변화는 내면으로부터 시작됩니다. 최고의 프로그램도 여러분 스스로가 중독에서 벗어날 준비가 되어 있지 않으면 도움이 되지 않습니다.

여러분의 미래에 대한 새로운 비전을 세우고, 이를 도와주지 않는 신념이나 생각을 없앨 때가 되었습니다. 아래에 나와 있는 연습 과제를 마침으로써, 여러분이 가지고 있는 관점이 바뀌기 시작할 것입니다.

종이나 노트에 여러분의 답을 적어 보세요.

중독에서 벗어나기

여러 차례 편안하게 심호흡을 해 보세요. 그리고 눈을 감고 당신이 중독된 사람과 장소, 사물에 대해 생각해 봅시다. 그 중독 이면에 있는 광기에 대해 생각해 보세요. 여러분은 내면에 뭔가 잘못되었다고 생각하는 것을 외부에서 채워 해결하려고 애쓰고 있습니다. 힘은 지금, 이 순간에 있습니다. 그리고 바로 지금 변화를 시작할 수 있습니다.

다음의 욕구들을 기꺼이 내려놓으세요. 이렇게 말해 봅시다.

"나는 내 삶에 존재하는 ＿＿＿＿＿＿＿＿를 위한 욕구를 기꺼이 내려놓는다."

이 확언을 매일 아침 기도하거나 명상할 때 반복해서 말해 봅시다.

당신만이 알고 있는 중독

다른 사람들에게 단 한 번도 이야기하지 않은 중독 10가지를 적어 봅시다. 만약 당신이 폭식하는 사람이라면, 어쩌면 부엌 쓰레기통에서 음식물을 찾아 먹었을 수도 있습니다. 만약 알코올 중독자라면 운전 중에 술을 마실 수 있도록 숨겨 놓았을 수도 있습니다. 당신이 도박에 심하게 중독되었다면, 도박 자금을 마련하기 위해 가족들을 위험에 처하게 했었을 수도 있습니다. 마음을 열고 솔직하게 적어 봅시다.

과거를 흘려보내기

이제 중독과 연관된 감정적인 문제를 내려놓는 작업을 해 봅시다. 기억은 그냥 기억으로 남도록 해 주세요. 과거를 흘려보냄으로써 지금, 이 순간을 즐기고 밝은 미래를 창조하는 데 정신력을 모두 사용할 수 있도록 자유로워집니다. 과거 때문에 스스로 벌할 필요는 없습니다.

1. 기꺼이 내려놓고 싶은 것들이 무엇인지 모두 적어 봅시다.

2. 당신은 얼마나 이것들을 내려놓고 싶은가요? 이 질문에 대한 여러분의 반응을 살펴보고 이를 적어 보세요.

3. 이것들을 내려놓기 위해 당신은 무엇을 해야 하나요? 그리고 얼마나 기꺼이 그렇게 할 것인가요?

자기 인정의 역할

자기혐오는 중독에서 중요한 역할을 합니다. 지금 여러분은 내가 가장 좋아하는 연습을 한 가지 할 것입니다. 나는 이 연습을 수천 명과 함께해 왔고, 그 결과는 놀라웠습니다.

앞으로 한 달 동안 여러분이 자신의 중독에 대해 생각할 때마다 "나는 나 자신을 인정한다."라고 반복해서 말해 보세요. 하루에 3,4백 번 정도 연습을 해 보세요. 많다고 생각하나요? 결코, 그렇지 않답니다. 왜냐하면 여러분이 걱정할 때마다 자신의 중독에 대해서도 생각하게 될 것이고, 그 횟수가 하루 3, 4백 번은 족히 넘기 때문입니다. "나는 나 자신을 인정한다."라는 확언을, 내면을 깨우는 만트라가 되게 하세요. 쉬지 않고 자신에게 계속해서 이 말을 반복해 주세요.

확언하건대, 이 말을 반복하다 보면 이 말을 반대하는 생각들이 여러분의 의식 위로 드러나게 될 것입니다. 예를 들어, '어떻게 나 자신을 인정할 수 있지?', '조금 전만 해도 난 또 케이크를 두 조각이나 먹었는걸!' 또는 '나는 아무짝에도 쓸모가 없어.'와 같은 부정적인 생각이 들 수도 있습니다. 어떤 부정적인 생각이 들든 간에, 지금이 바로 마음을 다스릴 시간입니다. 이 생각에 중요성을 부여하지 마세요. 그저 있는 그대로 그 생각을 바라보세요. - 이것 말고 다른 방법으로는 지금처럼 계속 과거에 묶여 사는 것도 있습니다. - 이 생각에 부드럽게 말을 건네 보세요. "네 생각을 나눠 줘서 고마워. 이제 널 놓아줄게. 나는 나 자신을 인정해."

여러분이 변화를 저항하는 생각을 믿지 않기로 선택한다면, 그 생각은 여러분에게 아무런 영향을 미치지 못한다는 것을 명심하세요.

중독 정화하기

중독은 감정을 억눌러 버려서 우리가 이를 느끼지 못하게 만듭니다.

우리 앞에 놓인 문제를 다루길 원치 않거나, 지금 이곳에 현존하기를 원치 않는다면, 우리는 삶과 두절하는 유형들을 형성하게 됩니다. 그것이 음식 중독일 수도 있고, 약물 중독일 수도 있고, 감정 중독일 수도 있습니다. 아니면 쇼핑 중독일 수도 있고, 아픈 것에 중독될 수도 있겠지요.

만약 여러분이 무언가에 중독되는 중이라면, 왜 자신을 사랑하는 것에는 중독되지 않나요? 여러분은 자신을 지지해 주는 무언가에 중독이 될 수도 있습니다. 예를 들면 자신에게 확언해 주는 것처럼 말입니다. 여러분에게 맞는 확언을 만들어 보거나, 아래에 나와 있는 확언 목록을 이용해서 자유롭게 확언해 보세요.

확언 목록

- 나는 이 상황을 초래한 내 내면의 유형을 내려놓는다. 나는 평화롭다. 나는 가치 있는 존재다.
- 나에게 있어 내 삶을 책임지는 것은 안전한 일이다. 나는 자유롭기를 택한다.
- 나는 심호흡을 하면서 내 스트레스를 흘려보낸다.
- 나는 사랑스럽게 내 힘을 되찾는다. 나는 이 오래된 생각을 내려놓고 흘려보낸다.
- 나는 나 자신에게 변화를 허락한다.
- 그 누구도, 그 어떤 장소도, 그 무엇도 내 힘을 빼앗아 갈 수 없다. 나는 자유롭다.
- 나는 나를 완전히 지지해 주는 새로운 방법으로 새로운 삶을 창조한다.
- 과거는 지나갔다. 나는 지금 내 자신을 사랑하고 인정하기를 선택한다.
- 내가 하는 모든 경험은 내 성장을 위해 완벽하게 도움이 된다. 나는 내가 있는 곳에서 평화롭다.
- 내 마음은 정화되고 자유롭다. 나는 과거를 떠나 새로운 곳으로 나아간다. 모든 것이 다 좋다.
- 나는 쉽고 편안하게 오래된 것을 내려놓고 기쁜 마음으로 새로운 것을 맞이한다.
- 나는 기꺼이 변화하고 성장한다. 나는 지금 안전하고 새로운 삶

을 창조한다.

- 나는 나를 제약하기를 거부한다. 나는 늘 기꺼이 새로운 단계로 나아간다.
- 나는 모든 내 경험을 사랑과 기쁨과 편안함으로 다루기를 선택한다.
- 나는 과거의 한계에서 벗어나 지금의 자유를 누린다.
- 나는 나 자신을 사랑하고 소중히 여긴다. 나 자신을 돌보는 것은 안전하다.
- 지금 나는 사랑스럽고 기쁜 방법으로 나 자신을 지지하는 것을 선택한다.
- 담배든 술이든 그 어떤 것에 중독되었든 간에 중독에 관한 욕망이 나를 떠났고, 나는 자유롭다.

중독 치유 확언

나는 나 자신을 위해 높은 자존감과 자긍심을 얻는다.

나는 모든 차원에서 나 자신을 사랑하고 인정한다.

나는 나의 부모가 아니며,

부모가 가지고 있었던 어떤 중독도 내 것이 아니다.

내 과거가 어떠했든지, 지금 바로 이 순간

나는 내 내면의 모든 부정적인 혼잣말을 없애는 것을 선택하고

나 자신을 사랑하고 인정한다.

나는 이 세상에 유일무이한 특별한 나이며,

내가 나인 것이 너무나 기쁘다.

나는 인정받고 사랑받으며 신성에 영감을 받는다.

이것이 나의 존재에 대한 진실이며, 나는 이것을 받아들인다.

나의 세상에서는 모든 것이 좋다.

2부
일상

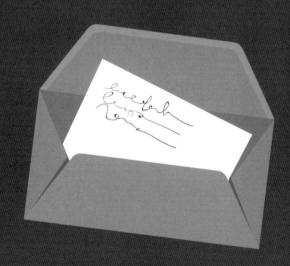

4장
풍요로움을 끌어당기기

번영은 당신의 은행 계좌 잔고가 아니라 마음 상태에 따라 결정됩니다. 우주가 제공해 주는 것 중에 당신이 '받아도 괜찮다'라고 생각하는 것들은 무엇인가요? 혹시 당신이 자격이 없으므로 온갖 기회들이 스쳐 지나간다고 믿고 있나요? 부족하다고 믿으면 그 믿음에 갇히게 될 것입니다. 지금 가지고 있는 것들에 대해 감사하기로 결심하고, 자신이 충분히 번영을 누릴 자격이 있다는 것을 받아들이면, 삶이 얼마나 많은 것들을 당신에게 베풀어 주는지 정말 놀라게 될 것입니다.

다음의 이야기들은 우주의 무한한 풍요로움을 입증해 줄 것입니다.

우리가 꿈꾸던 바로 그 집

캘리포니아에서, 출판 홍보 실장 재키로부터

2004년 1월, 샌디에이고에서는 주택 건설 붐이 최고조에 달했습니다. 남편 캐머런과 나는 3개월이나 집을 찾아 헤맸으나 헛수고였지요.

너무 작거나, 너무 비싸거나, 위치가 좋지 않거나 손 볼 것이 너무 많은……. 하여간 뭔가가 마땅치 않았습니다. 그래서 나는 컴퓨터 화면 위에 루이스의 긍정 확언을 붙여 놓기로 했습니다.

"나에게는 완벽한 주거 공간이 있다. 그 놀라운 곳에서 살고 있는 나의 모습이 보인다. 그 집은 나의 모든 필요와 욕구를 충족시켜 준다.

그 집은 위치도 아주 훌륭하고 가격도 적절하다."

정확히 두 달 뒤, 우리는 완벽한 집을 찾았습니다. 원했던 조건은 물론 가격도 딱 들어맞았습니다! 하지만 우리가 그 집을 사겠다고 하자 집주인이 갑자기 팔지 않겠다는 것이었습니다. 우리는 매우 안타까워하며, 혹시 집을 다시 팔게 되면 꼭 알려 달라고 그에게 부탁했습니다.

나는 정말 그 집에서 살고 싶었기에 계속해서 확언했습니다. 심지어는 점심시간에 차를 타고 그 집 주변을 돌며 그곳에서 살고 있는 모습을 상상했습니다. 아이들의 유모차를 밀며 거리를 걸을 때의 느낌이 어떠할지도 상상했습니다. 그러자 우리 가족이 그 집에서 살면서 이웃 주민들과 웃으며 대화하는 장면이 눈앞에 나타났습니다. 나는 정말 루이스의 확언을 열심히 반복했습니다.

틈틈이 부동산 중개인에게 전화해서 그 집이 매물로 나왔는지 물었지만, 대답은 언제나 '아니요'였습니다. 하는 수 없이 그 집과 비슷한 조건을 가진 다른 집을 찾아냈지만 처음 그 집을 발견했을 때의 기쁨은 느껴지지 않았습니다. 나는 이 두 번째 집을 계약하기 전에 마지막으로 부동산 중개인에게 전화해서 그 '완벽한 집'의 주인이 집을 내놓았는지 물어봐달라고 부탁했습니다. 중개인은 아주 단호하게 "아니요!"라고 대답했습니다. 나는 확언을 더 많이 반복했는데, 여전히 그 동네, 바로 그 집에 살고 있는 내가 보였습니다.

계속 기다릴 수만은 없어서 두 번째 집을 사기로 한 날, 두 번째 집 주인은 우리의 제안을 거절했고, 놀랍게도 첫 번째 집의 주인이 사업 때문에 급전이 필요하게 되었다며, 아직도 집을 사고 싶다면 우리에게 집을 팔겠다는 연락을 해 왔습니다.

기적 같은 2004년 4월 1일에 - 이건 만우절 농담이 아니랍니다! - 우리는 부동산 계약서에 서명했고, 그 어떤 때보다도 행복했습니다!

루이스와 함께 최고의 인생 불러들이기

텍사스에서, 인력개발부장 수잔으로부터

루이스 헤이는 나와 주변 사람들에게 오랫동안 영감을 주어왔습니다. 내가 처음으로 루이스의 작업에 대해 알게 된 건 10년 전으로, 질병의 정도를 알아보기 위한 예비 수술을 받기로 한 전날 친구가 《치유》라는 책을 선물해 주면서부터입니다. 책을 읽으며, 제한적인 생각을 오랫동안 가지고 있으면 그 사고방식이 우리 몸에 반영된다는 말이 와 닿았습니다. 사고방식을 바꾸면 완전히 다른 결과를 얻게 될 것이 라는 말도 쉽게 받아들여졌습니다. 그래서 나는 내 사고방식을 바꾸기로 했습니다.

여러 해에 걸쳐, 수많은 루이스의 책과 강연 CD, 확언 카드 등 내게 도움이 될 만한 것을 구했습니다. 나는 열린 마음으로 사는 방법과 생각을 끊는 법, 그리고 자아 발견 여정을 다른 사람들과 함께 나누는 방법을 알게 되었습니다. 루이스 덕분에 삶에 활기가 넘치고, 용기 있게 들여다보게 되었습니다. 그리하여 지금의 나는 다른 사람에게 자신의 열정을 발견하고 꿈을 실현하는 일을 돕고 있습니다. 나는 내가 생각을 어떻게 바꿨는지를 알려 줌으로써 그들을 안내합니다. 모든 이들을 크게 미소 짓게 하는 확언이 여기 있습니다.

"나는 돈을 끌어당기는 자석이다. 모든 종류의 번영이 내게로 오고 있다."

어느 날 애리조나의 스콧데일에 있는 한 서점에서 친구와 내가 루이스 책을 집어 들자, 계산원이 웃으면서 말하더군요. "나는 루이스 헤이를 정말 좋아해요." 우리는 대답했습니다. "우리도 좋아해요!" 다음 순간 우리는 세 명 모두 가장 좋아하는 확언이 '나는 돈을 끌어당기는 자석인 것'을 알았습니다. 그리고 루이스에 관해서라면 처음 만나는 이들도 더 이상 낯설지 않다는 것 또한 알았습니다.

　　최근에는 《치유》 영화 DVD를 구매하여, 그녀가 어떻게 열린 마음으로 삶을 살아왔는지를 보았습니다. 나는 루이스가 가슴의 울림에 따라 자신의 뜻을 온 세상에 나누어 준 것이 감사합니다.

　　루이스는 내가 새로운 기회를 찾아내고 경험할 수 있도록 용기를 주었습니다. 어떤 상황이든 불편하다고 느낄 때, 나는 기꺼이 나 자신에게 나는 안전해'라고 말해 줄 것입니다. 그렇게 함으로써 정신이 맑아지고 내 앞에 놓인 수많은 선택 가능성들을 객관적으로 바라볼 수 있습니다. 덧붙이자면 나는 그녀가 창안한 저녁 명상을 좋아합니다.

　　'좋은 날이었든 나쁜 날이었든, 오늘 하루가 집니다. 하루가 완전히 끝났습니다.'

　　그래요, 루이스는 나를 비롯한 많은 이들의 삶을 변화시켰습니다.

　　그녀에게 어떻게 감사를 표해야 할는지요.

꿈이 이루어지다

매사추세츠에서, 피아노 교사인 미셸로부터

비서로 일한 지 11년이 되던 해에 아들을 낳았습니다. 나는 아들과 함께 집에 있으면서 돈도 벌고 싶었기 때문에 낮에 탁아소를 운영하기로 했습니다. 남편은 내 결정에 대해 매우 협조적이었고 나를 격려해 주었습니다. 그렇게 2년을 보내고 나니, 내 삶에서 뭔가 더 할 수 있는 게 있지 않을까 하는 생각이 들었습니다. 딸을 낳고 나서 피아노 교사가 되고 싶다는 열망을 품었지만 어떻게 시작해야 할지 알 수 없었습니다. 나는 정식으로 훈련을 받은 피아니스트이긴 했지만, 누군가를 가르치기엔 부족하다고 생각했습니다.

1989년에 루이스 헤이를 알게 되면서 책에 나온 대로 내면 작업을 하고 강의 테이프를 들었습니다. 그리고 내가 바라는 삶에 대해 확언하기 시작했습니다. 과거의 찌꺼기들을 흘려보내는 작업을 시작했고, 피아노 교수법 향상에 도움이 될 만한 연수와 강의에 참여했습니다.

피아노 교수법에 관련된 잡지를 구독하고 신문에 광고를 냈더니 탁아 서비스를 이용하는 아이들이 돌아가고 난 저녁 시간에 일곱 명의 학생을 가르치게 되었습니다. 그 후 6개월간 피아노를 가르치는 일은 점점 더 중요해졌습니다. 계속해서 확언해 나가면서, 나는 내가 가야 할 길을 제대로 가고 있다고 느꼈습니다.

원하는 것에 대한 확언을 계속하면서 삶을 스스로 바꿀 수 있다고 믿은 결과, 국가 공인 음악 교사가 되었고 피아노 교사로도 성공했습니다. 그뿐만 아니라 우리 주 음악 교사협회의 회장이 되었습니다. 컴퓨터 음악에 관심을 두고부터는 그 분야의 훌륭한 스승과 지도자들을 만날 수 있었습니다. 2003년에는 유타주에서 열린 전국 음악 교사학회에서 컴퓨터 음악을 주제로 첫 번째 발표를 하기에 이르렀습니다.

지금까지 나는 50명 이상의 수강생을 둔 피아노 교습소를 운영하고 있으며 주 교육청과 지역 음악 교사연합회를 위해 일하고 있습니다. 전국 음악 교사학회에서 컴퓨터 음악을 주제로 학술 논문을 발표해 왔고, 지역 피아노 교사들이 주최하는 축제도 심사합니다. 예전에 구독했던 음악 잡지에 논문과 논평을 게재했고, 컴퓨터 음악에 관한 책을 공동 저술하여 출판했습니다. 나는 교회에서 오르간을 연주하고 어린이 성가대와 핸드벨(손잡이를 잡고 흔들어 소리를 내는 종 모양의 악기- 역자 주) 연주단을 이끌면서 다른 합창단들을 위해 반주도 합니다.

책과 강연 테이프를 통해 루이스를 알게 되고, 그녀가 일러준 작업을 하게 된 것은 기적과 같습니다. 내 꿈이 모두 이루어졌으니까요!

모든 차원에서 이루어진 기적 같은 치유

위싱턴에서, 영성 인생 상담사이자 개인 사업가인

캐서린으로부터

7년 전, 여섯 개의 자궁근종을 제거하기 위한 수술을 앞두고 있었을 때 루이스 헤이의 책《치유》를 만났습니다. 당시 나는 남편과 별거 중이었으며, 나 자신을 피해자라고 굳게 믿고 있었습니다. 직장도 없는 데다 주택담보대출이 두 개나 있었으므로 플로리다에 있는 집을 팔아 버리고 싶었습니다. 내게는 기적이 필요했습니다. 한순간도 바로 말입니다!《치유》덕분에 나는 기적을 바라보게 되었고 실제로 기적이 일어났습니다!

수술하기 전 - 건강보험에 가입이 되어 있지 않았기 때문에 - 나는 주치의에게 "우리가 스스로 자신을 치유할 수 있을까요?"라고 물어보았습니다. 주치의는 무심히 "기적이 일어나는 걸 본 적이 있어요."라고 대답하더군요. 근종의 원인이 별거의 아픔 때문일지 모른다고 생각한 나는, 의사에게 근종 치유를 시도할 수 있도록 6주의 시간을 달라고 부탁했습니다. 의사는 내게 6주의 시간을 허락하는 한편 초음파 검사를 비롯한 수술 전 계획들도 마련해 놓았습니다. 그날부터 나는 매일 5킬로미터 정도를 걸으며 근종 치유를 위한 루이스의 확언을 반복하고 또 반복했습니다.

검진하러 가면서 기적적인 일이 일어났음을 확신했습니다. 실제로 여섯 개의 근종은 흔적조차 없이 사라졌습니다. 의사들이 머리를 긁적이며 있을 수 없는 일이 일어났다고 중얼거렸습니다. 기적은 거기에서 멈추지 않았습니다. '나는 피해자야'라는 생각과 '나는 풍요로움과는 거리가 멀어'라는 제한적인 신념에서 벗어난 결과, 곧 집을 팔아 나만의 성공적인 사업도 시작할 수 있었습니다. 나는 하는 일마다 잘 되는, 건강하고 행복한 여자가 되었습니다. 언젠가 나는 7년간의 모험과 그 이후에 일어난 온갖 기적들을 책으로 엮고 싶습니다.

기적의 주택담보대출

텍사스에서, 여행 전문가인 니콜로부터

우주의 방식을 알게 해 준 루이스 헤이에게 어떻게 감사해야 할는지요. 최근에 일어난 기적은 모두 그로 인한 것으로 생각합니다.

남편은 2008년 10월 31일에 직장을 잃었습니다. 당시 미국 경제 상황이 악화되고 있었기에 우리는 집을 잃을지도 모른다는 두려움에 빠져 있었습니다. 2009년 1월 1일, 언제 팔릴지도 모르는 상황에서 집을 내놓았습니다. 두려움과 결핍에 집중하지 않는 것이 좋다는 걸 알고 있었지만, 당면한 상황을 회피하고 싶지도 않았습니다. 그 문제를 두고 명상과 기도를 한 결과, 모든 일이 우리에게 가장 좋은 것을 가져다주는 기회라는 내면의 깨달음을 얻었습니다. 나는 우주를 온전히 신뢰함으로써 편안해졌지만, 집을 팔 계획은 멈추지 않았습니다.

대출 마감 기한 사흘 전에 남편이 은행 담당자를 만나러 찾아갔습니다. 그런데 그 누군가의 실수로, 우리가 주택담보대출금을 두 배로 갚고 있었다는 걸 알게 되었습니다. 대출금을 이미 다 갚은 상태였던 것이죠! 더 이상 대출금을 갚을 필요가 없어진 데다가 자동차 할부금도 모두 납부했기 때문에 우리는 둘 다 직업이 없는데도 경제적 형편이 대단히 좋은 편이랍니다. 이 놀라운 기적의 담보대출이야말로 우리가 처한 상황을 완전히 역전시켜 놓았습니다. 나는 우주가 내 편이라는 것은 알고 있었지만, 신의 완벽하심과 기적이 얼마나 적절한 시기에 일어났는지를 돌아보면 그저 놀라울 따름입니다.

내 가슴은 기뻐서 노래하네

호주에서, 워크숍 지도자인 셸리 메이로부터

루이스 헤이를 알게 되었을 때, 나는 14년 하고 조금 더 되는 직장 생활에 진력이 나 있었습니다. 업무에 환멸을 느꼈고, 몸과 마음이 지친 대로 지친 상태였습니다. 몸이 여기저기 아팠는데, 굳이 예를 들자면 3년 연속으로 걸린 폐렴과 안구 대상포진 정도가 되겠습니다. 나에겐 더 나은 무엇인가가 필요했습니다. 열정을 재발견함으로써 나의 삶뿐만 아니라 다른 이들의 삶에서도 변화가 일어나길 바랐습니다.

루이스의 가르침을 따라가면서, 누군가가 나를 도와주기를 기다리는 대신 행동을 취했습니다. 2주간의 휴가를 신청하고는 업무 책상에서 개인 소지품을 싹 빼 버렸습니다. 문서들을 잘 보관해 놓고 명패까지 치워 버렸죠. 사람들은 내게, 다시는 돌아오지 않을 것처럼 보인다고 말했고, 나는 조용히 미소를 짓고는 하던 일을 계속했습니다.

휴가 동안 나는 현재의 직장을 떠나 나 자신을 기쁘게 할 준비가 다 되었다고 지속해서 확언함으로써 원기를 회복했습니다. 그리고 진작 받아야 했을 건강 검진을 예약했습니다.

8주 뒤에 사무실로 돌아갔을 때, 회사에서 지점 폐쇄를 할 것이라는 소식을 들었습니다. 난 흥분을 감추어야 했습니다. 회사를 그만두는 게 아니라 정리해고가 되면 퇴직금까지 받게 되니까요!

건강 검진 결과 꽤 큼직한 난소종양이 발견되었습니다. 나는 나로 인해 종양이 생겼다는 걸 인정하고 종양에 몬티(monty : 우승이 확실한 말을 가리키는 경마 속어– 역자 주)라는 이름을 붙여 주었습니다. 종양 제거 수술 결과, 몬티가 악성으로 밝혀졌습니다. 나에게 새로운 삶이 진짜로 시작된 것이죠!

나는 현재 학생이자 작가이며 예술가입니다. 최근에 이수한 〈당신의 삶을 치유하고 꿈을 이루라〉 워크숍 지도자 훈련 프로그램은 진정 내 가슴을 뛰게 했습니다.

삶이란 좋은 것이지요. 하는 일마다 잘되는 행복한 나는 루이스의 책에 무한히 감사합니다. 책 덕분에 스스로 만들어 낸 감옥에서 빠져나올 수 있는 열쇠를 쥐게 되었으니까요. 당신도 그것을 꿈꾸는 용기만 내면 된답니다. 용기를 냈다면 이제 그렇게 될 거라고 믿으세요!

완벽한 집을 만들어 내다

캘리포니아에서, 그래픽 디자이너인 제니로부터

8년 전에 살던 집은 좋긴 했지만, 우리 가족에게 딱 맞는 건 아니었습니다. 독특하고 주변이 탁 트인 집을 꿈꾸고 있을 때, 한 친구가 멋진 집을 알려 주었습니다. 조용한 지역에 있는 오래된 농장식 건물이었는데, 집 주변으로는 넓은 땅이 펼쳐져 있었고, 개인 소유의 도로엔 가로수가 줄지어 늘어서서 참으로 아름다웠습니다.

집을 둘러 산책하면서 완전히 반해 버린 나는 꿈을 현실로 만들어 줄 루이스 헤이의 도구를 적용해 보기로 했습니다. 그 집의 사진을 찍어 냉장고 위에 붙여 두고 매일 그곳에서 살고 있는 내 모습을 상상했습니다. 주말마다 딸을 유모차에 태우고 그 집 근처를 산책하면서 '여기는 우리 집'이라고 확언했습니다.

마침내 남편과 나는 그 집 주인을 만날 수 있었고, 부동산 중개인 없는 직거래를 통해 맘에 드는 가격으로 살 수 있었습니다.

그 집의 사진을 찍은 지 정확히 일 년 만에 우리 가족은 새로운 집에서 살게 되었습니다. 그렇지만 그 집이 흠이 전혀 없었던 건 아니었습니다. 지은 지 35년이 지나도록 손을 한 번도 보지 않은 집이라 우리는 개보수 공사를 하기로 계획을 세웠습니다. 처음엔 5년 정도 지내고 나서 공사를 하자고 했지만, 5년이 지나고 6년이 다 되어 가도 계획이 이루어질 기미가 보이지 않았습니다. 오래된 물건들이 점점 고장이 나는 바람에 마음이 심란했습니다.

6년째가 되던 해, 나는 뭔가 조처를 해야겠다고 생각했습니다. 사람들이 모일 만한 장소를 갖춘, 아름답고 평화롭고 따스하면서도 찾아오고 싶은 집이길 원했습니다. 그래서 내가 원하는 것들을 담은 비전 지도를 만들었습니다. 우리 집 안팎의 모습이 어떨지를 구체적으로 시각화하면서 '이것이야말로 내가 바라던 바로 그 모습 그대로야!' 라고 확언하기 시작했습니다.

7년째가 되자마자 마침내 개보수 공사를 시작했습니다. 긍정적인 생각들과 확언 덕택에, 우리는 지금 꿈에 그리던 완벽한 집에서 살고 있습니다.

루이스와 함께하는
내면 치유 작업
— ◆ —

우주의 무한한 공급과 풍요를 받기 위해서는, 풍요를 받을 마음의 준비를 먼저 해야 합니다. 만약 준비되어 있지 않다면, 무언가를 원한다고 아무리 말을 많이 해도 여러분의 삶에 나타나지 않을 수 있습니다. "나는 실패자야"라는 신념을 얼마나 오랫동안 가지고 있었든, 그것은 단지 하나의 생각일 뿐이기에 여러분은 지금 새로운 생각을 선택할 수 있습니다.

잠시 시간을 내어 다음의 연습을 해 봄으로써, 여러분이 삶에서 누리고 싶은 성공과 번영에 집중하도록 합시다.

돈 쓰기

돈을 쓰는 데 있어 스스로 어떻게 비난하는지 3가지를 적어 봅시다.

어쩌면 여러분은 계속해서 빚을 지고 있거나, 한 푼도 저축하지 못하고 있거나, 돈을 즐기면서 쓰지 못하고 있을 수도 있습니다.

다음 예는 여러분이 원하지 않는 행동을 했던 것과 관련된 것입니다.

두 가지 예에 여러분의 실례를 한 가지 들어 생각해 보세요.

- 나는 나 자신을 비난한다. – 왜냐하면 돈을 지나치게 많이 쓰고 항상 빚에 허덕이고 살기 때문이다. 나는 수입과 지출을 잘 맞추지 못하기 때문이다.
- 나는 나 자신을 칭찬한다. – 이번 달에 청구서 대금을 잘 냈기 때문이다. 나는 제때 기분 좋게 청구서 대금을 낸다.

거울 연습

두 팔을 활짝 벌리고, 나는 마음을 활짝 열고 모든 좋은 것들을 받아들인다."라고 말해 봅시다. 어떻게 느껴지나요?

이제 거울을 들여다보면서 감정을 실어 말해 봅시다. 어떤 감정이 느껴지나요?

_____에 대해 자유로워지는 느낌이 드나요?

(빈칸을 채워 보세요.)

이 연습을 매일 아침에 해 봅시다. 이렇게 하는 것은 여러분의 의식 속에 있는 풍요를 확장해 주는 하나의 멋진 상징성을 띤 행위로, 여러분의 삶에 더 많은 좋은 것들을 가져다줄 것입니다.

돈에 대한 감정

돈과 관련해서 스스로 얼마나 가치 있는 사람이라고 여기는지 살펴봅시다. 할 수 있는 한 최선을 다해 질문에 답해 보세요.

1. 거울로 다시 가서 자신 눈을 들여다보며 이렇게 말해 봅시다.
"나의 돈에 대한 가장 큰 두려움은 _____이다.
그런 다음 답을 적고 왜 그렇게 느꼈는지 설명해 봅시다.

2. 어렸을 때, 돈에 대해 어떻게 생각했나요?

3. 부모님은 어떤 시대에 사셨나요? 돈에 대해서는 어떻게 생각하셨나요?

4. 가족들은 돈을 어떻게 관리하고 사용했나요?

5. 지금 당신은 돈을 어떻게 관리하고 사용하고 있나요?

6. 돈에 관한 인식 중 어떤 부분을 고치고 싶은가요?

풍요로움의 바다

여러분의 풍요에 대한 의식은 돈에 달려있지 않습니다. 여러분에게 들어오는 돈의 흐름은 풍요에 대한 여러분의 의식에 달려 있습니다.

풍요에 대해 더 많이 상상하면 할수록, 더 많은 풍요가 여러분의 삶에 나타나게 될 것입니다.

해변에 서 있는 자신 모습을 상상해 보세요. 그리고 광대한 바다를 보세요. 바로 이 바다의 광대함이 여러분이 누릴 수 있는 풍요의 양을 반영합니다. 여러분의 손을 내려다보세요. 그리고 여러분이 어떤 크기의 용기를 가졌는지 살펴보세요. 여러분은 티스푼을 들고 있나요? 아니면 구멍이 난 골무를 들고 있을지도 모르겠네요. 아니면 종이컵, 텀블러, 항아리, 양동이, 욕조인가요? 그것도 아니면 이 넓은 풍요의 바다와 연결된 관을 가지고 있을지도 모르겠습니다. 자, 여러분 주변을 둘러보세요. 아무리 많은 사람이 여러분 주위에 있든, 그들이 어떤 크기의 용기를 가지고 있던 간에 모든 사람에게 돌아가고도 남을 만큼 풍요로움의 바다는 큽니다. 여러분은 다른 사람의 풍요를 빼앗을 수 없으며, 다른 사람들도 마찬가지로 당신 것을 빼앗아 갈 수 없습니다. 그리고 어떤 방법으로도 이 바다를 마르게 할 수 없습니다. 여러분의 용기가 바로 여러분의 의식이며, 이는 항상 더 큰 용기로 바뀔 수 있습니다.

이 연습을 자주 하면서 확장된 느낌과 풍요가 무한히 공급되는 느낌을 느껴 보세요.

돈에 대한 의식

이제는 여러분이 재정 상황과 관련하여 자신이 얼마나 이를 누려도 괜찮다고 생각하는지 알아보도록 합시다. 아래의 질문에 답해 보세요. 한 질문에 대한 답을 적고 나면, 답으로 나온 부정적인 신념에 반대되는 최소 한 가지 이상의 긍정적인 확언을 말해 보세요.

1. 당신은 돈을 가질 자격이 있고 돈을 즐길 자격이 있습니까?

2. 돈과 관련하여 당신이 가지고 있는 가장 큰 두려움은 무엇인가요?

3. 이 신념으로 인해 당신이 얻는' 것은 무엇인가요?

4. 만약 이 신념을 버린다면 어떤 두려움이 나타날 것 같나요?

확언 목록

- 나는 삶의 흐름에 몸과 마음을 편안하게 맡긴다. 삶은 내가 원하기 쉽고 편안하게 준다.
- 나는 무한한 방법으로 무한한 자원들을 받아들이는 무한한 존재이다.
- 나는 신성한 풍요로움을 끌어당기는 자석이다.
- 내 삶은 성공 그 자체이다.
- 나는 항상 내가 필요로 하는 만큼 많이 가진다.
- 나는 모든 좋은 것을 누릴 자격이 있다. 나는 내 삶에 좋은 경험들이 가득 찰 수 있도록 허락한다.
- 나는 마음을 활짝 열고 우주의 모든 선(善)과 풍요를 받아들인다.
- 나를 위한 완벽한 집이 존재하며, 나는 지금 그것을 받아들인다.
- 내 수입은 꾸준히 증가한다.
- 나는 최고의 대접을 받을 자격이 있다. 그리고 지금 그 대접을 받는다.
- 나는 내 자신이 번영을 누릴 수 있도록 허락해 준다.
- 나는 내가 가치 있는 존재인 것을 안다. 성공해도 나는 안전하다.
- 나는 가능성의 법칙 안에 살고 있다. 그곳에 있는 모는 것은 선(善)이다.
- 아무리 나눠 주어도 나에게는 무한한 풍요가 있다. 나는 축복받았다.
- 나는 내 모든 욕구가 충족될 것이라고 믿는다.

- 삶은 멋지다. 내 세상에서는 모든 것이 완벽하며, 나는 더 큰 선 (善)을 향해 나아간다.
- 모든 종류의 부가 나에게로 온다.
- 나를 포함해 모든 사람을 위해 충분한 양이 있다.
- 돈은 내가 예상한 곳에서, 또 예상치 못한 곳에서도 들어온다.

번영을 위한 치유 확언

나는 우주가 제공하는 풍요의 흐름을

마음의 문을 활짝 열고 받아들인다.

나의 모든 욕구와 바람은 그것을 요구하기도 전에 이루어진다.

나는 신성에게 안내받고 보호를 받는다.

나는 나에게 도움이 되는 선택을 한다.

나는 우리 모두를 위해 충분한 풍요의 양이 있다는 것을 알기에,

다른 사람들의 성공을 기뻐한다.

나는 계속해서 풍요에 관한 내 의식을 확장한다.

그리고 이는 계속해서 늘어나는 내 수입에 그대로 반영된다.

나의 선(善)은 모든 곳에서 모든 사람에게서 온다.

나의 세상에 서는 모든 것이 좋다.

5장
직업에 관한 도전 다루기

우리는 모두 인생에서 성취할 목표를 찾고 있으며, 자신에게 맞는 직업을 찾는 것은 이 목표를 달성하기 위한 중요한 요소가 됩니다.

그런데 우리는 주변에서 불평, 불만을 매우 흔하게 듣습니다. 대부분 사람은 자신 일을 싫어하고, 직업을 잘 구하지 못하고, 상사와 잘 지내지도 못하며, 돈을 많이 벌지 못하는 등 끊임없이 불만을 토로합니다. 여러분도 혹시 이와 유사한 말을 종종 하고 있나요? 여러분이 직장에서 어떤 위치에 있든지, 여러분이 하는 생각이 여러분의 현실을 만든다는 것을 명심하세요. 제한적인 생각들을 내려놓고, 기뻐하는 방향으로 나아갈 수 있도록 스스로 허용해 주세요.

다음에 나오는 이야기의 주인공들은 어떻게 이상적인 직업 환경을 가지게 되었는지를 이야기해 줄 것입니다.

꿈에도 생각해 보지 못했던 가능성

캘리포니아에서, 기부 단체 관리 감독 멜라니로부터

1990년대 초반, 루이스 헤이를 직접 만난 나는 첫눈에 그녀가 내 벗임을 직감했습니다. 몇 개월 동안 루이스는 중종 내게 자신이 기부를 하고 싶은데 어떤 비영리 단체에 기부하면 좋을지 물어 오곤 했습니다. 그녀에게 내 생각을 말해 주는 일은 참으로 행복한 일이었지요.

수년 동안 그녀의 책을 읽고, 그 내용을 가족과 친구와 함께 나누어 오면서 루이스를 존경하고 있었으니까요.

몇 년 동안 이스트 코스트에 가 있다가 캘리포니아로 돌아온 뒤 다시 루이스와 일하는 축복을 받았습니다. 그 당시 나는 여러 지방 단체와 관련된 일을 하고 있었는데, 루이스는 내게 헤이 하우스가 지역사회에 기부할 수 있는지 다시 자문한 것이지요.

2005년, 위탁 아동들을 돕고 공동체에 특별한 잔치를 해 주는 일을 하면서, 나는 실질적인 방법으로 사람들을 도와주는 일에 관심이 많아지고 있다는 것을 알게 되었습니다. 그래서 매년 비전 보드를 만들 때 루이스와 내가 두 팔을 활짝 벌리고 웃으며 나란히 서 있는 사진을 붙여 놓았습니다. 그 사진 아래에 다음과 같이 적었지요. '꿈에도 생각해 보지 못했던 가능성'. 나는 중종 그 비전 보드를 꺼내 보면서 다음과 같이 확언했습니다. "나는 모든 면에서 훌륭한 직업을 가지고 있다. 나는 멋진 사람들과 일하며, 만족

스럽게 돈을 벌면서, 매일 매일 최고의 서비스를 제공한다." 이 글
은 루이스의 스승인 플로렌스 스코블 쉰Florence Scovel Shinn의 말
을 인용한 것이었습니다.

　나의 확언은 2008년에 현실이 되었고, 헤이 하우스에서 기부
담당 책임자가 되었습니다. 나는 이것을 '꿈에도 생각해 보지 못
했던 가능성'이라고 말할 수 있습니다. 나는 모든 면에서 훌륭한
직업을 가지고 있습니다.

　나는 루이스에게 진심으로 감사합니다. 그녀는 자신의 비전
을 통해 내게 사람들에게 치유의 길과 삶의 질을 높여 주는 훌륭
한 책을 제공할 기회를 주었습니다. 그녀의 강연에 함께하며 사
랑, 친절, 아름다움, 유머 감각을 공유할 수 있음을 영광으로 생각
합니다.

놀라운 그 자체

뉴욕에 사는 전인적 건강 상담 전문가이자
자연 음식 요리사이자 작가인 안드레아

나는 스물여덟 살에 멋진 직장을 구했기에 세상을 다 얻은 것 같
았습니다. 하지만 바로 그때 갑상샘항진증에 걸렸고, 주치의에게
서 방사선 요오드 치료와 호르몬 요법을 권유받았습니다. 엄마가
유방암 방사선 치료를 받다가 돌아가셨기에 나는 방사선 치료를

거부했습니다. 대신 생활 습관과 식단을 철저히 바꿈으로써 갑상샘을 자연 치유할 수 있었습니다.

갑상샘이 치유된 지 얼마 뒤, 일을 마칠 때마다 공허감이 밀려오면서 무언가 충만하지 못하다는 것을 느끼기 시작했습니다. 그리고 내면의 작은 목소리를 듣게 되었습니다. '다른 사람들에게 도움이 되도록 네가 배운 것을 사람들에게 가르쳐 보렴!' 가르치고 싶은 내 바람은 강렬했지만, 안정적인 직장을 떠나는 것은 두려운 일이었습니다. 그 두려움이 나를 꼼짝도 못 하게 만들었지요. '내 주제에 어떻게 교육 사업을 시작할 수 있겠어? 나 자신을 홍보하고 판매할 수 있기나 할까? 월세는 어떻게 내지? 이제껏 돈 한 푼 모으지 못하고 버는 대로 쓰고 있는데……'

어느 날, 찻집에 앉아 끊임없이 머릿속을 어지럽히는 부정적인 생각들과 씨름하고 있을 때였습니다. 한 남자가 합석해도 괜찮은지 말을 건넸습니다. 찻집에 사람이 많아 앉을 자리가 없었던 것이었지요.

그는 내가 혼란스러워하는 걸 느끼고는 무슨 일이 있느냐고 물었습니다. 나는 그에게 일을 그만두고 내가 원하는 사업을 시작하고 싶지만, 그렇게 하는 것이 너무나 두렵다고 말했지요. 그 남자는 루이스 헤이라고 불리는 한 여성의 이름을 말해 주며, 다음의 문장을 나에게 적어 주었습니다. 부정적인 생각이 떠오를 때마다, 이 긍정적인 생각을 부정적인 생각의 자리에 대체해 주라고 말했습니다.

"이 우주에서 나는 안전하다. 삶은 나를 사랑하고 지지한다."
그로부터 3개월 동안, 나는 안팎으로 부정적인 이야기를 끊임없이 들었습니다. 친구들과 가족의 두려움이 내 두려움과 합쳐져 상황은 더 심각해졌지요. 나는 생각을 바꾸려고 부단히 애썼습니다. 건강을 위해 노력했던 것처럼 말입니다. 나는 루이스 헤이의 책을 읽으며, 전에 만난 남자가 알려 준 확언을 반복 또 반복했습니다.

어느 날, 확언을 반복하며 조용히 집으로 걸어오는데 머리를 크게 한 대 맞은 것 같은 충격이 왔습니다. 어디 부딪친 것이 아니라, 이 우주 안에 있는 것이 안전할 뿐 아니라, 삶이 나를 사랑하고 지지해 준다는 사실을 깨닫게 된 것이지요. 나는 깊이 감동한 나머지, 그 자리에서 확언을 큰 소리로 외쳤습니다. 근처에 있던 사람들은 슬금슬금 나를 피해 발걸음을 재촉하더군요.

다음 날, 나는 2주 뒤에 그만두겠다고 회사에 사표를 냈고, 그때부터 내 삶은 놀라움 그 자체가 되었습니다. 두 권의 책을 출간했고, 〈브라보, 최고의 주방장〉이라는 요리 대회에서 우승했지요. 나는 지금 지역 TV 방송에서 요리 전문가로 일하고 있으며, 병을 치료하거나 예방하는 데 도움이 되는 요리법을 알려 주는 TV 프로그램을 맡아 진행하고 있습니다. 또한 나는 매년 2천 명의 학생을 다양한 장소에서 가르치고 있답니다. 무엇보다 멋진 것은, 나는 이 우주에서 안전하며, 삶이 나를 사랑하고 지지해 준다는 것이지요.

루이스 헤이, 고마워요.

직장에서의 기적

브라질에서, 개인 비서인 바로부터

국제적인 기업의 마케팅 부서에서 일하다가 다른 부서로 옮기게 되었습니다. 새로 만난 부장은 회사 내에서 좋아하는 사람이 아무도 없을 정도로 무서운 사람이었습니다. 나는 그 부장 밑에서 3년을 일했습니다. 나를 아는 모든 사람이 그만두라고 하는 일을 계속하는 것은 하나의 도전이었습니다. 어느 날 부장과 논쟁이 벌어졌고, 그런 상황이 너무나 피곤하게 느껴진 나머지 일을 그만두겠다고 말했지요. 부장은 휴가에서 돌아올 때까지만이라도 있어 달라고 나를 설득했습니다.

부장이 휴가를 마치고 사무실로 돌아왔을 때, 나는 그에게 문제가 있다는 것을 알았습니다. 걸음걸이가 불편해 보였고 통증이 심한 듯해서 자초지종을 물어보니 추간판탈출증(디스크)에 걸렸다는 것이었습니다. 통증 때문에 걷기가 어려워서, 얼마간 통원 치료가 필요한 상황이었습니다.

며칠 후, 나는 부장에게 병원에서 어떤 진단을 받았는지 물었습니다. 그는 두려움이 가득한 눈으로 나를 바라보았고, 나는 연민의 정을 느꼈습니다. 그는 이미 자신은 죽은 사람이나 다름없다고 말했지요.

나는 그의 눈을 주시하며, 내가 도울 수 있을 것 같다고 말했습니다.

그에게 《치유》에 대해 설명하고는 책을 구하러 근처 서점에 갔더니 마치 나를 기다리고 있었다는 듯 단 한 권의 책이 남아 있었습니다. 사무실에 돌아와 부장의 책상 위에 책을 올려놓으며 다 읽고 나서 자신에게 맞는 확언을 해 보라고 진지하게 말했습니다.

다음 날, 부장은 그 책을 탐독했더니 더 이상 통증이 느껴지지 않는다고 했습니다. 그동안 복용하고 있던 약도 치워 버렸다고 했습니다.

그다음 주에는 완전히 다른 사람이 되었습니다. 부장은 나에게, 이제 아무런 문제가 없다며, 정말 몸이 괜찮은지 확인차 병원에 갈 것이라고 했습니다. 몇 시간이 지난 후 그는 행복한 얼굴로 돌아왔습니다. 검사 결과 척추에 아무런 문제가 없다고 하면서, 의사도 어떻게 추간판탈출증이 나았는지 설명할 길이 없다고 했답니다.

회사 사람들이 내게 부장과 무슨 일이 있었느냐고 물어왔습니다. 부장이 매우 인간적이고 친절해졌기 때문이지요. 이 일은 15년 전에 있었던 일입니다. 내가 지금 그 부장에게 몸이 어떠신지 물어보면, 여전히 척추는 건강하다고 말합니다. 그는 이 기적과 같은 치유를 루이스 헤이의 덕분이라고 여기며, 《치유》 책을 여러 권 구매해서 친구들과 가족에게 나누어 주고 있습니다.

멋진 새로운 직장을 구하다

미시간에서, 고용 안정 업무 관리자로 일하는 멜로디로부터

'충격적인 이혼을 한 뒤, 나는 아이들과 내 자신의 더 나은 삶을 위해 대학에 진학하기로 결심했습니다. 싱글맘으로써 직장을 두 군데나 다니면서 학교에 다니는 일은 쉬운 일은 아니었지만, 그럴 만한 가치는 충분했습니다. 대학에서 인적 자원 관리 학부를 졸업하는 데 6년이 걸렸고, 수많은 면접과 거절 속에 직장을 구하는 데 3년이 더 걸렸습니다. 그런데 그토록 원했던 직장에서 일하는 것이 고통스럽다는 것을 아는 데는 불과 몇 개월밖에 걸리지 않더군요. 나는 이 불행이 회사에서의 역할이나 업무에서 오는 것이 아니라, '특정 제조 공장의 적대적인 분위기'에서 온 것임을 알았습니다. 나는 그처럼 적대적인 분위기 속에 있어 본 적이 없었기에 너무나 힘들었고, 따라서 스트레스를 덜 받을 수 있는 직장을 다시 찾아야 할 필요성을 절감했습니다.

그런데 운 나쁘게도 회사를 그만둘 필요가 없어졌습니다. 2001년 9월, 회사는 감원했습니다. 나는 그날 벌어 그날 쓰는 사람이었기에 저축이나 보험도 들지 않았습니다. 나는 눈물을 흘리는 동시에 안도감도 느꼈습니다. '문이 하나 닫히면 또 다른 문이 열린다.'라는 강력한 신념이 나에게 힘과 용기를 주었던 것입니다.

나는 이미 어린 시절 아버지의 학대, 가난, 10대 때의 임신, 암, 남편의 배신으로 싱글맘이 되는 등 수많은 장애물을 극복해

왔습니다. 과거의 경험 덕분에, 이 새로운 도전이 좋은 일과 함께 올 것이라는 사실을 의심하지 않았답니다.

나는 이전에 루이스 헤이의《힘을 주는 생각 카드》를 구매한 적이 있었습니다. 집에 와서 상자를 열어 카드를 한 장 꺼내 들고는, "이 카드 중에 나에게 필요한 메시지가 있을 거야."라고 큰 소리로 말했습니다. 아나나 다를까, 카드 한 면에 이렇게 적혀 있었습니다. "나는 지금 멋지고 새로운 직장을 창조한다." 다른 면에는 나는 마음을 활짝 열어 새롭고 멋진 직업을 받아들인다. 나는 나의 창조적인 재능과 능력을 잘 쓸 뿐 아니라, 사랑하는 사람들과 함께 일을 한다. 이 직장은 위치도 좋은 데다 수입도 좋다."라고 적혀 있었습니다. 나는 이 확언 카드를 주머니에 넣고 하루에도 몇 번씩 꺼내 확언하고 또 확언했습니다.

나는 이 메시지를 진심으로 믿었고, 마음 깊은 곳에서 이 확언이 현실이 될 것임을 알았습니다.

6주가 지나, 나는 정부 관계 기관에서 인적 자원 관리 일을 하게 되었습니다. 이곳은 직업이 없는 사람들에게 직업 채용 기술을 가르치는 곳이었습니다. 나의 직위는 새롭게 만들어진 것으로, 나와 마음이 맞는 사람들과 일을 할 수 있었고, 집에서도 4.8km 정도밖에 되지 않는 데다, 아름다운 강둑에 있었습니다. 게다가 문밖으로 나가면 아름다운 강을 따라 산책길이 나 있었습니다. 월급 또한 이전의 직장보다 좋았습니다. 심지어 나는 9개월 만에 승진했고, 당연히 월급도 올랐습니다.

이 일은 10년 전의 일입니다. 나는 여전히 내 일에 만족하며, 내가 하는 교육과 용기의 결과를 보며 더 큰 목적의식을 갖게 됩니다. 삶의 무게를 어깨에 짊어지고 온 사람들이 희망의 불빛을 발견하고 돌아가는 모습을 본다는 참으로 감사한 일입니다. 어려운 시간을 보내고 있는 이들을 도울 수 있기에 나는 보람을 느낍니다. 나는 내 천직을 찾았음을 알아차렸습니다. 루이스, 감사합니다!

거울 속에서 힘을 찾다

그리스에서, 유치원 교사인 크로노포울로부터

나는 스물세 살의 여성으로, 집 근처 유치원에서 보조 교사로 2년째 일하고 있습니다. 원장은 처음부터, 내가 일을 잘하기만 한다면 승진을 시켜 주겠다고 말씀했지요. 나는 이 약속에 대해 큰 기대 없이 묵묵히 일을 계속했답니다.

나에겐 루이스 헤이의 《21세기에 성공하는 힘 있는 여자》(원제: Empowering Women)이라는 책이 있었는데, 책을 구매하고 나서 한 번도 펼쳐 보지 않았답니다. 하지만 어느 날인가부터 그 책을 열심히 읽으면서 거울 앞에서 앞으로의 삶에 대한 변화와 관련된 확언을 말하기 시작했습니다. 그리고 어떤 일이 일어났는지 아십니까? 그로부터 한 달이 지나 승진했답니다! 이렇게 빨리 승진할 수 있으리라고는 꿈에도 생각하지 못했는데 말이에요!

요즘 나는 이 삶과 우주가 나에게 무엇을 가져다줄지 몰라서 두려움을 느낄 때마다 거울 앞으로 가서 확언합니다. 우리가 원하는 것이 무엇이든 그것을 누릴 진정한 기회가 있다는 것이 진실임에도 불구하고, 우리는 그 행복을 잊곤 하지요.

이런 지혜를 사람들에게 나눠 준 용기 있는 루이스 헤이한테 감사합니다. 나는 그녀의 새 책이 나오길 학수고대하며, 그리스어로도 번역되어 나오길 기대합니다.

원래의 내가 되다

캐나다에서, 마사지 치료사이자 승마 코치인 앤으로부터

수년 전 자메이카에서 10대를 보낼 때, 아버지와 나는 〈사이언스 오브 마인드〉 모임에 참가하여 어니스트 홈즈의 저서와 철학을 공부했습니다. 아버지는 1980년대 중반에 우연히 루이스 헤이의 책을 만난 뒤로 그녀의 책을 정말로 좋아하여 가족들에게 읽어 주곤 했지요. 루이스는 아버지의 삶을 바꾸어 놓았습니다. 아버지의 사업은 번창했고, 나는 내 마음이 창조적이며, 나의 우주에 대한 책임이 나에게 있다는 개념을 알면서 성장할 수 있었습니다.

어른이 되어 나는 결혼을 하고 아이를 낳았습니다. 그런데 삶에 발목이 잡혀서 어린 시절 아버지와 루이스에게서 배웠던 것을 잊어버렸습니다. 심한 우울증을 겪으면서 나 자신이 누군지 조차 잊어버리고 말았습니다.

40대가 되어, 나는 예전에 아버지가 종종 읽곤 했던 책의 저자에게 흥미를 느끼게 되었고, 루이스 헤이의 책을 다시 만나게 되었습니다.

특히 《치유》는 나에게 용서의 중요성을 가르쳐 주었고, 특정인들을 용서함으로써 내 삶은 진정으로 변화하기 시작했습니다. 나는 어린 시절에 성폭행당했을 뿐만 아니라 무장한 사람들이 집에 침입했던 충격적인 경험이 있었습니다. 루이스의 확언과 수호천사들과의 대화를 통해 나는 원래의 나로 돌아갈 수 있었습니다.

2009년 쉰 살이 되어 나는 삶을 다시 돌아보면서 친구와 함께 여성을 위한 '지식 네트워크를 구축했습니다. 우리의 프로그램 중 하나인 승마 치유는 말(馬)을 우리 자신의 거울로 삼는 것입니다. 이는 하나의 통합적 치료로, 우리는 이로부터 많은 걸 배울 수 있습니다. 이것은 우리 내면의 힘을 키워 주고 우리가 진정 누구인지를 알게 해 주는 여행입니다. 나는 이 밖에 유기농 요리 수업, 일상에서도 건강하게 살기, 자유를 위한 춤과 같은 다른 프로그램들도 시작할 수 있게 되어 참으로 기쁩니다.

루이스, 예전에 나의 아버지께 많은 영감을 주어서 감사합니다. 또한 나의 일을 통해 다른 사람들을 돕고, 최상의 삶을 살아가는 본보기가 될 수 있게 해 주어서 감사합니다.

바로 그 일의 적임자

뉴욕에서, 사무실 관리자로 일하는 도나로부터

1980년대 후반, 가장 친한 친구 노엘이 나에게 루이스 헤이의 첫 번째 책인《치유》를 주었습니다. 노엘과 나는 루이스의 방법을 여러 번 반복했고, 지혜와 용기를 주는 그녀의 아름다운 말들을 다른 사람들에게 전해 주곤 했습니다.

루이스의 제안대로 원하는 것에 대한 확언을 적기 시작한 이후, 1991년 초에 기적이 일어났습니다. 당시 나는 내게 맞는 직업을 찾고 있었습니다. 직업에 관련된 확언 카드를 베개 밑에 놓고 잤으며, 낮에는 그 확언을 큰 소리로 읽고, 가끔 거울을 보며 확언했습니다. 몇 주가 지난 후《리더스 다이제스트》에 입사 원서를 냈고, 단행본 부서에서 면접을 보러 오라는 전화를 받았습니다. 면접 담당자는 나에게, 175명의 면접자 중에서 유일하게 나를 적임자라고 느꼈다고 했습니다. 이 일은 내가 절실하게 바랐던 완벽한 복지 혜택을 받으면서 일할 수 있는 시간제 자리였습니다. 그 당시《리더스 다이제스트》는 2만 명 이상의 직원들이 있었지만, 이 회사에서 모든 복지 혜택을 받으면서 시간제로 일하는 사람은 나밖에 없었답니다. 정말 믿을 수 없는 일이었지요! 오후에는 다른 시간제 일을 하면서 추가로 돈을 벌 수 있었고, 1년 후에는 두 회사에서 정규직으로 일해 달라는 제안을 받았습니다. 나는 〈리더스 다이제스트〉를 선택, 그곳에서 10년간 일했습니다.

루이스, 당신은 지금도 나와, 내 가족과 친구들에게 영감을 주고 있답니다. 우리는 종종 "루이스에게 가 봐. 너는 너 자신을 치유할 수 있어."라는 대화를 주고받곤 합니다. 우리가 당신의 책을 아무 데나 펴서 읽을 때마다 우리에게 필요할 내용이 거기에 적혀 있습니다. 정말 모든 면에서 감사합니다.

밝은 미래를 상상하다

멕시코에서, 작가인 미르나로부터

2003년 10월, 애틀랜타! 〈나는 할 수 있어!〉 회의 이름에서 느껴지는 힘처럼, 루이스 헤이가 무대 위에 올라오는 순간 깊은 감동하였습니다. 그녀의 불줄기 같은 열정은 나를 압도했고, 나는 그녀의 모든 말을 남기기 위해 미친 듯이 노트에 써 내려갔습니다.

나는 그녀가 제안한 대로, 어떻게 살고 싶으냐는 주제에 맞추어 아주 기분 좋은 상상들을 적어 보았습니다. 요가와 밸리 댄스 수업을 듣고, 해안가를 따라 오토바이를 타는 모습을 상상했습니다. 그리고 큰 창문이 있는 개인 스튜디오에서 달빛과 햇빛이 바람의 요정과 함께 춤을 추는 모습을 보면서 글을 쓰는 모습을 상상했지요.

그날, 그 회의에서 루이스가 말한 모든 것은 내 내면에 깊이 울려 퍼졌습니다. 특히 한 문장이 내 영혼을 불태웠습니다. "나는 미래가 어떨지 몰라도, 내 미래가 참으로 기대되고 흥분된다."

희망으로 무장한 내면의 전사가 깨어나 움직이기 시작했습니다. 우주가 우리의 생각을 어떻게 받아들이는지, 기쁘고 좋은 생각들을 선택하는 것이 얼마나 중요한지에 대한 루이스의 말을 가슴 깊이 새기면서, 우리 부부는 확언을 통해 삶을 변화시키기 시작했습니다. 2004년 5월, 우리는 미국에 있는 전 재산을 처분하고 멕시코 코주멜로 이사했습니다. 그리고 그곳에서 천국 같은 가정과 직장을 만들었답니다.

요즘 나는 매일 새벽 4시에 일어나 자전거를 타고 바다와 아침 인사를 나눕니다. 그리고 이틀에 한 번씩 요가와 밸리 댄스 수업을 듣지요.

그뿐만 아니라 스튜디오의 큰 창문 아래에 놓인 나무 책상에서 글을 쓰곤 합니다. 창문을 통해 들어오는 달빛과 햇빛에 영감을 받은 뮤즈들이 내 내면에서 자유롭게 춤출 수 있도록 도와줍니다.

이제 뮤즈들의 춤은 구체화하여, 2009년 초에는 나의 첫 번째 책이 전자책의 형태로 출간되어 세계 곳곳에서 읽히고 있답니다. 이는 우주가 우리의 생각에 반응해 준다는 증거이지요.

루이스는 두려움을 희망으로 대체할 수 있다는 믿음에 생명을 불어 넣어 주었습니다. 지금 나는 모든 경험들이 나에게 도움이 된다는 것을 압니다. 그리고 미래가 어떠하든, 그 미래가 기대됩니다!

현재 나의 일은 나의 내면을 얼마나 반영하는가?

호주에서, 치유 전문가이자 임상 간호 전문가인

로빈으로부터

1999년, 정신과 병동의 간호사로 일하던 중에 한 환자에게서 신체적 폭행을 당했습니다. 충격으로 온몸이 얼어붙은 나는 그곳을 떠나야 한다는 걸 깨달았습니다. 거친 병원 환경이 연약한 나의 영혼에 미치는 영향은 매우 컸습니다. 그동안 환자들 사이에서 공격성이 점점 커져서 간다고 느끼고 있던 터였습니다.

나는 앞으로 삶이 어떻게 펼쳐질지에 대한 약간의 불안과 혼란을 느끼며 서점에 갔습니다. 바로 그때 루이스 헤이의 책《힐 유어 바디》와 《치유》를 만났습니다. 그 뒤의 이야기는 하지 않아도 아시겠지요?

나는 뒤돌아보지 않고 앞으로 나아갔습니다. 정신과 병동에서 일한 경험이 나의 과거와 그것들이 내게 미치는 영향을 볼 수 있도록 도와주었다는 것을 알게 되었습니다.

많은 사람이 루이스가 권한 실습으로 신체적 건강을 되찾았습니다. 물론 내 문제의 대부분은 직장에 관한 것이었지만, 또 다른 신체적 불편함(질병)이 생기지 않도록 삶에서 힘들었던 부분을 다루어 줄 필요도 있다는 것을 알았습니다.

나는 이미 수년 동안 유산, 자궁외임신, 사산을 비롯해 임신과 관련된 다양한 문제들을 가지고 있었습니다. 딸과 어머니를 몇 년 사이에 잃어버린 충격도 나를 슬픔에 빠지게 했습니다. 말하기조차 부끄러운 행동을 비롯하여, 당시 내가 느꼈던 죄책감은 말할 수 없을 정도로 컸고, 자존감은 낮을 데로 낮았습니다. 그리고 나는 알아차렸습니다. 정신과 병동에서 일하는 것은 삶의 한 단면을 반영하는 것이라는 사실을요. 앞으로 더 갖기 위해 내가 점검해 보아야 하는 것이었지요.

루이스 헤이의 수많은 책과 비디오를 통해 지금은 나의 모든 부분을 사랑하는 법을 배웠다고 말씀드릴 수 있습니다. 지금도 나는 매일 확언을 하며 나 자신을 들여다보고 있으며, 그것을 내담자들과 나누곤 합니다. 지금 나는 치유 전문가로서 다양한 치유법을 가르치고 있습니다. 지금 이 일은 내게 딱 맞는 일이며, 매 순간 사랑과 긍정적인 힘에 둘러싸여 있다고 느낍니다.

나는 내담자들에게 《치유》와 《나는 할 수 있어》(원제: I Can Do it) 책을 소장하기를 권합니다. 루이스의 치유 작업을 아름답게 표현한 책은 참 많습니다.

루이스, 많은 사람의 삶에 큰 영감과 감동을 주어서 감사합니다.

원하는 것을 향해 나아가는 용기

매사추세츠에서, 화가인 보니로부터

열아홉 살 때 "난 화가가 될 거야."라고 말하곤 했지만 그로부터 5년이 지날 때까지도 화가의 길을 가지 않았습니다. 사실 마음속으로는 늘 화가였지만 불화가 심했던 가정에서 창의적이라는 건 사람을 미치게 하는 일이었습니다.

1987년 당시 나는《포춘》지 상위 500대 기업의 마케팅 부서에서 일하고 있었습니다. 매년 그러했듯이 그해도 부인과 검진을 받으러 갔다가 난소에 큰 혹이 있다는 진단을 받았습니다. 간단한 수술로 혹이 제거될 것이라는 바람과는 달리 큰 수술을 받아야 했습니다. 수술 상처보다 더 놀랍고 마음 아팠던 것은, 몸이 그 지경이 될 때까지 아프다는 사실조차 몰랐다는 것이었지요.

그 무렵 언니가 빠른 회복을 기도하며 루이스 헤이의《치유》를 선물 해 주었고, 그것은 내 영혼이 성장하는 계기가 되었습니다. 책 내용이 참 낯설었지만, 마음을 열고 그 개념들을 수용하기 시작했습니다. 나는 이 책을 읽기 전까지는 왜 난소에 문제가 있는지 알지 못했습니다.

책을 통해 난소가 '창조와 창의성'을 의미한다는 것을 아는 순간 영혼을 울리는 아름다운 종소리를 들을 수 있었습니다. 그동안 내가 정말로 사랑하고 좋아하는 일을 부인하고, 창조성을 억압하고 있었던 것이지요. 나는 늘 화가가 되고 싶었지만, 용기가 없었습니다. 이 책을 읽고 나서 삶이 얼마나 귀한 것인지를 알게 되었고, 언제 죽을지는 그 순간이 되기 전에는 알 수 없다는 것도 알았습니다. 그래서 직장을 그만두고 대학에 진학하기로 했습니다.

화가가 되기 위해서는 일과 공부를 병행하며 열심히 노력했습니다.

공예품 페어에서 보석 장식품을 만들어 팔기도 했습니다. 미술대학 학사 학위를 받기까지 7년이나 소요되었지만 나는 해냈습니다! 루이스 헤이 덕분에 지금의 내가 있을 수 있게 된 것이지요.

루이스 헤이의 가르침대로 하다 보니 내 삶은 점점 더 나아져 가고 있습니다. 지금 나는 화가로 성공했으며, 자기 계발 분야를 매우 사랑합니다. 루이스는 늘 나와 함께 합니다. 그녀는 내 침대 옆 협탁에도 있고, 주방에도 있으며, 자동차 안에도 있습니다. 그녀는 내가 멋진 삶을 살 수 있도록 도와줍니다. 나는 루이스에게 무한한 감사를 보냅니다. 그리고 그녀 덕분에 나는 확신을 가지고 이 말을 할 수 있습니다.

"내가 존재하는 무한한 삶 속에서, 모든 것이 완벽하고 온전하고 완전하다."

진정한 축복

영국에서, 아로마 치료사이자 교사인 페기로부터

나의 삶은 기적의 연속이었습니다. 첫 번째 기적은 40대에 찾아왔습니다. 당시 나는 북부 웨일스에 살고 있었는데, 경제적·정서적으로 불행한 시간을 보내고 있었습니다. 루이스 헤이의《치유》를 읽고 나서, 내게 필요한 창의적인 시각화와 긍정의 확언을 테이프에 녹음하기로 결심했지요.

녹음을 마치고 이웃 동네에 있는 딸의 집을 방문했는데, 딸은 자기가 곧 이사 가게 되었다며 이 집에 몇 주간 머물면서 쉬라고 하더군요. 편안하게 지내면서 나의 현재 상황에 대해 생각할 수 있도록 말이에요. 나는 딸의 집에 머물며, 녹음한 내용들을 반복해서 듣고 또 들었습니다. 그 결과 청각과 시각, 텔레파시, 행동들이 더 섬세해지는 것을 느꼈습니다. 이것은 내 삶은 완전히 바꿔 놓았습니다. 그로부터 몇 년 뒤, 나는 교직으로 돌아왔으며, 아로마 치료사이자 상담사 자격을 얻게 되었지요.

루이스 헤이의 치유 워크숍 지도자 교육에 참여하기로 했을 무렵 불의의 자동차 사고를 당해 허리에 극심한 통증이 왔습니다. 간신히 교육장엘 갔는데, 긍정적이고 사랑이 넘치는 사람들에 둘러싸여 있었던 덕분에 아픔을 잊을 수 있었습니다.

3일간의 수업 동안 루이스 헤이의 확언을 사용하여 자기 자신만의 확언 만드는 법과 그녀의 가르침을 어떻게 실습하는지, 그리고 타인에게는 어떻게 적용하고 가르치는지도 배웠습니다. 수업을 마쳤을 때 나는 다른 참가자들과 함께 춤을 출 수 있는 정도로 건강을 회복했지요.

교육이 끝나고, 아로마 치료법 마사지 주말 과정을 운영하기에 이르렀고, 나는 내 기술과 루이스 헤이의 확언, 치유 워크숍에서 배운 노래들을 학생들과 나누었습니다. 이를 통해 학생들은 아로마 치료법 특성상 다소 사적이고 조용한 장소에서 낯선 사람들과 일해야 하는 데 대해 자신감을 가지게 되었습니다. 60대 후반이 된 지금, 나는 꿈의 직업을 가지게 되었다고 진심으로 말할 수 있게 되었습니다.

여기 재미있는 여담이 하나 더 있습니다. 나는 요즘 스페인 남부에 살고 있습니다. 여기에 도착하고 얼마 안 되었을 때입니다. 매우 멋진 집이 전세로 나와 있었는데, 광고를 본 당시에는 이미 집이 계약된 상태였습니다. 교회 옆 광장 바로 옆에 있는, 너무나 멋진 경관을 가진 그 집을 동경하면서 나는 그 주위를 걸어 다니곤 했습니다. 그리고 계속해서 그 집과 같은 곳에서 사는 건 어떤 느낌일지에 대해 상상하곤 했습니다. 결국 나는 그 집의 새 거주자를 만나게 되었고, 우리는 좋은 친구가 될 수 있었습니다. 그리고 1년 뒤, 그가 영국으로 돌아가게 된 덕분에 나는 지금 바로 그 집에서 살고 있습니다.

나는 지금까지도 루이스 헤이의 책과 CD, DVD 등을 통해 영감을 받고 있으며, 여전히 놀라운 경험을 하는 중입니다. 나는 정말 축복받은 사람입니다.

지금, 이 순간 나는 자유롭다

오하이오에서, 개인 비서로 일하는 리사로부터

지난 몇 년 동안 내 삶은 극적으로 바뀌었습니다. 변화의 촉진제가 되어 준 것은 루이스 헤이의 책들과 가르침이었습니다.

나는 15년 동안 사랑도 없고 언어폭력으로 점철된 결혼 생활을 유지하면서 그 끔찍한 고통에서 빠져나올 방법이 없다고 믿었습니다. 그런데 루이스의 책《치유》를 읽다 보니, 누군가가 내게 이제껏 알지 못했던 새로운 가능성의 문을 열어 주는 것 같았습니다. 모든 것이 명료해지기 시작했고, 나의 삶에 대한 의도 역시 점점 더 집중되고 명민해졌습니다.《치유》영화 버전을 보면서는, 내가 원하는 대로 삶을 만들어 나갈 힘이 있다는 새로운 신념을 확신하게 되었습니다. 나는 나 자신과 아이들을 위해 새로운 삶을 창조할 수 있었습니다. 그 삶은 행복과 평화로 가득 찬 삶이었지요.

나는 매일 아침 삶에 대한 의도를 가지고 명상하기 시작했습니다.

내가 원하는 삶에 대해서 상상하고, 큰 소리로 확언했습니다. 첫 번째 확언은 평화롭게 결혼 생활을 마무리하는 것이었고, 두 번째 확언은 직장에 관한 것이었습니다. 세 아이의 엄마이자 전업

주부였던 나는 경제권을 움켜쥔 남편의 압박에 숨이 막히곤 했습니다. 삶을 부드럽고 자연스럽게 변화시키기 위해서는 월급이 많은 곳에서 일할 필요가 있었습니다.

나는 확언을 할 때마다 "나는 지금 이것을 받고 누립니다."라고 확언을 마치곤 했습니다. 이 말을 큰소리로 하면 할수록, 마음이 더 가벼워지고, 내면의 불안함을 우주가 알아서 처리해 주는 것 같았습니다.

내 결혼 생활은 순조롭게 마무리되었고, 직장 또한 환상적인 곳을 구했습니다. 요즘 같은 경기에 이런 직장을 구한다는 것 자체가 기적이라며 가족과 친구들은 놀라워합니다. 나는 우주가 이 일이 이루어지도록 나를 도와준 것을 잘 알기에 그저 웃을 뿐입니다.

일련의 과정을 겪으면서 나는 확언의 중심에는 늘 감사를 두곤 합니다. 또한 내 영혼과 수호천사들에게 기도할 때도 감사의 단어를 넣곤 합니다. 감사의 중요성은 충분히 증명된 것이지요.

루이스, 당신은 나에게 영감을 준 감사한 분입니다. 당신 덕분에 나는 그 어느 때보다 자유롭고 훌륭한 직장을 가진 여성이 되었답니다.

루이스의 작업과 나

호주에서, 최고 경영자로 일하는 매리 마가렛으로부터

1994년 심각한 요통 때문에 입원하게 되었습니다. 진정제 주사와 견인 치료를 받긴 했지만, 의사들은 내 증상에 대해 어떤 진단도 내리지 못했습니다.

그러던 중, 여동생이 전화를 걸어 내게 통증의 부위가 어딘지 물었습니다. 그래서 내가 허리 아래쪽 부위라고 대답했더니, 여동생은 "언니가 아픈 건 죄책감과 돈에 대한 두려움 때문이야!"라고 말하더군요.

내 결혼 생활은 20년 만에 끝났습니다. 그 당시 나는 작은 아파트에, 가구 몇 개만 놓고 살고 있었습니다. 돈도 없었고, 새로운 사업 문제로 힘들어하고 있었기에 여동생의 말에 너무 놀라 그 사실을 어떻게 알았는지 물었습니다. 여동생이 말하더군요.《치유》라는 책에 있는 내용이야."

나는 친구에게 그 책을 사다 달라고 부탁했습니다. 책을 받자마자 거의 다 읽어버렸는데, 다음 날 통증이 완전히 사라져서 퇴원할 수 있었습니다. 그때부터 나는 루이스의 말을 스펀지처럼 흡수하기 시작했습니다. 긍정 확언이 내 삶이 되었고, 나는 루이스의 작업과 함께 숨 쉬고 살아갑니다.

1997년, 우연히 루이스 헤이의 〈치유〉 워크숍 지도자 과정이 캘리포니아, 샌디에이고에서 열린다는 전단을 보게 되었습니다. 그때도 여전히 사업 때문에 정신없이 바빴지만, 나는 그 과정에 참여하기로 결심했습니다. 나는 과정을 마치고, 호주로 돌아와서 이후 4년간 내 사업을 안정시킴과 동시에 주말을 이용해 수많은 교육 과정을 진행했습니다.

나는 심리학 박사 과정을 마쳤고 지금은 수백만 달러를 버는 개인 요양 서비스를 운영하는 최고 경영자입니다. 2007년에는 루이스 헤이의 가르침을 비롯한 자기 계발 분야와 기타 우리가 가르치는 다양한 교육 과정을 제공하는 교육 센터를 설립했습니다. 나는 한 달에 한 번씩 회의할 때마다 모든 관리 직원에게 루이스의 확언을 말해 주곤 하지요. 내 아들과 며느리도 나와 함께 일하고 있는데, 그 아이들도 루이스와 그녀의 저작물들을 좋아합니다.

제 요통은 오늘날까지 단 한 번도 재발하지 않았습니다. 나는 건강하고 행복하며 부유합니다. 나는 이제는 내 삶의 일부가 된 루이스의 작업을 앞으로도 계속할 것이라고 자신하게 말합니다.

내면의 힘을 되찾다

미주리에서, 실내장식 디자이너인 몬티로부터

15년 전, 나는 10대 아이 둘을 혼자 키우는 젊은 미망인이었습니다.

남편이 심장마비로 세상을 떠나면서 내 삶도 엉망이 되어 버렸습니다.

남편의 사업에 대해 전혀 알지도 못하면서 나는 유산 상속을 통해 상황이 좋아질 것으로 생각했습니다. 그러나 상황은 순식간에 더 나빠졌습니다. 나는 마음을 다잡고, 세 가지 역할을 해야만 한다는 것을 알았습니다. 첫 번째는 경험이 전혀 없을지라도 똑부러지게 일하는 사업가라는 역할이었고, 두 번째는 큰 충격을 받은 아이들에게 관심을 두고 사랑을 주는 엄마라는 역할이었고, 세 번째는 남편을 죽음을 애도하는 부인의 역할이었습니다.

나는 영적인 생활을 해 왔지만, 그 순간에는 그것이 전혀 도움이 되지 않았습니다. 남편 회사에서 일하는 사람 중 몇몇이 내가 하는 일에 반대했고, 나는 삶이 엉망이 된 것만 같았습니다. 여느 때처럼 눈물로 밤을 지새운 다음 날, 나는 동네 서점의 자기 계발 코너에서 기적을 찾고 있었습니다. 선반에서 어떤 책을 꺼내려고 뽑는 순간, 옆에 있던 책이 내 발등 위로 떨어졌습니다. 나는 그 책을 집어 들면서 내게 필요한 책이 틀림없으리라 생각했습니다. 바로 그 책이《치유》였습니다.

루이스의 책을 여러 차례 꼼꼼히 읽어 나가는 동안 나는 나에게 힘을 주는 생각들을 선택하는 것이 얼마나 중요한 것인지 알게 되었습니다. 부정적으로 생각하거나 스스로 희생자로 여기는 것은 원래 내 방식이 아니었습니다. 내면의 힘을 되찾아야 할 때가 온 것이었지요.

그 책은 나에게 희망이었고, 나는 두려움을 내려놓기 시작했습니다.

잠들지 못하는 밤이면, 불안에 떨거나 눈물을 터트리기보다는 확언을 반복하면서 다음 날 일어나기를 바라는 것을 상상했습니다. 긍정적인 생각으로 매일매일을 시작했습니다.

나는 내 사무실을 하나 넘으로써 내 삶에 책임을 지기 시작했습니다.

어떻게 투자하는지 배우면서 회사를 꾸려나갔지요. 지금 나는 11년째 회사를 운영하는 사업가가 되어 있습니다. 그동안 삶은 물론 영적으로도 함께 할 수 있는 남편을 만났고, 아이들도 자신의 삶을 행복해하고 있습니다.

루이스는 내 삶을 바꾸어 놓았고, 나는 루이스의 지혜로운 말과 책들을 친구와 가족에게 알릴 수 있어 감사하고 행복합니다. 나는 삶이라는 기쁜 여행을 계속할 것입니다.

행운일까? 루이스 덕분일까?

아일랜드에서, 작가 매리 케이트로부터

2005년, 나는 태어난 이후로 몸무게가 가장 많이 늘었고, 인간관계도 좋지 않았으며, 나 자신을 지지하기가 너무나 어렵다는 것을 알게 되었습니다. 나는 길을 잃어버린 것만 같았습니다.

앞으로 남은 40~50년의 삶을 괴로워하며 살 순 없었기에 건강을 위해 요양지로 떠났습니다. 그곳에 도착해서야 비로소 독서

광인 내가 태어나서 처음으로 책 한 권 가져오지 않은 것을 알게 되었습니다. 다행히 요양지에 도서관이 있었고, 그곳에서 《치유》라는 책을 만났습니다. 나는 침대로 책을 가져와 읽기 시작했습니다. 책을 다 읽은 다음 날, 처음부터 다시 읽기 시작했는데, 나의 내면에서 아름다운 종소리가 들리는 것만 같았습니다.

그해 가을, 나는 루이스 헤이의 다양한 워크숍에 참석했습니다. 그 과정을 마치고 돌아와 보니 기존의 관계들은 이미 끝나 있었습니다.

물론 그로 인해 슬프기도 했지만, 미래를 맞이할 준비가 되어 있었기에 다시 행복해졌습니다. 자신 생각을 선택한다는 것의 의미를 드디어 이해하게 되었던 것이죠.

나는 루이스 헤이의 확언 카드를 거울에 붙여 놓고는 기억이 날 때마다 거울을 보며 나 자신을 축복했습니다. 또한 루이스의 《아침과 저녁 명상 CD》를 매일 들었습니다. 내 삶에 기적이 일어나기까지는 그리 오랜 시간이 걸리지 않았습니다. 예를 들면, 연초에는 최저 임금을 받는 임시직으로 시작했지만, 연말에는 생각지도 못할 정도로 많은 돈을 받게 되는 식으로요. (그 금액은 국가 평균 임금 수준보다 더 많았지요.) 나는 아주 탁월한 교육 과정을 이수할 수 있었고, 석사 학위를 받기 위해 준비 중이며, 큰 계약도 한 건 따냈습니다. 내 40번째 생일에는 베네치아로 신혼여행을 떠났으며, 내 일에 큰 도움을 주는 멘토들과 친구 들을 비롯해 멋진 사람들이 삶에 나타나기 시작했습니다.

현재 수많은 기회를 얻고 있으며, 열정을 가지고 일을 하며 전 세계를 여행하고 있습니다. 이제 나는 나 자신이 참 좋습니다. 내 몸은 이전보다 건강해지고 가벼워지고 탄력성도 좋아졌습니다. 인간관계는 그 어느 때보다 더 좋아졌고, 내 삶이 완벽하진 않지만, 대부분을 감사하는 마음으로 살아갑니다. 지난 2006년에는 사랑하는 아버지가 갑작스럽게 세상을 떠났습니다. 아버지가 너무나 보고 싶지만, 돌아가시기 전에 나에게 보여 주었던 사랑에 관해 감사하면서 슬픔을 극복하고 있습니다.

루이스는 내 삶의 순간마다 함께 있습니다. 그녀의 책과 확언 작업은 내 삶의 치유이자 구원이었습니다. 그녀에 대한 내 감사는 말로 표현하기조차 벅찹니다.

매 순간 확언의 힘을 믿다

캘리포니아에서, 카피라이터로 일하는 데본으로부터

때는 1993년으로 거슬러 갑니다. 그 당시 나와 친구 알렉사는 광고 대행사에서 일하고 있었는데, 우리 둘 다 고통스러운 시간을 보내고 있었습니다. 구내식당만 한 회사 사무실은 30여 명의 사람들로 가득 차 있곤 했는데, 그들 대부분이 험담을 좋아하는 여자들로, 사무실에는 부정적인 에너지가 흐르곤 했지요.

점심시간마다 나와 알렉사는 회사 근처를 걸으며 확언하곤 했습니다. 우리 둘 다 루이스의 팬이었기 때문에, 그녀의 긍정적인 생각을 우리의 상황에 적용해 보기로 했습니다. 우리는 매일 점심마다 다음과 같은 확언을 반복했습니다. "우리는 훌륭한 회사에서 함께 일을 한다. 우리가 한 일에 대해 좋은 보수를 받으며, 수입은 점점 증가한다. 우리는 직장 동료들과 사이가 좋다."

알렉사와 우리 집의 거리는 서로 72km 정도 떨어져 있어서, 우리가 다시 함께 일하는 것은 힘들지 않을까 하는 생각도 있었습니다. 그렇지만 우리는 항상 확언의 힘에 대한 믿음을 가지고 있었지요. 그러던 중 회사에서 전 직원을 해고했고, 나와 알렉사는 헤어지게 되었습니다. 나는 다른 광고 대행사에 카피라이터로 취직했고, 알렉사는 학교로 돌아갔습니다.

어느 날 갑자기, 4년 전에 일하던 회사에서 한 통의 전화가 왔습니다. - 그 당시 회사는 알렉사와 우리 집 중간에 있었지요. - 그 회사에서 인사를 담당하고 있던 친구가 한 명 있었는데, 예술 감독이 있어야 한다며 아는 사람이 없는지 물어보더군요. 나는 바로 알렉사를 떠올렸고, 알렉사는 취직이 되었습니다. 그로부터 몇 주 뒤에, 이 회사에서 카피라이터로 다시 일하고 싶으면 돌아오라고 연락이 왔습니다.

그래서 알렉사와 나는 다시 함께 일하게 되었습니다. 이것은 다 루이스 헤이에 대한 우리의 존경과 우리가 함께 나눈 확언 덕분입니다.

우리가 행복하게 일한 지 벌써 16년이 되었답니다!!

루이스와 함께하는
내면 치유 작업
◆

우리 모두 우리가 선택해 온 생각들로 인해 현재 위치에 있습니다. 우리를 둘러싼 사람들과 '문제들'은 단지 우리가 마땅히 누려야 된다고 믿고 있는 것을 반영하고 있을 뿐입니다.

직업에 관한 생각들이 모두 부정적이면서, 어떻게 행복한 직업 환경을 만들길 기대할 수 있겠습니까? (직업이 있든 없든 간에) 여러분의 현재 위치(직위)를 축복해 보세요. 그리고 우리가 어떤 위치에 있든 간에 이렇게 하는 것이 여러분의 여생을 행복하게 보낼 수 있도록 도와주는 디딤돌인 것을 이해해 보세요. 다음의 연습을 통해 여러분이 원하는 직장과 직업 환경에 대해 마음속으로 집중해 보세요. 종이나 노트에, 질문에 관한 답을 적어 보세요.

자신 내면에 집중하기

시작하기에 앞서, 잠시 자신 내면에 집중해 봅시다. 오른손을 아랫배에 놓아 보세요. 이 부분이 당신의 몸과 마음의 중심이라고 생각해 보세요. 심호흡하세요. 거울을 보고 다음과 같이 세 번 이야기해 보세요. '나는 직장에서 행복하지 못하게 하는 욕구들을 기꺼이 내려놓겠어." 이 말을 할 때마다, 약간 다르게 말해 보세요.

당신이 원하는 만큼 변화하고자 하는 당신의 노력을 증가시킬 것입니다.

당신의 직장 생활

직업에 관한 당신의 생각을 살펴봅시다.

1. 당신은 즐거운 환경에서 일을 하고 있나요?

2. 현재 직업에서 당신은 무엇을 바꿨으면 좋겠습니까?

3. 당신의 직원들이 어떻게 바뀌었으면 좋겠습니까?

4. 당신이 좋은 직장을 가질 가치가 있다고 느끼나요?

5. 일과 관련해서 가장 두려운 것은 무엇입니까?

6. 이 믿음으로부터 당신이 '얻는' 것이 있다면 그것은 무엇입니까?

같이 일하는 사람들을 묘사하기

자, 이번에는 현재 같이 일하고 있는 사람들에 대해서 어떻게 느끼는 지 살펴봅시다. 그들에 대해서 어떻게 느끼고 있나요? 10개의 형용사를 사용해 그들을 묘사해 봅시다.

1. 상사

2. 동료

3. 고객이나 의뢰인들

경제에 대해 생각해 보기

많은 사람이 경제에 대해 걱정하고 있고, 현재 경기에 따라 돈을 벌 수도 있고, 잃을 수도 있다고 생각합니다. 그러나 경기는 항상 좋았다 나빴다 합니다. 그러므로 '밖'에서 어떤 일이 일어나고 있는지 혹은 다른 사람들이 경기를 바꾸기 위해 어떤 노력 하는지는 중요하지 않습니다. 세상에 어떤 일이 벌어진 들 그것은 중요하지 않습니다. 중요한 것은 단 하나, 여러분이 자신에 대해서 어떻게 믿고 있는지입니다.

자, 이번에는 여러분에게 완벽한 직업이 무엇인지에 대해 생각해 보도록 합시다. 경기에 대한 두려움은 내려놓고, 진정으로 큰 꿈을 꾸어봅시다. 잠시 시간을 내어 그 꿈의 일을 하는 여러분을 떠올려 보세요. 직장 분위기와 함께 일하는 동료도 상상해 보고, 월급도 잘 받으면서 자신 능력을 최대한으로 발휘할 수 있는 일을 하는 느낌은 어떨지 상상해 보세요. 잠시 자신을 위해 그 장면을 충분히 느껴 보세요. 그리고 여러분의 의식 속에 이것들이 실현되고 있음을 알아차리세요.

사랑으로 축복하기

사랑으로 축복하는 것은 강력한 도구입니다. 직장에 도착하기 전에 여러분 앞에 놓인 모든 것에 사랑과 축복을 보는 것을 시작해 봅시다.

모든 사람과, 장소 그리고 사물에 사랑을 담아 축복해 보세요. 동료, 상사, 거래처 사람 혹은 건물 안에 온도가 문제가 있다면 사랑으로 그것을 축복하세요. 여러분과 그 사람 혹은 그 환경이 완벽하게 일치하고 조화를 이룬다고 확언해 보세요.

다음에 나와 있는 확인 목록에서 선택하거나 여러분 직장 문제에 걸맞게 자신만의 확언을 만들어서 반복해서 확언해 보세요. 그 사람 또는 그 환경이 계속 머리에 떠오르면, 확언을 반복해 보세요. 이 문제와 관련해서 여러분 마음속에 느껴지는 부정적인 에너지를 없애 봅시다. 생각하는 것만으로도 여러분의 경험을 변화시킬 수 있습니다.

확언 목록

- 나는 직장에서 늘 행복하다. 내 직업은 기쁨과 웃음과 풍요로 가득 차 있다.
- 나는 일을 하면서 자유롭게 내 창조성을 표현한다. 내가 사랑하는 일을 하면서 돈도 많이 번다.
- 나는 능력이 있고, 능숙하며 내게 딱 맞는 곳에서 일을 한다.
- 내 수입은 부모님의 수입을 뛰어넘는다.
- 나는 늘 나를 사랑하고 존중해 주는 최고의 상사들과 일을 한다.
- 내 서비스를 찾는 고객들이 아주 많다.
- 나는 내가 하는 일을 즐길 뿐 아니라 직장 동료들과 일하는 것도 좋아한다.
- 나는 내 마음속에 평화를 창조하며, 내 환경은 이를 반영한다.
- 내가 하는 일은 모든 사람이 인정해 준다.
- 나는 내가 하는 모든 일에 깊은 성취감을 느낀다.
- 경기와 무관하게, 내 수입은 꾸준히 증가한다.
- 내가 손대는 일마다 모두 성공이다.
- 나는 내 직업 환경과 함께 일하는 동료들과 완벽한 조화를 이룬다.
- 내 상사는 온화하고 같이 일하기 쉬운 사람이다.
- 직장의 모든 동료가 나에게 감사한다.
- 나는 마음의 문을 활짝 열고 돈이 들어오는 새로운 길을 받아들인다.

- 나는 모든 경험을 기회로 삼는다.
- 나는 지금 멋지고 성취감 있는 직업을 받아들인다.
- 나는 마음의 문을 활짝 열고 내 재능과 능력을 사용할 수 있는 놀라운 새 직위를 받아들인다.
- 항상 새로운 기회의 문이 열리고 있다.

직업과 관련된 도전을 위한 치유 확언

나의 독특한 창의력과 능력은 나를 통해 흘러나오며,

이는 크게 만족하는 방식으로 표현된다.

내 서비스를 찾는 사람들이 항상 많다.

나의 능력이 있어야 하는 곳이 많고,

나는 내가 하고 싶은 것을 골라 선택한다.

나는 내가 좋아하고 만족하는 일을 하면서 돈도 많이 번다.

내 일은 기쁨이자 즐거움이다.

나의 세상에서는 모든 것이 좋다.

6장
자녀와 가족 문제 다루기

아이들은 주변 사람들의 심리적 분위기에 영향을 받기 때문에, 가족들로부터 얻게 된 신념들도 물려받게 됩니다. 그래서 풍요, 건강, 죄책감, 사랑 등에 대해 부모가 어떻게 믿고 있든지 간에 우리는 대개 이를 그대로 받아들이곤 하지요. 그리고 종종 우리는 이러한 신념들을 어른이 될 때까지 지니고 삽니다.

그렇다고 이 이야기를 부모님을 원망하거나 현재 여러분의 모든 문제를 과거의 탓으로 비난하려는 구실로 여기진 마시길 바랍니다. 그런 생각은 피해자 의식에서 벗어나지 못하게 할 뿐입니다. 그렇게 되면 여러분은 여러분을 불행하게 만들었던 똑같은 신념을 여러분의 자녀들에게 그대로 물려주게 되며, 여러분의 자녀 또한 그들의 자녀에게 이 신념을 물려주게 되겠지요. 바로 지금 여러분에게 과거를 내려놓고 용서함으로써 이 악순환의 고리를 끊을 기회가 주어졌습니다. 여러분이 자기 내면과 조화를 이룰 때, 동시에 여러분의 가족들과 조화를 이룰 수 있습니다.

다음에 나오는 이야기는 아이들과 가족 간의 문제가 치유되고 해결된 많은 다양한 이야기들을 보여 줍니다.

어둠 속에 있는 아이들을 도와주기

버몬트에서, 양부모인 로널드와 미구엘로부터

우리는 동성연애자 커플이자, 입양에 여러 번 실패했던 10대 아이들을 키우는 부모입니다. 처음 우리에게 왔을 때, 아이들은 부정적인 생각으로 가득했습니다. 모두 영혼의 상처를 입고 있었습니다.

매일 아침 우리는 루이스의 《힘을 주는 생각 카드》를 바닥에 펼쳐 놓고, 각자 한 장씩 카드를 뽑아 그날의 메시지를 읽습니다. 자동차로 긴 여행을 떠날 때면, 루이스의 오디오 테이프를 틀어 10대 아이들이 이 긍정적인 메시지를 들을 수 있도록 하지요. 《치유》 영화 DVD를 함께 볼 때마다, 아이들은 그 영화가 자신의 이야기처럼 느껴지는지 하염없이 눈물을 흘리곤 합니다. 루이스의 메시지는 우리가 아이들에게 해 주는 이야기에 힘을 실어 주었습니다.

"너희들은 좋은 아이들이야. 존중받아 마땅한 소중한 사람이야. 긍정적인 태도를 보이고 있으면 너희들 삶에 좋은 일들이 나타나게 된단다."

우리는 아이들의 치유를 도울 때마다, 우리 또한 이전에는 치유할 필요조차 느끼지 못했던 부분들을 치유하고 있다는 것을 알게 되었습니다. 아이들이 자신 행복에 대해 어떻게 책임지는지 배우도록 도와주면서, 우리 또한 그 메시지를 명료하게 깨달았습니다. 아이들에게 그들의 친부모를 용서하는 방법을 가르쳐 주면서,

우리 또한 우리의 삶에서 용서해야 할 사람들을 떠올릴 수 있었습니다.

　루이스의 저작물은 이 모든 과정을 그 어떤 것보다도 더 쉽게 해낼 수 있게 합니다. 그녀는 우리 가족에게 축복 그 자체입니다.

　우리는 그녀와 그녀의 저작물에 대해 깊은 감사를 표합니다. 얼마나 많은 사람이 그녀에게 영감을 받았는지, 얼마나 많은 사람이 어둠에서 빛으로 나와 살 수 있게 되었는지를 아시길 바랍니다.

확언은 아이들에게도 통한다

텍사스에서, 인터넷 마케팅 전문가인 칼라로부터

딸 하일리가 유치원을 다닐 때의 일입니다. 유치원에서 한 주 동안 여러 차례 떠들었는지 '빨간 카드'를 받아 왔습니다. 나는 딸에게, "애야, 유치원에선 떠들면 안 돼! 선생님 말씀에 집중해야지!"라고 말했지만, 아무런 소용이 없었지요. 초등학교에 입학해서도 똑같은 일이 벌어졌습니다. 다른 방식으로 달래기도 하고, 말을 듣지 않으면 좋아하는 물건들을 빼앗겠다고 겁도 줘 봤지만, 소용이 없었습니다.

　하일리가 2학년에 올라갈 때, 나는 루이스 헤이에 대해 알게 되었습니다. 나는 이미 《시크릿》, 웨인 다이어와 에스더 힉스의 팬이었지만 《치유》를 통해 답을 찾을 수 있었습니다.

하일리는 평소와 마찬가지로 학교생활을 시작했고, 처음 9주 동안은 학교에서 '너무 시끄럽다'라는 지적을 받았지요. 그래서 나는 담임 선생과 면담하기로 했습니다. 선생님은 하일리는 그저 사회성이 발달 된 것뿐이라며, 나에게 걱정하지 말라고 말씀했습니다. 덧붙여, 하일리는 학급 친구들에게 인기가 많으며, 그 행동이 수업을 방해할 정도는 아닌 데다, 다른 친구들이 하일리의 관심을 끌려고 하는 것에 대해 반응하는 것뿐이라는 말씀도 해 주셨습니다.

엄마인 나 또한 딸처럼 사교적인 성격인 데다, 하일리에게 학교에서 떠들지 말라고 잔소리를 하고 싶진 않았기에 딸에게 맞는 확언을 만들었습니다. 나는 딸과 함께 이 확언을 반복했습니다. "나는 다른 사람의 이야기를 잘 듣는 사람이야." 남의 말을 잘 듣기 위해서는 듣기와 말하기를 동시에 할 수 없다는 것을 생각해 낸 것이지요. 확언의 효과는 바로 나타났습니다. 하일리는 학기가 끝날 때까지 빨간 카드를 한 장도 받지 않았답니다. 친구들과 긍정적인 생각을 나누는 법도 배울 수 있었고, 엄마인 나를 아주 자랑스럽게 여겼습니다.

나는 딸을 위해 새로운 확언을 시작했습니다. 1학년 때, 하일리는 책을 느리게 읽는 학생으로 낙인찍혔고, 최근에는 그렇게 말씀하신 선생님 중 한 분이 하일리의 읽기 능력 향상에 관한 조언이 담긴 편지를 보내오셨습니다. 나는 하일리에게 문제가 생길 때마다 내가 사용하는 방법을 적은 답장을 보냈습니다. 그 내용은 다음과 같았지요.

"나는 모든 일이 자신이 생각하는 대로 이루어진다는 사실을 믿습니다. 몇 년 동안 하일리에게 그렇게 말해 왔고, 하일리도 이 것이 사실인 것을 압니다. 하일리를 위해 내가 사용하는 방법은 아주 효과적인 방법입니다. 선생님은 이상하다고 여기실 수도 있습니다만, 정말로 하일리와 나에게는 효과적입니다. 나와 하일리가 함께 만든 긍정 확언은 다음과 같습니다. '나는 내가 읽는 것을 모두 이해한다.'"

나는 이 마지막 확언을 스티커로 만들기도 하고, 프린트해서 집안 어디에서나 볼 수 있게 구석구석 붙여 놓았습니다. 심지어 냉장고 안에도, 하일리가 학교에 가져가는 공책과 폴더에도 이 확언 스티커를 붙여 놓았습니다. 그렇게 한지 5일도 안 되어 하일리는 책 읽기에 관한 자신감을 보이고 있답니다.

루이스 헤이, 당신은 참으로 멋진 분입니다.

'불가능한 꿈'이 이루어지다

플로리다에서, 구직 중인 코니로부터

1990년은 결혼한 지 10년째 되던 해였습니다. 우리는 아이를 간절히 원했지만, 그때까지 아이가 없었습니다. 굳이 피가 섞인 아이를 원하는 것만은 아니었습니다. 나 또한 입양아였고, 나의 양모와 생모 모두 입양아였으니까요. 생물학적 아이를 갖는 것이 축복일 수도 있겠지만, 내 DNA를 후대에 남긴다는 것은 별 의미가 없었습니다. 내가 원했던 건 내가 사랑할 수 있는 내 아이였습니다.

우리 부부는 여러 번 입양을 시도했지만, 번번이 실패했습니다. 입양에 불운이 있는 게 아니냐는 생각이 들 정도였지요. 나이 마흔이 되자 나는 더 이상 엄마가 될 수 없을 것으로 생각했습니다. 루이스 헤이의 《치유》를 보게 된 것은 그 무렵입니다.

다리를 건너는 데 공포증이 심했던 내가, 아는 사람 하나 없는 루마니아로 혼자 비행기를 타고 갔을 때, 가족들이 얼마나 놀랐을지는 충분히 짐작됩니다. 루이스 헤이는 스스로 운명을 알아차릴 수 있도록 도와주었고, 나는 직감적으로 그 나라에서 내 아이가 기다리고 있다는 것을 알았습니다. 나는 매일 밤 루이스의 확언 오디오 테이프를 들었습니다. 영어를 할 줄 모르는 루마니아 사람들과 같이 살던 작은 아파트에서 밤마다 루이스의 목소리를 들었습니다. 그녀의 목소리는 두려움과 절망감을 직면할 수 있게 도와주었습니다.

내가 낮 동안 이곳에서 본 것을 사람은 상상조차 못 할 것입니다.

에이즈로 죽어 가는 아이들, 먹을 것 좀 달라고 구걸하는 아이들, 장애인, 고아, 자유를 위해 싸우는 비무장 단체들에 탱크로 맞서는 군인들. 나는 그때야 내가 문명화된 사회에 살고 있는 것을 얼마나 당연시하고 있는지를 깨달았습니다. 그러면서 나는 내 기쁨이자 행복인 아이가 나를 기다리는 것을 상상했습니다. 그 후 나는 미국으로 다시 돌아갔고, 2년 후 다시 한번 이 과정을 반복했습니다.

나와 남편이 입양한 루마니아 출신의 아이는 어른이 되었습니다. 우리 아들은 성장 장애와 극심한 기아로 인한 수많은 도전을 극복했습니다. 전문가들은 글을 읽지 못할 정도로 뇌가 심하게 손상되어 고등학교를 졸업하지 못할 것이라고 말했습니다. 그러나 아들은 졸업반 때 영어, 물리, 대수학 2에서 우등상을 받았습니다. 불가능할 것이라고 했던 고등학교를 졸업했을 뿐 아니라, 대학에서도 장학금을 받았습니다.

이제 아들은 본격적으로 공부하기 전에 군에 입대하기로 선택했답니다. 딸 역시 많은 도전을 극복해야 했지만, 지금은 대학교 다니면서 부업도 두 개나 하고 있습니다.

내게 힘과 용기를 준 루이스에게 진심으로 감사드립니다. 그녀의 말이 사랑하는 두 아이에게 가족을 가질 수 있도록 해 주었고, 그녀로 인해 이 아이들은 이곳 플로리다주 올랜도 - 바로 우리 집 - 에서 많은 꿈을 이룰 수 있었습니다. 옛 상처를 치유하고 불가능한 꿈을 가능하게 만들어 주는 것은 루이스 헤이가 가장 잘 하는 일입니다. 나는 바로 산증인입니다.

한 가족이 경험한 신념의 도약

독일에서, 영어 강사인 낸시

건강과 행복을 창조하고, 삶에 대한 만족도를 높이는 법을 배움으로써 우리 가족에게 기적이 일어났습니다. 나는 이 모든 것이 루이스 헤이의 공이라고 믿습니다.

둘째 아들이 태어난 직후, 나는 다양한 종류의 바이러스와 박테리아에 감염되어 크게 아팠습니다. 또 다른 감염이 발생하거나, 감기가 재발하거나, 얼굴과 가슴의 여드름으로 인해 고통받을 때마다 체력을 되찾아야겠다고 생각했습니다. 이 시기에 남편은 야간 근무를 했고, 나는 파트타임 일을 두 개나 하고 있었습니다. 우리는 거의 서로를 보지 못했고, 항상 피곤함에 절어 있으면서도 무탈하게 잘 지내고 있다고 생각했습니다.

항상 지쳐 있는데 이력이 나서야 조언을 얻기 위해 대체 요법 전문가를 찾아갔습니다. 그는 여러 가지 이야기를 했는데, 그중에는 루이스의 《힐 유어 바디》 책에 관한 이야기도 있었습니다. 이 책으로 인해 나는 훗날 《치유》도 알게 되었지요.

다행히 남편과 나는 책의 내용에 대해 열려 있었습니다. 모국어가 독일어인 남편은 독일어로 된 책을, 나는 영어로 된 책을 읽었습니다.

우리는 루이스의 생각이 이치에 맞는다고 생각했기에 책에 있는 연습 과제들을 실천해 보기로 했습니다. 여러 가지 확언을 시도했는데, 그중 하나가 첫째 아들을 위한 것이었습니다. 첫째 아들은 밤마다 기침 때문에 괴로워하고 있었습니다. 그러던 어느 날 밤, 남편이 아들 옆에 누워 아들을 안은 채 루이스 헤이의 확언 중 간단한 것을 반복해서 말했습니다. 아들은 편안하게 잠들었고, 기침을 멈추더니 다시는 기침을 하지 않았습니다. 이는 놀라울 정도로 쉬웠고, 효과가 컸습니다.

그 뒤로 우리 부부의 삶에도 많은 변화가 있었습니다. 남편과 나는 자기 탐구, 명상, 용서하기에 시간을 할애했습니다. 약 6개월이 지나자, 나는 더 건강해졌습니다. 남편은 새로운 직장을 구했고, 가족과 함께하는 시간도 더 많아졌습니다. 그리고 우리 부부는 열정과 이해, 인내와 사랑으로 삶을 볼 수 있게 되었습니다. 루이스의 방법은 아이들의 양육에도 중요한 부분을 차지했습니다. 나는 아이들의 나이와 성격에 맞는 확언이 담긴 오디오 테이프를 만들어 주었습니다. 테이프를 만든 지 몇 년이 되었지만, 아이들은 자기 전에 이 테이프를 듣곤 한답니다.

우리 부부는 종종 아이들의 입에서 루이스가 알려 준 방법이 나오는 것을 본답니다. 아이들이 "나는 학교생활을 더 잘한다." 또는 "일이 잘 풀리지 않을 때, 나는 내 생각을 바꾼다."라고 확언하거든요.

물론 아직도 직면해야 할 새로운 도전들이 많지만, 우리 가족 모두 그 도전들에 대해 더 잘 대처할 것으로 생각합니다. 그녀의 신념을 우리의 삶에 도입하기로 한 선택은 우리에게 신념의 도약이라는 기적을 선물해 주었습니다. 루이스에게 무한한 감사를 보냅니다.

두 엄마

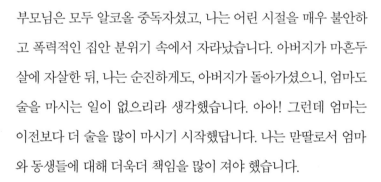

버지니아에서, 비영리 전인 치유 센터 이사인

캐롤린으로부터

부모님은 모두 알코올 중독자셨고, 나는 어린 시절을 매우 불안하고 폭력적인 집안 분위기 속에서 자라났습니다. 아버지가 마흔두 살에 자살한 뒤, 나는 순진하게도, 아버지가 돌아가셨으니, 엄마도 술을 마시는 일이 없으리라 생각했습니다. 아아! 그런데 엄마는 이전보다 더 술을 많이 마시기 시작했답니다. 나는 맏딸로서 엄마와 동생들에 대해 더욱더 책임을 많이 져야 했습니다.

그렇게 몇 년이 더 지났습니다. 엄마는 종종 술에 취해 인사불성이 된 상태에서 내게 전화를 걸어, 가스 오븐에 머리를 처박고 있다고 말하곤 했습니다. 나는 엄마가 행복하길 바랐지만, 엄마 자신이 아니고 선 그 누구도 엄마에게 기쁨을 가져다주지 못한다는 점을 깨닫게 되었습니다. 그래서 엄마에게, 오븐에다 매번 머리를 처박으며 살든지 아니면 내게 와서 새롭게 인생을 살 수 있는 도움을 받든지 둘 중 하나를 선택하라고 했습니다. 엄마는 후자를 선택했고, 알코올 중독 여성을 위한 사회 복귀 훈련 시설로 갔습니다. 그곳에서 사람들의 도움을 받아 1년 동안 술에 취하지 않고 지낼 수 있었지요. 엄마는 그럭저럭 그곳에서 생활해 나갔지만, 엄마가 준 상처로 인해 나와 엄마의 관계는 좋지만은 않았습니다.

하루는 엄마와 전화 통화를 하다 너무나 화가 나서 두 손을 하늘 높이 들고 신께 제발 도와달라고 기도했습니다. 다음 날, 루이스 헤이의 비디오를 선물 받았고, 그것을 보면서 나는 그녀야말로 내가 찾던 선생님인 것을 알았습니다. 캘리포니아에서 루이스 헤이가 진행하는 10일 심화 과정에 두 번 참석한 뒤, 나는 돌아와 '치유의원'이라는 모임을 시작했습니다. 그리고 6년 동안 매주 그 모임에 참가했지요.

나는 그 기간 동안 수백 명의 사람들에게 루이스 헤이의 철학을 전해 주었습니다.

나는 루이스가 가는 곳이라면 어디든 따라다녔습니다. 심지어 네덜란드와 호주까지도 사람들을 데리고 가서 그녀의 이야기를 들었고, 다른 저명한 작가들의 공개강좌도 들었습니다. '치유의 원' 모임은 그 이후에 자연스럽게 비영리 재단으로 변했습니다. 나는 그 재단을 창립하고 운영하면서 실제로 루이스와 친구가 되었고, 이 놀라운 여성의 이야기를 변화를 바라는 수많은 사람에게 나눌 기회를 얻게 되었습니다.

루이스의 간단한 철학을 적용하기로 선택함으로써 내 삶과 태도는 변했습니다. 목표 의식을 가지자, 엄마가 돌아가시기 몇 년 전부터 평화로운 관계를 유지할 수 있었습니다. 이제 나는 부모님을 사랑하고 이해하고 용서한다는 것이 무엇인지 압니다. 그리고 어머니와 아버지 두 분이 나에게 귀한 교훈을 주기 위해 나의 부모가 되었음을 압니다.

나는 늘 두 엄마를 두는 축복을 받았다고 생각합니다. 한 분은 내가 이 세상에서 배워야 할 교훈을 알려 주신 내 생모이고, 다른 한 분은 어떻게 나 자신을 치유할 수 있는지를 알려 주는 엄마입니다. 엄마, 신의 은총이 늘 엄마와 함께하길 기도할게요! 그리고 루이스! 당신에게도 신의 은총이 함께하길 기도합니다. 모든 것에 감사합니다.

신념의 기적

멕시코에서, 통신사에서, 일하는 마리아로부터

나는 참 행복하고 운이 좋은 사람입니다. 2001년에 루이스 헤이를 알게 되었고, 효과가 탁월한 멋진 도구와 함께 온전하게 삶을 바라보는 새로운 방식도 알게 되었습니다. 비록 이전에도 형이상학에 대해 배우고, 다른 작가들을 통해 확언에 대해서도 배운 적은 있었지만, 루이스 헤이의 철학에 진심으로 감명받았습니다. 나는 루이스 헤이의 책에 나오는 많은 확언을 사용했으며, 심지어 2000년에 태어난 딸 레나타를 위해서도 확언 프로그램을 사용했습니다.

나는 둘째를 임신하는 데 어려움을 겪었습니다. 2004년, 6개월 동안이나 임신을 시도했는데도 아기가 생기지 않아 병원에서 호르몬 치료를 받았습니다. 세 번의 인공 수정이 실패하자 주치의는 자궁 유착 여부를 알아보는 복강경 수술을 제안했습니다. 나는 이 과정에 동의했고, 주치의는 나를 마취시킨 뒤, 배에 3개의 구멍을 뚫었습니다. 수술 결과 자궁이 건강한 것으로 밝혀져 우리는 네 번째 인공 수정을 시도 했으나 아기를 갖는 데 실패했습니다.

2006년 12월, 나는 인공 수정 시도를 그만두었고, 나 자신에게 말했습니다. "수년간 나는 내 삶에 필요하거나 원했던 것을 창조해 왔어. 그렇지만 지금은 그렇게 할 수가 없네. 이건 신이 나에게 분명한 메시지를 보내 주고 계시는 것임이 틀림없어. 지금 하는 것들을 멈추고 내 내면에 무슨 일이 일어나고 있는지를 살펴보라는 메시지를 말이야. 나는 왜 이런 문제가 생기는지 그 이유를 알 필요가 있어!"

나는 내면 더 깊은 곳을 살펴보기 위한 시도를 시작했습니다. 2007년 1월에는 〈기적의 치유〉 워크숍에 참가했는데, 거의 명상과 심리 훈련 프로그램이 주를 이루었습니다. 그곳에서 나는 루이스 헤이의 《자신을 치유하기 위한 명상》 CD를 알게 되었습니다. 내가 살고 있는 멕시코 몬테리에서는 루이스의 다양한 저작물들을 구하기가 쉽지 않았지만, 운 좋게도 인터넷을 통해 CD를 구할 수 있었지요.

2부 일상

나는 이 CD에 있는 내용들을 2개월간 연습하면서 자연스러운 흐름에 맡기려고 노력했습니다. 루이스 헤이의 《치유》에서 필요한 부분을 발췌해서 확언 목록을 만들고, 만약 레나타가 내 유일한 아이라면 그것으로도 족하다고 자신에게 말해 주었습니다. 그런데 2007년 3월 21일, 임신했다는 걸 알게 되었고, 내 아들 로드리고는 11월 11일에 세상에 태어나 행복한 꼬마 신사가 되었답니다.

나는 축복 받았다고 생각합니다. 내가 했던 확언과 명상이 내 내면에 있었던 잘못된 무언가를 치유했다고 확신합니다. 나는 루이스 헤이의 철학이 탁월한 효과가 있다는 것을 확신하기에 세상 곳곳의 모든 사람과 그녀의 철학을 나누고 싶습니다.

마침내 용서하는 법을 배운 딸

캘리포니아에서, 고등학교 교사인 린으로부터

나는 엄마와 끝없을 정도로 많은 문제가 있었습니다. 엄마는 늘 내게 비판적이고, 통제하려 들었으며, 동시에 과보호했습니다. 그 결과 나는 모든 걸 두려워하는 사람이 되어 버렸습니다. 나는 엄마의 속박에서 벗어나려고 애썼습니다. 다른 주(州)로 이사를 하기도 했었지요. 그러나 매번 엄마의 인정을 받기 위해 돌아오곤 했습니다. 한 번도 받아 본 적 없고 느껴 본 적도 없었던 엄마의 지지와 인정을 말입니다.

　어린 시절, 문제가 있어서 엄마를 찾으면 엄마는 늘 남의 편을 들곤 했습니다. 일부러 반대 의견을 말하는 것이었지요. 그럴 때마다 나는 나 자신에게 문제가 있다고 생각했습니다. 느끼고 생각하는 대로 행동했다가 엄마에게 혼이 나곤 했기 때문이지요.

　나는 나 자신에게 '엄마는 지금 최선을 다하고 계시는 거야.'라고 말해 보려고 노력했지만, 내가 얼마나 힘들어하는지 표현조차 할 수 없었기에 내년에는 원망만 커져 갔습니다. 친구들은 엄마와 당당히 맞서라고 조언했지만, 그건 불가능한 일이었습니다. 나는 엄마의 말이 끝날 때까지 가만히 앉아서 듣는 것밖에 할 수 없었습니다. 그리고 엄마가 내게 하듯이 나를 대하는 남자를 만나 결혼을 했습니다. 결혼 생활에서도 나는 중요한 존재가 아니었습니다. 남편은 나의 감정에 대해선 전혀 관심이 없었고, 자신이 원하는 대로 따라 주는 아내를 원했습니다. 겨우 나의 이야기를 꺼내놓을라치면 나를 더 매몰차게 내쳤습니다. 나는 그렇게 23년을 남편과 살았습니다.

　유방암 치료를 받던 중, 친구 하나가 버니 시걸과 루이스 헤이의 책을 나에게 주었습니다. 그 두 사람은 내가 이전에는 보지 못했던 새로운 세상을 보여 주었습니다. 나는 그 책을 읽고 또 읽기 시작했습니다.

　그리고 마침내 남편의 곁을 떠날 힘을 얻게 되었습니다. 나는 두려움을 느끼거나 내가 부적절한 존재로 느껴지는 순간마다 루이스 헤이가 제안한 확언을 반복했습니다. 그러자 심지어 극도로 불안한 순간에도 나 자신과 아들을 잘 돌볼 수 있게 되었습니다.

　나는 삶에서 나를 힘들게 했던 사람들을 용서할 수 있도록 도와주는 루이스 헤이의 명상 CD를 발견하고는, 진정으로 엄마를 용서할 수 있을 때까지 반복해서 들었습니다. 나 자신도 어떻게 이것이 가능한지 믿기 힘들었지만, 루이스의 목소리를 들으며 시키는 대로 따라 하자 마음이 고요하고 평화로워졌습니다. 그리고 더 이상 화가 나지 않았습니다. 그 뒤 나는 내가 필요로 했던 것에 대해 엄마에게 이야기할 수 있게 되었습니다. 그런데 더 놀라운 것은 엄마가 그런 내 이야기를 들어 주었다는 것입니다. 우리 사이는 전보다 가까워졌습니다. 엄마는 나를 존중하기 시작했습니다. 얼마 전, 엄마가 세상을 떠났을 때 나는 진심으로 엄마의 죽음을 애도할 수 있었습니다. 엄마를 용서하지 못한 채, 사랑한다는 말 한마디 못 한 채 이별했더라면 나는 얼마나 괴로워해야 했을까요? 이 모든 일을 가능하게 해 주신 루이스 헤이에게 진심으로 감사를 전합니다.

내 삶을 바꾸고 아들의 삶을 구하다

위스콘신에서, 노인 보험설계사로 일하는 마셸로부터

"세계적인 치유사'로 여기는 한 여성에 대해 글을 쓸 기회를 얻게 되어 영광으로 생각합니다. 그녀의 지혜롭고 심오한 말들은 수많은 사람의 삶을 변화시켰습니다. 나는 그녀가 신의 은총을 가르치러 이 지구에 선택되어 온 사람이라고 생각합니다.

나는 루이스 헤이가 내 삶에 어떻게 나타나게 되었는지를 설명하는 것부터 이야기를 시작하려고 합니다. 내 몸은 아프지 않은 데가 거의 없었습니다. 수많은 의사를 찾아다녔지만, 아무 효과가 없었기에, 나는 하늘에다 내 몸을 치유할 방법을 알려 달라고 기도하기에 이르렀습니다. 《치유》를 소개받은 건 내 삶에서 가장 절망스러운 상태에 빠져 있었을 때였습니다. 이 책을 읽자, 기적이 나타났습니다. 루이스는 나에게 꼭 필요한 의사였습니다. 그녀는 곧 나에게 이 삶을 진실로 어떻게 보고 느끼고 경험해야 하는지 알려 주는 멘토가 되었습니다. 고등 교육에서 배운 것과 루이스의 기적 같은 가르침을 통해 배운 것을 감히 비교할 수는 없습니다. 그녀의 철학은 학교 교육에서 필수 과목이 되어야 합니다. 만약 아이들이 자신의 삶을 사랑하라는 메시지를 들으며 성장한다면 어떻게 될지 상상해 보세요.

루이스가 어떻게 내 영혼을 울리고, 내 삶을 건강하게 변화시켰는지 궁금하신가요? 그녀는 내게 지금, 이 순간의 힘을 알려 주었습니다. 루이스가 이에 대해 알려 주기 전에는 이 힘에 대해 이해하지 못했답니다. 그것은 단지 생각일 뿐이고, 생각은 변화시킬 수 있다."라는 말이 생각하는 힘을 깨어나게 했습니다. 있는 그대로 나를 사랑하고 받아들이는 법에 대해서 알게 되었습니다. 나는 매일 거울을 이용해서 확언했고, 이를 통해서 삶을 변화시켰습니다. 나는 내 삶을, 사람들을, 주변 환경을 용서했고, 마침내 자유로워졌습니다.

루이스의 가르침과 확인을 반복해서 적용하는 것이 내 삶의 일부가 되었습니다. 그녀에게서 배운 자기 사랑이라는 귀한 선물 덕분에, 나는 나 자신을 변화시켰을 뿐 아니라 아들의 삶도 구할 수 있었습니다.

내 개인의 치유 과정이 끝날 무렵, 아들이 뇌종양 불치 판정을 받았습니다. 옛날의 나였다면 당황해서 어쩔 줄 몰랐겠지만, 그 때의 나는 의식적으로 깨어 있었으므로 그 끔찍해 보이는 병 안에도 선물이 있다는 것을 알았고, 아들을 구할 방법이 내 앞에 나타나리라는 것도 알 왔습니다. 혁신적인 화학 치료 요법과 루이스의 전인적 접근을 비롯하여 지속해서 거울 확언을 함으로써, 나는 아들에게 사랑과 믿음과 함께 건강을 되찾게 해 줄 수 있었습니다.

루이스, 말로 표현할 수 없을 만큼 감사드립니다. 앞으로도 영원히 당신에게 감사할 것입니다. 앞으로도 세계의 많은 사람을 축복해 주시길 바랍니다.

하트의 기적

인도에서, 심리학자이자 치료사인 샘프르나로부터

내가 하는 일과 비슷한 부류의 일을 하다 보면, 늘 사람들의 변화에 관한 이야기를 듣게 됩니다. '사람들의 이야기'는 확실히 감동적입니다만, 내가 들려 드릴 이번 이야기는 좀 다릅니다. 루이스 헤이가 인도에 있는 한 애완견에게 기적을 일으킨 이야기니까요.

열한 살의 마나브는 너무나 간절히 애완견을 기르고 싶어 했습니다.

몇 달 동안 부모를 설득하여 결국 플러리라고 불리는 아이리쉬 세터(적갈색의 새 사냥개- 역자)를 기르게 되었습니다. 1년이 지나, 마나브의 엄마인 기따가 나를 찾아왔습니다. 플러리가 몹시 아픈 데다, 잠을 자야 하는데 그렇지 못해서 걱정된다며 도움을 청하러 온 것이지요.

마나브는 너무나 슬퍼하며 학교도 가지 않고 플러리와 가능한 많은 시간을 함께하려고 했습니다. 그리고 사랑하는 친구 플러리와의 추억을 간직할 수 있도록 엄마의 핸드폰으로 사진을 찍곤 했지요.

기따와 그녀의 남편 프라카쉬는 내가 진행한 루이스의 '치유 워크숍'을 통해 루이스의 작업에 대해 이미 익숙해 있었습니다. 플러리에 대한 괴로운 결정을 내리기 전 이틀 동안 기따는 하루 종일 침대에서 루이스의 《스트레스 없는 자유로운 삶》 CD를 계속 틀어 놓았습니다. 플러리는 침대에서 움직이지도 못하고 누워만 있었지요. 그녀는 쉬지 않고 플러리에게 확언 공세를 했고, 가족들 또한 플러리에게 사랑을 퍼부었습니다. 다시 기따와 이야기를 나누었을 때, 기따는 플러리를 안락사시키기 전에 며칠 더 기다려 보기로 했습니다. 혹시라도 플러리가 건강해질지 모른다는 기대 때문이었지요. 루이스의 목소리가 스트레스를 받고 있던 그 동물에게 확언해 주고 있었으니까요.

말할 필요도 없이, 이 이야기는 해피엔딩입니다. 걷지도 못하던 플러리가 움직이기 시작했고, 다시 밥을 먹기 시작하면서 놀라운 속도로 회복되었습니다. 지금까지도 이 애완견은 살아 있으며, 건강하게 껑충거리며 돌아다니고 힘이 넘친답니다. 그리고 이 사랑이 넘치는 가족의 완전한 식구가 되었습니다.

플러리가 회복된 뒤, 기따는 자신의 핸드폰에서 아들이 찍은 사진을 보게 되었답니다. 마나브가 똑같은 포즈의 플러리 사진을 연속 4장 찍었는데, 그중 한 장의 사진에서 심장 가장자리가 하트 모양으로 빛나고 있었습니다. 물론 4장의 사진 중 단 한 장이었지만, 이는 하트 표시가 단순한 심장의 형태만을 반영하는 것은 아니라는 것을 의미했지요.

루이스의 목소리와 그녀의 사랑 메시지가 종족과 언어의 장벽을 넘어 플러리에게 스며들어 병든 삶을 치유해 준 것입니다. 루이스가 그리는 하트 상징과 똑같은 모양의 심장의 빛은 참으로 의미심장한 것이었습니다. 사랑의 기적이라고 할 수 있겠지요!

작은 변화 큰 영향

캘리포니아에서, 가족·아동 복지사인 테리로부터

나는 가족·아동 복지사로서 여러 해 동안 헤드 스타트 프로그램 (Head Start Program : 미국의 보건 사회복지부에서 운영하는, 저소득 계층에게 교육·건강·영양 부모 양육에 대한 서비스를 제공하는 프로그램- 역자 주)을 운영하고 있습니다. 매일 경험하는 일들로 인해 삶이 더욱 풍요로워지고 변화하기 시작했습니다.

나는 아이들을 다루는 방법을 알려 주는 훈련 과정에 많이 참석했는데, 그중에서 루이스 헤이의 가르침이 내 삶을 변화시켰습니다. 이를 통해 긍정적인 생각과 말이 아이들에게 얼마나 큰 영향을 주는지 알게 되었습니다. 나는 아이들에게 "난 네가 자랑스럽구나."라고 말하는 대신 "애야, 너 자신을 자랑스럽게 생각하렴." 이라고 말해 주기 시작했고, 아이들에게 전보다 더 많이 "그래, 맞아."라고 대답해 주었지요.

또한 아이들 이름을 넣어서 긍정적으로 표현하는 것이 더 강력한 변화의 도구가 될 수 있다는 것을 알게 되었지요. 아이들은 "미쉘 스미스, 여기로 당장 와"라는 식의 말을 종종 듣곤 하는데요, 그 대신 "네가 오늘 여기에 와서 정말 기쁘단다, 미쉘 스미스."라고 말해 주는 것이 아이와 나 자신에게 더 큰 영향을 미친다는 것을 알게 된 것이지요.

나는 수년간 겉으로 보기엔 너무나 작아 보이는 이 변화만으로도 자녀들의 사고방식이 바뀌었다는 이야기를 수많은 부모한 테서 들었습니다. 모든 연령대의 사람들이 긍정적으로 생각하는 걸 볼 수 있다는 건 보람 있는 일입니다.

루이스, 평생 아이들을 보호하는 일을 하는 나에게 당신의 가르침은 참으로 훌륭한 것이었습니다. 감사합니다.

나의 진짜 삶

캐나다에서, 구직 중인 챈테일로부터

처음으로 내가 《치유》를 알게 된 것은 10대 초반이었습니다. 나는 그때 이 책을 읽으면서 "뭐야? 이거 좀 이상한 책이잖아? 불 피워놓고 춤이나 추는 미신 같은 거 아냐?"라고 생각하며 웃었던 기억이 납니다.

몇 년이 지나, 나는 견디기 힘든 가족 관계 탓에 삶과 죽음의 갈림길에서 있었습니다. 간단히 줄이면, 아버지는 네 살 때 돌아가셨고, 나는 엄마와 함께 할머니 댁에 살게 되었죠. 할머니는 내게 "넌 쓸모없는 실패작이야!"고 말씀하시곤 했지요. 엄마는 나를 혼자 키우고 싶지 않았기 때문에 단 한 번도 내 편을 들어 주지 않았답니다. 할머니가 나를 학대할 때마다 다른 곳을 쳐다보고 있었죠. 그때 백마 탄 왕자님이 엄마 앞에 나타나 엄마와 나를 보살펴 주겠다고 약속했습니다. 그러나 이 '구세주'의 정체는 성(性)에 집착하며, 하루 24시간, 일주일 내내 일만 하는 일 중독자에다 적색 와인을 좋아하는 사람으로 밝혀졌고, 그의 딸은 나를 수년 동안 시기 질투했지요. 그때도 엄마는 역시 다른 곳만 바라보고 있었습니다.

바로 이때, 다시 한번 루이스 헤이가 내 삶에 나타났고, 나도 이번에는 그녀의 말을 들을 준비가 되어 있었습니다. 그녀의 긍정적인 확언은 내 심금을 울렸고, 나는 그것들을 내 눈길이 닿는 곳마다 붙였습니다. 그녀의 거울 연습 덕분에 삶의 정말 많은 부분을 치유할 수 있었습니다. 그리고 마침내 자존감과 자긍심을 가지게 되었습니다. 지금 나는 강하고 순수하며 평화롭고 고요합니다.

나는 결코 죽을병에 걸린 적도 없고, 누군가를 잃어버린 적도 없습니다. 이런 내 이야기가 기적이 될 수 있냐고요? 글쎄요, 멀리까지 생각해 볼 필요도 없습니다. 루이스가 아니었다면 나는 지금, 이 세상에 없을 것이니까요. 그녀는 내 진짜 삶을 돌려주었답니다.

엄마와 딸을 위한 새로운 사고방식

플로리다에서, 작가인 바바라로부터

일곱 살밖에 안 된 손녀는 잠을 잘 때마다 귀의 통증으로 힘들어했습니다. 딸에게 전화할 때마다, 나는 손녀가 밤새도록 귀가 아파 소리를 질렀다는 이야기를 듣곤 했지요. 이것이 보통 일이 아니라고 생각한 후, 나의 첫 반응은《치유》책을 펼쳐 보는 것이었습니다. 이제는 오래되고 낡아버렸지만, 그 책 안에 내가 찾던 답이 있었습니다. 나는 루이스의 글을 읽으면서 고개를 끄덕이며 감사했죠. 귀가 아픈 원인으로 분노가 관련되어 있으며, 이 분노의 뿌리는 과도한 혼란이나 부모님의 다툼에서 비롯될 수 있다는 것이었습니다.

루이스의 말은 매우 정확했습니다. 딸과 사위는 몇 년째 다투고 있었는데, 내 딸은 이혼을 원치 않았지요. 딸은, "이혼하면 아이들이 상처받을 거예요! 나는 아이들에게 엄마 아빠 둘 다 있는 게 더 나으리라 생각해요. 엄마 아빠가 이혼한 게 얼마나 싫었는지 아세요?"라 고 하소연하곤 했답니다.

나는 딸에게 바로 전화를 걸어 "얘야, 아주 좋은 소식이 있단다. 날 믿어 보렴. 분명히 효과가 있을 거야."라고 말했습니다. 그리고《치유》중에서 내가 읽었던 부분을 들려주었습니다. 매일 밤 잠자기 전에 아이 곁에 앉아서 루이스가 제안한 '새로운 사고방식'을 반복하는 것이 얼마나 중요한지를 재차 강조하면서, 저녁 기도를 마치고 잠들기 전에 꼭 시도해 보라고 말해 주었지요.

나는 일주일 내내 아침마다 딸에게 전화해서 딸이 루이스 헤이의 말을 손녀와 함께할 수 있도록 격려했습니다. 손녀가 새로운 생각을 말하면서 잠들었다는 이야기와, 아침에 잘 일어났다는 소식을 듣고 안도했습니다.

한 주가 지나고 나서는 딸에게 확언 여부를 확인하는 전화를 하지 않았습니다. 루이스의 기법을 계속 사용하고 있다는 것을 알았으니까요. 그렇게 3주가 더 지났습니다. 나는 생각했죠. '흠. 그러고 보니 최근에 귀가 아프다는 이야기를 들어 본 적이 없군. 어떻게 되었는지 확인해 보는 게 좋겠는걸.'

딸의 말을 듣고 내가 얼마나 기뻤는지 상상이 되나요?

"엄마, 기적이에요! 몇 주 동안 아이가 귀가 안 아프대요! 부부싸움이 어린아이에게 그렇게 큰 상처였는지 몰랐어요. 그리고 저도 《치유》 책을 샀어요. 이 말씀을 들으면 엄마가 좋아하실 텐데요, 하루는 제가 넘어져서 발가락을 찧었는데, 그때 제가 저 자신에게 '여기엔 메시지가 있어.'라고 말하는 거예요. 책을 펼쳐서 발가락에 관한 내용을 읽고 나서 "모든 세세한 일들은 알아서 잘 처리된다."라는 말을 매일 아침저녁으로 하고 있어요. 엄마, 정말 감사해요! 엄마 사랑해요! 그리고 루이스도 사랑해요!"

용서의 힘과 과거 잊기

캘리포니아에서, 공인 부동산 중개업자인 칼맨으로부터

2008년 3월, 엄마는 림프종이란 진단을 받은 뒤로 갑작스럽게 쇠약해지고 5개월 동안 살이 14kg 정도가 빠지셨지요. 나는 엄마를 위해 《치유》라는 책을 샀습니다. 엄마는 그 책을 혼자서 읽기엔 너무나 쇠약해지셨기에 큰 소리로 책을 읽어 드리곤 했습니다. 엄마는 지금까지 힘들게 살아오셨습니다. 그래서 나는 엄마에게 이제껏 살면서 마음속에 묻어 둔 고통과 억울함을 바로 내려놓아야한다고 말씀드렸지요.

나는 엄마의 기운을 북돋우기 위해 노력하면서, 엄마에게 과거의 상처를 내려놓는 것이 얼마나 중요한지를 강조했습니다.

6개월 뒤, 임종봉사자의 도움이 필요해졌지요. 의사가 엄마에게 권했던 치료는 부작용이 심했고, 나와 가족들은 여든두 살 노모에게 더 이상 고통을 겪게 할 수 없다고 결정했습니다. 하지만 이것이 엄마를 포기한다는 뜻은 아니었습니다. 우리는 엄마에게 긍정적인 생각과 더 많은 웃음을 드렸고, 엄마는 다시 예전처럼 노래를 부르고 춤도 추실 수 있게 되었습니다.

하루는 엄마가 내게 "애야, 너 그거 아니? 내가 드디어 과거에 있었던 모든 잘못을 용서하고 내려놓았단다. 모든 것이 멋지게 느껴지고, 힘들었던 시간은 더 이상 생각하지 않게 되었지."라고 말씀하셨습니다. 이건 정말 대단한 일이었습니다. 왜냐하면 엄마는 늘 "난 용서했지만 잊진 못하겠어."라고 말씀하셨기 때문이지요. 그럴 때마다 난 엄마에게 "잊지 못한다는 건 진심으로 용서한 것이 아니에요."라고 말씀드리곤 했답니다. 그랬던 엄마가 드디어 내려놓을 수 있게 된 것이지요!

내가 이 글을 쓰고 있는 지금은 엄마가 림프종 진단을 받으신 지 10개월이 되는 날입니다. 우리는 암울할 것이라고 여겼던 새해

를 밝은 모습을 시작하게 되었답니다. 엄마는 행복하고 평화로워
지셨죠.

루이스, 당신이 엄마의 치료에 얼마나 큰 영향을 미쳤는지 아
시나요? 당신이 스스로 암을 극복한 이야기를 듣고 엄마는 큰 감
동을 하였답니다. 삶에서 어떤 일이 일어나든 살아남기 위해서 꼭
필요한 진리를 담은 당신의 아름다운 말에도 감사합니다. 우리는
아주 멋진 시간을 보내고 있답니다.

절망에서 희망을 넘어 기적으로

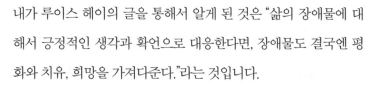

매사추세츠에서, 어린이와 장애인을 돕는 변호사이자

작가이자 여덟 아이의 엄마인 덕시로부터

내가 루이스 헤이의 글을 통해서 알게 된 것은 "삶의 장애물에 대
해서 긍정적인 생각과 확언으로 대응한다면, 장애물도 결국엔 평
화와 치유, 희망을 가져다준다."라는 것입니다.

지난 2001년, 이 말이 사실이라는 걸 알게 되었습니다. 그해
에 열세 살 난 아들 폴이 SUV(스포츠 장비를 실은 차)에 치였습니
다. 아들은 마지막 세례를 받았고, 8주간 코마 상태에 빠져 있었습
니다. 마침내 아들이 눈을 떴을 땐, 걷는 방법을 비롯하여 말하는
법과 삶의 기초적인 것들을 다시 배우기 위해 수개월간 병원에 입
원해 있어야 했습니다.

2부 일상

폴의 뇌에 가해진 커다란 손상이 폴의 삶뿐만 아니라 나머지 7형제들의 삶까지 변화시켰답니다.

우리 가족 모두는 이 상황을 분노와 절망, 두려움으로 대처할 수도 있었지만, 루이스 헤이의 조언대로 살아 보기로 선택했습니다. 우리는 절망감에 굴하는 대신 긍정적인 생각을 하기 시작했고, 그 노력이 희망에 차왔습니다. 폴은 휠체어를 타고, 다니지 않을 정도로 치유되었고, 뒤이어 보행 보조기조차 필요 없는 상태가 되었습니다. 마침내 폴은 혼자서 발을 떼기 시작했지요. 이는 의사가 불가능하다고 단정했던 일이었습니다. 나아가 폴은 고등학교 졸업장을 받기 위해 단상 앞에 혼자서 걸어 나갈 수 있게 되었습니다.

루이스는 우리 가족에게, 부정적이고 미래가 보이지 않는 그 순간에도 삶에 대한 우리의 태도를 바꿀 수 있다는 것을 가르쳐 주었습니다.

매 순간 우주에 긍정적인 에너지를 보내기 위해 긍정적으로 반응하고 생각하고 선택함으로써 말입니다. 그래서 폴이 심각한 뇌 손상을 입은 지 4년 뒤에 백혈병 진단을 받았을 때, 우리 가족은 다시 한번 긍정적인 생각을 가지기로 했습니다. 우리에게 다가온 두 번째 전쟁을 치르기 위해, 우리의 수호자인 투지와 신뢰의 갑옷을 입고 그 위에 유머와 사랑의 망토를 입었습니다. 루이스 헤이의 책을 읽으며 긍정적인 생각과 행동이 삶에 스며들게 함으로써 이 상황을 잘 극복할 수 있었습니다. 다행히 폴의 형제 중

한 명이 폴에게 골수 이식을 해 줄 수 있었지요. 물론 폴은 몇 년 간 더 병원에 입원해야 했고, 항암 치료를 받아야 했지만, 우리 모두 살아났습니다.

지금 폴은 암 환자가 아닙니다. 우리 가족은 요즘 교통사고 등의 외상으로 인한 뇌 손상을 입은 가족들과 소아암으로 고생하고 있는 가족들을 돕고 있습니다. 그들의 상황에 대한 인식과 지식을 넓혀 주고, 희망을 키워 주어, 그들의 삶에 찾아온 중요한 문제에 직면하기 위해, 필요한 기금을 모으는 등의 일을 하고 있습니다. 폴은 루이스처럼 긍정적인 힘을 가지고 있습니다. 폴 역시 다른 사람들이 더 나은 삶을 살 수 있도록 돕고 있습니다. 역경을 통해 우리 가족은 긍정적이고 건설적으로 생각하는 것을 배웠습니다. 우리는 단 한 순간도, 그 어떤 사람도 대수롭지 않게 여기지 않습니다. 우리는 매 순간 기쁨과 감사와 희망으로 삽니다.

루이스 헤이에게 진심으로 감사의 마음을 전합니다.

루이스와 함께하는
내면 치유 작업
— ◆ —

여러분이 바라는 사람이 되라고 여러분의 자녀들에게 강요할 수 는 없습니다. 그 의도가 아무리 좋다 하더라도 여러분은 배우자, 부모님, 형제 혹은 그 누구라도 변화시킬 수 없습니다. 여러분이 변화시킬 수 있는 유일한 사람은 바로 여러분 자신입니다. 그러나 가족 중 한 사람이라도 자기 자신을 사랑하기 시작한다면, 그 조화의 기운이 가족 전체에 퍼지게 됩니다.

여러분이 가족에 대해 무언가 불편함을 느끼고 있다면, 아마 여러분은 잘못된 곳에 주의를 보내고 있는 것일 겁니다. 여러분의 주위를 내면으로 집중하려고 시도해 보세요. 자신을 사랑하는 것 을 방해하는, 더 이상 여러분에게 필요하지 않은 신념을 내려놓으 세요. 여러분의 아이들과 가족과 주변 사람들에게 본보기가 되어 보세요.

이 연습들은 여러분의 가족과 관련된 문제를 해결할 수 있도 록 도와줄 것입니다. 여러분이 찾은 답을 종이나 노트에 적어 보 세요.

가족에 대한 느낌들

이제까지 삶에서 당신의 가족들이 당신을 학대하거나 폭행했던 사건을 3가지 정도 생각해 보세요. 정말로 당신이 도움이 필요했을 때, 누군가가 당신의 믿음을 저버리거나 당신을 버리지는 않았나요? 어떤 일이 일어났는지 각각 적어 보세요. 그리고 그 일이 일어나기 바로 직전에 어떤 생각을 했는지도 적어 보세요.

1. 생각

2. 생각

3. 생각

이번에는 당신이 가족들의 도움이 받았던 때를 세 가지 정도 생각해 봅시다. 아마도 가족 누군가가 당신이 슬픔을 느끼고 있을 때나 경제적 문제로 힘들어하고 있을 때 당신을 도와주었을 것입니다. 어떤 일이 일어났었는지 적어 보세요. 그리고 그 일이 일어나기 바로 직전에 어떤 생각을 했는지도 적어 보세요.

1. 생각

2. 생각

3. 생각

여러분이 생각하는 데 일정한 유형이 있다는 것을 알아차리셨나요?

과거를 다시 쓰기

잠시 어린 시절을 떠올려 보세요. 그리고 마음을 열고 솔직하게 다음의 문장을 완성해 보세요.

1. 우리 엄마는 항상 나를 _____게 만드셨다.

2. 우리 엄마에게 진심으로 듣고 싶었던 말은 _____ _____.

3. 우리 엄마가 진짜로 몰랐던 것은 _____ _____.

4. 아버지는 내게 _____을 하지 말라고 항상 말씀하셨다.

5. 만약 아버지가 _____에 대해서만 아셨 더라도 좋았을 텐데.

6. 아버지께 _____란 말을 할 수 있었더라면 좋았을 것이다.

감사와 용서

당신의 가족 중에 당신이 이제껏 인정하지 않고 감사를 표하지 않았던 사람이 있다면 누구인가요? 잠시 그 사람들을 상상해 봅시다. 그 사람들 한 명 한 명의 눈을 바라보며 다음과 같이 말해 봅시다. "고맙습니다. 내가 당신을 필요했을 때 내 곁에 있어 주셨죠? 사랑으로 당신을 축복합니다. 당신의 삶에 늘 기쁨이 가득하길 바랍니다." 여러분이 용서해야 할 사람도 있나요? 그렇다면 그 사람들도 잠시 상상해 봅시다. 그들의 눈을 바라보며 다음과 같이 말해 보세요. 내가 바라는 대로 행동하지 않은 당신을 용서합니다. 나는 이제 당신을 용서합니다. 이제 당신은 자유입니다."

내려놓기

자, 이번에는 아직도 묵은 감정이 남아 있는 가족 중 한 사람을 생각해 봅시다. 당신은 그 사람에 대한 오래된 분노와 슬픔, 원한을 품고 있나요? 이 사람에게 편지를 써 봅시다. 당신의 모든 슬픔을 다 적어 보세요. 그리고 지금 당신이 어떻게 느끼는지도 설명해 보세요. 망설이지 말고 당신이 느끼는 그대로를 표현해 보세요.

편지를 다 쓰고 나면 그 편지를 한 번 읽고 그 종이를 반으로 접으세요. 그리고 종이 뒷장에 다음과 같이 적으세요. "내가 진실로 원했던 것은 당신의 사랑과 인정이었습니다." 그리고 그 편지를 불에 태우고 마음의 짐을 내려놓으세요.

자아존중감과 가족

가족과 관련하여 자존감에 어떤 문제가 있는지 살펴봅시다. 다음의 질문에 최선을 다해 답해 보세요. 한 질문을 마칠 때마다, 답으로 찾은 부정적인 신념을 상쇄시킬 수 있는 긍정 확인을 한 개 이상 찾아 이를 말해 보세요.

1. 당신은 자신이 가족 간에 깊은 유대감을 느끼고 서로를 사랑하는 관계를 누릴 자격이 있다고 느끼시나요?

2. 가족과 가까워지는 것과 관련하여 당신이 느끼는 가장 큰 두려움은 무엇입니까?

3. 이 신념으로부터 당신이 얻는 것은 무엇인가요?

4. 만약 이 신념을 내려놓는다면, 당신은 어떤 일이 벌어질까, 봐 두려운가요?

확언 목록

- 나는 단합되고 사랑이 넘치며, 평화로운 가족의 삶에 공헌한다. 모든 것이 좋다.
- 나는 부모님을 받아들이고, 부모님도 나를 받아들이고 사랑한다.
- 나는 내 아이들을 위해 좋은 본보기가 된다. 우리는 자유롭게 대화하고 사랑한다.
- 나의 모든 인간관계는 조화롭다.
- 나는 마음을 활짝 열어 모든 좋은 관점들을 받아들인다.
- 나를 포함하여 우리 가족은 자신이 할 수 있는 한 최선을 다하고 있다.
- 나는 과거를 기꺼이 용서한다.
- 부모님의 한계를 뛰어넘는 건 안전하다.
- 내가 모든 비난을 내려놓음으로써 나를 판단하는 사람들이 내 삶에서 떠난다.
- 나에게 있어 성장은 안전한 것이다. 나는 지금 기쁘게 산다.
- 나는 가족과 함께 멋지고 사랑이 넘치며 따뜻하며 열린 대화를 나눈다.
- 나는 모든 사람에게 있는 최고의 장점을 보고, 그들도 나를 친절하게 대해 준다.
- 내 가족은 서로를 사랑하고 지지해 준다.
- 나는 모든 사람에 관해 편안하게 생각한다. 그리고 이 생각들이 나에게 돌아온다는 것을 안다.

- 나는 사랑과 인정을 전파하며, 다른 사람들로부터 깊이 사랑 받는다.
- 나는 내 부모님을 용서한다. 나는 그들이 할 수 있는 한 최선을 다했다는 걸 안다.
- 나는 내 가족들에게 솔직하다. 솔직하면 솔직할수록, 나는 더 많이 사랑을 받는다.
- 용서하고 놓아주는 것은 내 힘을 되찾는 일이다.
- 옳고 그른 것은 없다. 나는 판단을 넘어선다.
- 나 자신과 가족에게 마음의 문을 여는 것은 안전한 일이다.

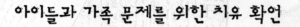

아이들과 가족 문제를 위한 치유 확언

나에게는 기쁨이 넘치고 사랑이 넘치는 가족이 있다.

나는 가족 구성원 모두를, 사랑을 담아 축복한다.

우리는 모두 매 순간 최선을 다하고 있다.

나는 과거의 상처들을 씻기 위해 마음의 문을 열어

사랑, 열정, 이해하기를 선택한다.

나는 내 세상에 오직

나를 지지하고 나를 도와주는 사람들만을 허락한다.

내 삶은 사랑과 기쁨으로 가득 차 있다.

이것이 내 존재의 진실이며, 나는 이를 지금 받아들인다.

나의 세상에서는 모든 것이 좋다.

7장
사랑하는 법 배우기

낭만적인 사랑을 하는 것은 멋진 일입니다. 그러나 우리가 할 수 있는 가장 중요한 사랑은 자기 자신을 사랑하는 것입니다. 진심으로 자신을 사랑한다는 것은 우리 존재 그대로에 대해 감사하는 걸 의미합니다. 스스로 결점이라고 생각하는 것까지 포함하여서 말입니다. 슬프게도, 많은 사람이 돈을 많이 벌거나 살을 빼는 것과 같이 자신이 정한 목표를 달성하기 전까진 자신을 사랑하기를 거부하는 어리석음을 범합니다. 이런 목표들은 우리 삶에서 진정으로 부족한 것들을 가리게 하는, 마음을 흩뜨리게 하는 것일 뿐입니다. 자기 자신과 건강하고 사랑이 넘치는 관계를 맺지 못한다면, 결국 다른 사람과 건강하고 사랑이 넘치는 관계를 형성할 수 없습니다.

나는 여러분들이 아래에 나오는 이야기를 읽고, 여러분 스스로 조금 더 사랑할 수 있기를 바랍니다.

사랑의 힘

캘리포니아에서, 중역 비서 겸 계약 담당자인

스테이시로부터

"누군가에게 사랑받기 전에 먼저 자기 자신을 사랑해야 합니다."
나는 이 말을 들을 때마다 움찔했습니다. 왜냐하면 아주 어린 시
절부터 내가 사랑받을 구석이 전혀 없다고 믿었기 때문이지요.

내가 네 살 때 아빠는 엄마를 버리고 떠났고, 그해에 엄마는
자살을 시도했죠. 엄마가 요양 기관에서 회복하는 동안, 오빠와
언니 그리고 나는 외할머니 집에 맡겨졌지요. 그렇게 1년이 지나
엄마와 다시 살게 되었지만, 엄마는 여전히 자식들을 키울 수 있
을 만큼 안정적이지 않았습니다. 알코올·마약 중독자를 부모로
둔 아이 대부분이 그렇듯이 우리는 방치되었고, 겪어서는 안 되는
상황에 노출되었습니다.

나는 학교에 가면 그래도 하루 중 몇 시간은 안전하게 지낼
수 있을 거로 생각했습니다. 그러나 불행히도, 가난한 데다 빨간
머리카락과 얼굴에 주근깨가 득실득실한 나는 친구들에게 기형
아 취급을 받았습니다. 밸런타인데이에도 카드 한 장 받지 못했습
니다. 나는 매일 밤, 잠들기 전에 제발 사람들에게 사랑받을 수 있
도록 나를 예쁘게 만들어 달라고 하나님께 기도했습니다.

그 뒤로 매력적인 여성으로 성장하면서 사람들에 예쁘다는
칭찬도 들을 수 있었지만, 그 말들은 귀에 와닿지 않았습니다. 왜

냐하면 마음속에서 나는 늘 못생긴 아이였으니까요. 나는 자존감이 낮은 사람들이 하는 행동을 했습니다. 감당할 수 있는 양을 넘어서는 술을 마셨고, 내게 맞지 않는 남자를 선택했으며, 좋은 기회들을 놓쳐 버렸습니다.

어느 날, 친구가 나에게 도움이 될 것이라며 《치유》 책을 건네주었습니다. 이 책을 읽고서, 내면에 있는 부정적인 생각과 나를 좀먹고 있던 두려움을 상쇄시키기 위한 긍정 확언을 하기 시작했습니다. 이렇게 하는 것이 내게는 결코 쉬운 일이 아니었습니다. 왜냐하면 지금까지 두려움에 떨며 살아왔기 때문이지요. 가지고 있는 것마저 잃지는 않을까, 혹은 내가 원하는 것을 얻지 못하는 건 아닐지 하는 두려움이 매우 컸지요.

꾸준히 긍정 확언을 반복하며 10년이 훌쩍 지났습니다. 언젠가 직장을 구하면서 다음의 확언을 반복했습니다. "나는 내가 참으로 좋아하는 일자리를 가지고 있다. 나는 경제적으로도 안전하다. 그동안 인터넷으로는 일자리를 찾아보지 않았는데, 어느 순간 인터넷으로 내게 맞는 곳을 발견하고 면접까지 하러 가게 되었습니다. 바로 루이스 헤이에 의해 설립된 헤이 하우스 출판사의 비서직이었지요.

나는 지금 8년 가까이 헤이 하우스에서 일하고 있습니다. 진정으로 좋아하는 일을 하고 있으며, 경제적으로도 안전합니다. 최근에는 집을 샀고, 정원에 루이스 헤이 장미(루이스 헤이의 정원에 심어진 장미와 같은 품종을 헤이 하우스에서 판매하고 있는데, 이를 루이스 헤이 장미라고 부른다.- 역자 주)도 심었습니다. 나는 더 이상 밸런타인데이에 외롭게 있던 내가 아닙니다. 멋진 친구들이 있으며, 건강하고 행복합니다.

나는 루이스가 내게 가르쳐 준 모든 것에 대해 감사합니다. 나는 이제 진심으로 말할 수 있습니다. "나는 나를 사랑합니다." 이제 그 의미를 압니다.

씨앗을 심다

위스콘신에서, 고등학교 특수 교사인 제니퍼로부터

기적은 자연의 법칙에 반대되는 사건으로 묘사되며, 신의 행위로 여겨집니다. 나는 루이스 헤이 덕분에 기적과 다름없는 삶을 살고 있다고 말하고 싶습니다.

루이스를 알기 전까지 신과 나의 관계는 더없이 나빴습니다. 지독한 우울증, 극심한 감정 기복 그리고 무자비한 편두통과 싸우고 있었습니다. 나는 어린 시절부터 버림받았다는 생각과 사투를 벌여야 했습니다. 결과적으로 수년 동안 죄책감, 자기 의심, 두려움, 걱정, 자존감의 문제, 자신과 타인에 대한 애정과 신뢰 결핍과 관련된 문제로 고통받아야 했습니다.

마음의 안식을 찾는 방법을 찾던 중에 우연히 《치유》를 발견하게 되었고, 그 책을 통해 나 자신을 사랑하지 않는 한 아무도 나를 사랑하지 않는다는 것을 알게 되었습니다. 루이스는 신께서 나를 살펴보시고 사랑하는 것처럼 나 스스로 살피고 사랑하는 방법을 가르쳐 주었습니다. 그녀의 지혜로운 말들로 인해 나는 부모님을 용서하고 새롭게 바라보는 방법을 배울 수 있었습니다. 또한 피해자가 아니라 살아 있는 사람이 되는 방법을 배웠습니다. 마침내 수년간의 슬픔이 사라져 버렸습니다.

루이스는 자기 자신을 사랑함으로써 강해지는 방법을 가르쳐 주었고, 나는 이것이 얼마나 강력한지를 깨닫게 되었습니다. 나는 나를 사랑합니다. 바로 이것이 내가 늘 축복하는 기적입니다. 이것은 미사어구나 과장된 표현이 아닙니다. 있는 그대로 진실이지요.

루이스가 내게 준 선물은 나에게 계속 베풀게 한 점입니다. 나는 특수 교사로 일하면서, 단 하루도 그녀가 하는 지혜의 말을 아이들에게 전하지 않고 지나친 적이 없답니다. 실제로 아이들에게 자신에게 힘을 주는 긍정 확언과 말들을 일기에 쓰도록 했고, 이것은 아이들에게 큰 힘이 되었습니다.

처음 부임한 날, 나는 어두운 얼굴로 교실에 들어오는 아이들을 보았습니다. 그러나 얼마 뒤에 아이들은 긍정적인 사고의 힘에 대해 인식하고 밝아졌습니다. 씨앗이 심어진 것입니다.

루이스, 당신은 내 생명을 구했습니다. 당신 덕분에 우울증과 불안함으로 고통받지 않게 되었고, 늘 꿈꾸던 아름다운 사람이 될 수 있었습니다. 나는 나 자신과 신, 그리고 친구와 가족들과도 사랑이 넘치는 관계를 맺을 수 있게 되었습니다. (특히 수년 동안 미워했던 엄마와도 말입니다) 나는 당신의 말을 받아들였고, 내가 사랑하는 이들의 역할 모델이 되었습니다. 나는 삶을 즐길 수 있게 되었으며, 주변의 모든 행복을 기꺼이 받아들일 수 있게 되었습니다. 나는 진심으로 내가 행복해도 된다고 믿습니다. 진정으로 웃을 수 있게 되었고, 그 의미도 알게 되었지요. 당신의 책은 내 삶의 모든 상처와 문제들을 치유하는 데 큰 도움이 되었습니다.

루이스의 말을 따라, 그것들을 실현하고 진심으로 자신을 사랑하게 되면 어떤 일이 벌어지는지 나를 보면 알 수 있습니다. 내가 바로 산 증인입니다.

변화의 마술

호주에서, 출판사 부장인 디나자로부터

점성술사로서 나는 오랫동안 나 자신을 발견하기 위한 여행을 해왔습니다. 15년간의 결혼 생활은 심각한 위기를 맞았고, 나는 나의 진리를 따를지 남편의 진리를 따를지 중차대한 선택의 갈림길에 섰습니다.

올 것이 왔다는 생각이 들긴 했지만, 애써 그것을 부인하고 있었습니다.

우리의 관계를 정리해야 한다는 확신이 들어 남편과 잘 끝낼 수 있을 것으로 생각했지만 뜻대로 되지 않았습니다. 나는 언제 터질지 모르는 감정의 지뢰밭을 걷고 있다는 것을 알게 되었고, 삶은 심각한 시련을 주었습니다. 그동안 배워 온 모든 것을 실행에 옮겨야 할 때가 온 것이었지요. 나는 생각을 바꾸기 위해《치유》책에 의지해서 긍정 확언의 힘을 사용했습니다.

점성술과 마찬가지로, 나는 토속 신앙 의식에도 매료되었는데, 그 의식은 지구의 에너지와 여성 원리를 존중하지요. 내가 없애고자 하는 것이 있을 때 지구의 에너지와 이 의식을 함께 이용하여 긍정 확언의 힘을 늘렸습니다. 그리고 그 결과는 놀라웠습니다.

마흔한 살 생일 때 나는 집중 의식을 행했고, 이에 따라 얼마 후, 마치 신성한 은혜를 입은 것처럼 엄청난 취업의 기회를 얻게 되었습니다.

내 글의 첫머리에서 알 수 있듯이, 호주에 있는 출판사에서 일하게 된 것이지요! 내가 사랑하는 일을 하게 된 것입니다.

나는 늘 MBS(마음 몸· 영혼) 같은 분야에 관심이 많았지만, 회사에서 출판하는 분야는 아니었습니다. 그러던 어느 날, 사장님께서 나를 부르더니, 호주에서 헤이 하우스의 출간물을 판매하는 일을 맡아 보면 어떻겠냐고 물어 왔습니다. 나에게 큰 도움을 주었던 그녀의 책을 알릴 수 있다는 사실에 나는 감동의 눈물을 흘렸습니다. 곧 나는 호주에 있는 헤이 하우스 팀을 만났고, 즉시 헤이 하우스 출판사와의 계약이 이루어졌습니다. 1년 후에, 헤이 하우스와 일한 것이 내 경력에 도움이 되었고, 나는 루이스 헤이와 행복한 저녁 식사를 할 기회까지 얻었습니다. 이보다 더 좋을 수 있을까요?

이혼한 지 18개월이 지나 다른 관계에 대해 생각할 수 있을 정도로 나아지자, 나는 늘 꿈꿔 왔던 사람이 내 앞에 나타날 수 있도록 끌어당기기로 마음먹었습니다. 천칭자리에 보름달이 떴을 때, 루이스가 말한 사랑에 관한 확언을 하며 내 모든 에너지를 진심으로 바라는 것에 집중시켰습니다. 우주에 새로운 사랑을 보내 달라고 온 에너지를 쏟아부었습니다. 나는 이 과정을 진심으로 믿었습니다. 그리고 2주 뒤, 그가 나타났습니다.

그는 평소의 내가 만났던 타입이 아니었지만, 한눈에 알아볼 수 있었습니다. 그 뒤는 말하지 않아도 아시겠지요? 그는 최고의 사랑이 되었습니다. 내가 꿈꾸었던 것보다도 더 좋은 남자였고, 나는 매일 내가 축복받은 사람이라고 여깁니다.

루이스, 진정한 사랑을 얻을 방법을 알려 주고, 마법 같은 완벽한 변화를 이끌어 주셔서 진심으로 감사합니다. 나는 영원히 당신께 감사할 것입니다.

완전히 새로운 삶을 살다

미시간에서, 중역 비서인 캔다이스로부터

1993년, 스물세 살의 나는 뉴욕에서 경호원으로 일하고 있었습니다.

그때 두 사람이 각기 내게 《치유》를 선물했지요. 그중 한 사람은 내게, 거울에 비친 자신에게 "난 널 사랑해!"라고 말해 보라고 권유했지요.

그것은 지금까지 내가 해 본 일 중에 가장 어려운 일이었습니다.

나는 어린 시절, 5명의 남자에게 성추행당했습니다. 그리고 열다섯 살이 되기 하루 전날 밤에 임신했고 낙태해야 했지요. 똑똑하고 창의력이 풍부했음에도 불구하고 나는 나 자신을 절대로 믿을 수가 없었습니다. 《치유》를 발견하고 확언을 시작하기 전까지는 말입니다. 이 책은 내게 삶을 살아가는데 완전히 새로운 관점을 보여 주었습니다. 그리고 책에 있는 내용대로 내 생각은 내 삶에 대한 새로운 관점들을 반영하기 시작했습니다.

이전에는 나 자신과 나의 보석 같은 재능과 독창성을 어떻게 아끼고 사랑하는지 몰랐기에 내 인생을 좋은 방향으로 변화시킬 수가 없었습니다. 루이스는 그런 내게 충만한 삶을 살아가는 데 꼭 필요한 도구를 주었습니다. 지금 나는 다른 여성들과 그녀의 작업을 계속해서 나누고 있답니다. 그녀에게 아무리 감사해도 모자라지 않습니다.

순수하고 무조건적인 사랑

캘리포니아에서, 회계사인 라리나로부터

엄마는 내가 세 살 때 아버지와 오빠, 나를 버리고 떠났습니다. 내 기억 속의 엄마 모습은 선명했지만 나를 고통스럽게 만들곤 했습니다.

엄마는 여러 명의 남자를 초대해서 접대하는 것을 좋아했습니다. 그럴 때면 나는 구석에 앉아 인형과 이야기하는 척하면서, 아이들이 들어선 안 될 이야기를 못 들은 척했던 기억이 납니다.

아버지, 그리고 나보다 한 살 많았던 오빠와 나는 할머니 집에서 싱글 침대 하나를 나누어 썼습니다. 아버지는 내가 깊이 잠들었다고 여기고는 그 방에 여러 여자를 불러다 놀곤 했습니다. 마침내 아버지는 정신이 이상한 여자와 재혼했고, 그 여자는 나와 오빠를 무려 9년 동안이나 정신적·신체적으로 학대했습니다. 아버지는 이 모든 것에 대해 눈감아 버렸습니다. 아버지는 육체적으로는 내 삶에 존재했지만, 정서적으로는 없는 존재와 다름이 없었습니다.

열여덟 살이 되었을 때, 나는 나이가 많은 남자를 만나 씻을 수 없는 상처를 받았습니다. 그 끔찍한 관계는 8년간 지속되었고, 그 관계가 끝나자 또 다른 사람을 만났습니다. 이번에도 나를 학대하는 끔찍한 관계였습니다. 그로 인해 나는 루푸스에 걸렸고, 신장도 고장났습니다. 스물여덟 살 나이에 죽어 가면서 나는 자유를 느꼈습니다. 평생 겪었던 아픔과 고통이 드디어 끝날 예정이었으니까요. 태어나서 처음으로 나는 평화로움을 느꼈습니다.

병원에서 입원해 있으면서, 나는 죽음을 직감하고, 사랑했던 사람들을 불러 작별 인사를 했습니다. 그리고 하느님께 기도했습니다. 이런 경험을 할 수 있게 해 주셔서 감사하다고, 이젠 너무나 지치고 피곤해서 하느님의 품으로 돌아갈 준비가 되었다고 말입니다. 그때였습니다.

갑자기 내가 사라지는 것 같더니, 상상할 수 없을 정도로 아름다운 하얀 빛이 나타났습니다. 정신을 차렸을 때는 응급실에 있었고, 통증이 완전히 사라졌습니다.

나는 일주일에 네 번씩, 하루에 네 시간씩 화학 요법과 투석을 받았습니다. 나는 17종류의 약을 먹었고, 지팡이를 짚고 걸었습니다. 하루 대부분을 침대에 누워 보내던 중 이모가 루이스 헤이의《치유》책을 선물로 주었습니다. 이 책을 읽고 내가 종종 했던 확언들은 다음과 같습니다.

"나는 나 자신을 쉽고 자유롭게 변호한다. 나는 내 권리를 요구한다. 나는 나 자신을 사랑하고 인정한다. 나는 자유롭고 안전하다."

그 뒤로 나의 일상에는 기도와 명상, 시각화, 거울 연습이 포함되었습니다. 하지만 너무나 많은 상처가 감춰진 내 눈을 바라보는 것은 너무나도 힘든 일이었습니다. 그래서 나는 억지로 더 크게 "라리나, 나는 너를 아주 많이 사랑해. 라리나, 나는 있는 그대로 너를 사랑해."라고 말했고, 그때마다 하염없이 눈물이 흘렀습니다. 그리고 마침내 깨달았습니다. 내가 비로소 순수하고 무조건적인 사랑을 받고 있다는 것을 말입니다.

얼마 지나지 않아 나는 내면 깊은 곳에서 변화가 일어나는 것을 느끼기 시작했습니다. 미소를 짓고 환하게 웃게 되었으며, 더 가벼워지고 밝아졌다고 느꼈습니다. 병이 완전히 회복되기까지는 6개월이 걸렸고, 화학 요법과 투석도 끝이 났습니다. 내 신장은 기능을 완전히 되찾았고, 루푸스는 2년이 지난 지금까지 재발하지 않았습니다. 나는 완전히 건강하고 온전합니다. 내 세상에서도 모든 것이 좋습니다.

너무나 값진 선물

러시아에서, 번역가인 마리나로부터

나는 기억하는 한 아주 어렸을 때부터 열등감을 가지고 있었습니다.

일찍부터 남들보다 못하다는 생각을 가지고 살았던 것이죠. 그런데 왜 그래야 했을까요? 난 진실을 알고 싶었습니다. 왜 열등감을 가지고 살아야 하는지 말입니다.

열세 살 때, 루이스 헤이의 《치유》를 만났습니다. 처음 그 책을 보았을 때는 내용을 이해할 수 없었지만, 내면의 목소리가 내게 말을 걸어 왔습니다. "옳은 길을 선택한 거야!" 그래서 꾸준히 한 단계씩 내 영혼을 치유하기 시작했습니다. 나에 관한 생각을 바꾸자, 진정한 변화가 일어나기 시작했지요.

한 달 반 동안, 나는 나 자신을 사랑한다는 확언을 하루에 400번 이상 반복했습니다. 그리고 그 확언은 효과가 있었습니다. 어찌 보면 내 이야기는 "와~ 정말 대단한데~" 와 같이 놀라운 경험은 아닐지도 모릅니다. 그러나 지워지지 않는 마음속 깊은 상처로 삶을 즐길 수 없을 때, 마음속 깊이 진심으로 자신을 사랑할 수 있게 된 것은 기적 같은 일입니다. 자신을 사랑하는 것이야말로 매 순간의 기적을 경험하는 방법 입니다.

치유 작업은 15년 전부터 시작되었고, 지금도 나는 나 자신을 치유하고 있습니다. 물론 내 삶은 완전히 바뀌었습니다. 이는 루이스가 내게 준 값으로도 매길 수 없는 귀한 선물입니다. 루이스에게 진심으로 감사합니다.

운명적인 만남
알래스카에서, 간호사인 줄리로부터

몇 주 동안 과도한 스트레스를 받으면서 뉴에이지 관련 서적들을 보며 긴장을 풀어야 할 때가 되었다는 것을 느꼈습니다. 그래서 날을 잡아 서점에 가서 책을 찾아보기로 마음먹었습니다.

친구와 점심 식사를 약속한 날 오전, 서점에서 책 제목들을

2부 일상

살펴보고 있는데, 한 남자가 다가와 "추천해 드릴 만한 좋은 책이 있는데 한 번 읽어 보실래요?"라고, 말하며 루이스 헤이의《치유》를 권해 주었습니다. 나는 그의 말에 입이 딱 벌어졌습니다. 지난 25년간 언제 어디서든지 누군가 내게 가장 좋아하는 책이 무엇이냐고 물을 때마다《치유》책이라고 대답하곤 했기 때문이지요.

그 남자와 마주치고서 '이 사람은 천사가 아닐까?' 하는 생각이 들었습니다. 물론 그에게는 천사의 날개나 흰옷이 없었지만 말이에요. 나는 그에게 내가 얼마나 루이스 헤이를 사랑하는지 이야기해 줬습니다.

그리고 이《치유》는 내가 특별히 좋아하는 책이라는 말도 덧붙였지요.

그렇게 몇 분 동안 이야기를 나누고 우리는 헤어졌습니다. 그런데 내면에서 이런 소리가 들렸습니다. "그 남자를 놓치지 마세요!" 나는 바로 그 남자를 좇아 뛰어가서는 이 만남이 우연일 리가 없다고 생각한다고 설명했지요. 그도 내 말에 동의했습니다. 자기도 아픈 친구에게 루이스 헤이 책을 선물하기 위해 건너편 마을에서 왔다고 하더군요. 동네 서점에서 책이 동나 주문해 주겠다고 했지만, 그는 그날 꼭 책을 사고 싶었기에 대낮의 차량 정체임에도 불구하고 이 동네까지 왔다더군요.

이 일은 2년 전의 이야기입니다. 그 뒤로 우리는 늘 함께했고, 결혼을 앞두고 있습니다. 나는 우리의 이야기를 나누고 싶었습니다. 루이스와 사랑하는 내 천사님께 감사드립니다.

나 자신을 사랑하는 것이 답이었다

플로리다에서, 중역 비서 신시아로부터

9년 전, 미국에 휴가차 왔다가 아주 머물기로 결심했습니다. 가족 모두 페루에 있었기에, 낯선 땅에서 홀로 지내는 첫 2년은 참 힘들었습니다. 2005년에는 4개월 동안이나 날마다 공황 장애에 시달렸습니다.

사업차 로스앤젤레스를 방문하던 중에 온천에 들르게 되었고, 그곳에서 루이스 헤이의 CD와 《나는 나를 사랑하기로 했다》 책을 발견하게 되었습니다. 책 제목이 주의를 끌었습니다.

CD를 듣고 책을 읽은 뒤에 나는 확언을 많이 사용하기 시작했습니다. 특히 "나는 나 자신을 사랑한다."라는 말을 반복했더니, 얼마 지나지 않아 삶에 변화가 일어나기 시작했습니다. 부정적인 생각들을 새롭고 긍정적인 생각들로 바꾸기 시작하자, 삶을 보고 생각하는 방식이 이전과 달라졌습니다.

루이스에게 감사의 이메일을 보내자 그녀의 비서가 희망과 지지를 가득 담은 아름다운 글로 화답해 주었습니다. 그 뒤, 나는 서점에 가서 스페인어로 된 《치유》와 영어로 된 《스트레스 없는 자유로운 삶》 CD를 샀습니다. (나는 비행기를 탈 때마다 이 CD를 듣습니다. CD를 듣고 있으면 몸이 이완되어 곧 잠이 듭니다. 이 CD의 효과가 얼마나 대단한가요) 최근 4년간 공황 장애의 고통 없이 삶을 즐기고 있습니다.

루이스의 책과 CD를 통해 나는 자기 자신을 진정으로 사랑하는 것이 멋진 인생을 위한 핵심인 것을 깨달을 수 있었습니다. 내 개인적인 소망 하나는 바로 루이스를 직접 만나 보는 것입니다. 나는 그녀가 자신의 인생을 나를 비롯한 많은 다른 사람을 돕는 데 헌신한 멋진 여성이라고 생각합니다. 그녀에게 진심으로 감사드립니다.

뇌를 훈련하다

캐나다에서, 프로그램 진행 담당자인 멜라니로부터

나는 삶의 대부분을 논리적으로 처리하는 사람이었기에 10년을 함께한 남편과 이별한 뒤의 감정들을 감당하기가 힘들었습니다. 혼자서 세 명의 자녀와 일과 가정을 떠맡는 것은 능력 밖의 일이었습니다. 그 당시 나는 어디로 가야 하는지, 내가 어떻게 느끼고 있는지도 몰랐습니다.

이런 내 행동을 쭉 지켜보던 한 동료가 내게 《치유》를 추천해주었습니다. 이 책은 내가 읽은 루이스 헤이의 첫 번째 책이었습니다. (그러나 그 책이 내가 읽은 루이스의 마지막 책은 아니었습니다) 그녀가 제시한 다양한 도구를 통해 나의 뇌가 어떻게 하면 긍정적으로 생각하게 할 수 있는지를 훈련할 수 있었습니다. 또한 나는 과거에 나 자신을 진심으로 사랑하지 않고 있었다는 것을 알아차렸습니다. 물론 지금의 나는 나를 사랑합니다.

삶을 변화시키는 과정에서 인내와 결단력이 필요했지만, 논리뿐만 아니라 직관을 사용하는 것은 보람된 일이었습니다.

생각의 방식을 변화시킨 덕분에 내 삶은 번창하기 시작했습니다. 체중을 11kg 감량했고, 더 이상 여드름 때문에 고민하지 않게 되었지요.

사랑의 눈으로 모든 것에서 아름다움을 보면서, 애쓰지 않고 나 자신과 내 주변에 대해 감사하게 되었습니다.

이제는 친구와 가족들에게서도 독립·재미·사랑에 대한 새로운 발견과 행복감이 느껴집니다. 나는 매일 루이스의 책을 읽으면서 감사를 표현하고 있으며, 내 삶도 치유하고 있습니다.

모든 것에서 가장 중요한 기적

아르헨티나에서, 보험 영업사원 마르틴으로부터

나는 아르헨티나에 살고 있는 서른 살 남자입니다. 내 삶에 《치유》 책이 나타난 것은 열다섯 살 때였습니다. 그때부터 내 인생은 완전히 바뀌기 시작했습니다.

어린 나이에 삶에 대해 깨닫는 것은 아주 멋진 일이지요. 루이스 헤이는 이것이 가능하게 해 주었습니다. 아르헨티나에서 사는 것은 녹록한 일이 아닙니다. 경제적인 어려움과 극심한 빈곤 때문이지요. 그러나 나는 내 삶이 이보다 더 커질 것임을 알았기에 생각과 마음을 바꾸기로 맹세했습니다. "나는 통계를 넘어선다."라고 하루에 여러 번씩 확언하기 시작했습니다.

모든 사람이 내게 "여기 아르헨티나에서 좋은 직장을 구하는 것은 하늘의 별 따기야!"라고 말했지만, 나는 환상적인 직장을 구할 수 있다고 믿었습니다. 그리고 실제로 그렇게 되었지요. 나는 또한 채식주의자가 되었고, 날마다 운동함으로써 내 몸을 돌보기 시작했습니다.(처음에는 한 블록도 뛰지 못했지만, 이제는 1년에 몇 번씩 마라톤 대회에 참가합니다.) 나는 세계를 여행하기 시작했고, 새로운 생각들을 받아들일 수 있도록 마음을 열어 주는 멋진 사람들을 만났습니다.

무엇보다도 루이스가 내 삶에 선사한 가장 큰 기적은, 나 자신과 다른 사람에게 느끼는 크나큰 사랑이었습니다. 루이스는 내가 완전히 새로운 존재로 태어날 수 있게 해 주었습니다. 날마다 그녀에게 무한한 감사를 느낍니다.

우리는 기적이 꼭 큰 병이나 큰 문제를 극복하는 것과 관련된 것으로 생각하는 경향이 있습니다. 그러나 루이스는 기적이 세상 모든 곳에 있다는 것을 알려 주었습니다. 매 순간, 우리가 쉬는 집에, 우리의 미소에, 그리고 모든 장미꽃과 석양에도 기적이 있다는 것을 말입니다.

루이스, 내게 가장 중요한 기적은 모든 것이라는 영감을 주어서 정말 감사합니다. 우리의 사랑이 바로 그것입니다. 당신은 최고입니다.

쓰라린 고통이 사랑과 평화가 되다

메릴랜드에서, 보석 디자이너인 마가렛으로부터

1990년, 퇴근하고 집에 돌아온 나는 15년을 함께 산 남편이 떠나겠다고 적은 노트를 보았습니다. 화가 나고, 혼란스럽고, 그와 함께한 15년이 거짓처럼 느껴졌습니다. 겉으로는 해야 할 일들을 처리하면서도 내면에선 비통함과 불신이 극에 달했고, 세상까지 증오하게 되었습니다.

1995년의 어느 날, 나와 꼭 같은 처지의 남자를 만났고, 그로 인해 삶은 바닥을 치게 되었습니다. 그 사람은 마치 미래에서 온 귀신 같았는데, 내가 만약 계속 이런 식으로 살게 되면 어떻게 되는지를 미리 알려 주러 온 것 같았습니다. 평생 내 주변에는 무신론자만 있었기에 영적인 생활이나 행동을 해 본 적이 없었습니다. 그러나 그날 밤, 나는 무릎을 꿇고 앉아 신께 어떻게 하면 변화할 수 있는지를 알려 달라고 기도했습니다.

그리고 처음으로 《치유》라는 책에 인도되었습니다. 나는 그 책 한 장씩을 아주 열심히 읽었고, 그 책에 적힌 모든 확언을 종이에 적어 큰 소리로 읽었습니다. 그 가운데 내가 가장 힘들어했던 것은 거울을 보며 "마가렛, 널 사랑해."라고 말하는 것이었습니다.

그렇게 하기까지 2주가 걸렸습니다.

나는 영성을 통해 완전히 새로운 세상을 보게 되었습니다. 《치유》를 읽고 난 뒤, 나의 영성은 괄목할 만한 영적 깨달음을 얻게 되었습니다.

그 책을 한 번 알게 되면 이전으로 돌아갈 일은 없습니다. 나는 모든 증오와 불신, 외로움을 내려놓으면서 나아갔습니다. 미래에 대해 걱정이 많은 편이었으므로, 낮은 자존감을 높이는 작업을 했습니다. 그런 뒤에는 내 삶에 경제적인 풍요가 올 수 있도록 노력했습니다. 그 당시만 해도 돈을 버는 것은 도전해야 하는 분야였습니다.

루이스의 책 덕분에, 나는 수년간 나 자신을 위해 시간을 투자할 수 있었고, 그로 인해 내 삶은 완전히 변했습니다. 특히 비통함을 내려놓음으로써 나를 기다리고 있는 더 좋은 것들이 내게 올 수 있었습니다.

마침내 천생연분을 만나 서로를 신뢰하고 영적인 관계를 즐기며 결혼까지 하게 되었습니다. 새 남편이 내게 가르쳐 준 가장 귀한 것은 무조건적인 사랑입니다. (남편은 큰 부자여서, 금상첨화로 내가 바랐던 재정적인 안정까지 동시에 얻게 되었습니다.)

나는 느릿느릿 같은 실수를 반복하며 살아왔습니다. 그런데 루이스의 책은 더 나은 방법이 있다는 것을 알려 주었습니다. 그녀는 내게 마음을 열고 사랑할 수 있도록 해 주었고, 영혼과 하나로 연결되어 있다는 사실을 일깨워 주었습니다. 나는 지금까지 영

적으로 깨어 있는 상태로 살아가고 있으며, 의식적으로도 아주 평
화롭습니다.

다시 나 자신을 사랑하기

캐나다에서, 공인 전문 코치인 레아로부터

나는 이른바 '청년 위기'(가정과 학교의 틀 안에 있던 젊은이들이 경
쟁 사회 속으로 진출하면서 느끼게 되는 무력감이나 자포자기 상태에
빠지는 현상-역자 주)를 보내던 중에 루이스 헤이의 책을 만났습니
다. 나는 1년 6개월이 넘도록 외국에서 일하고 있었고, 미래에 대
한 확신이 없었습니다. 만약 고향으로 돌아가야 한다면 언제 돌아
가야 하는지도 궁금했지요. 외로움 속에서 가족과 친구들, 익숙한
것들이 그리워 향수병에 걸렸으면서도 또 다른 나라로 가야 하지
않을까 하는 생각에 빠져 있었습니다.

앞에 놓인 상황에 관해 결정을 내려야 한다는 것이 큰 스트레
스였습니다. 내가 만든 스트레스에서 도망가기 위해 술과 음식을
지나칠 정도로 많이 먹어 댔습니다. 그로 인해 몸무게가 늘어났고,
이러한 신체 상태로 고향에 돌아가는 건 더 힘든 일이라고 생각하
게 되었습니다. 부끄러운 고백이지만, 내 삶에서 최악의 시기였던
그때, 벌금이 가장 높다는 나라에서 마약까지 하게 되었습니다.

그러던 어느 날, 영어 읽기 자료를 찾기 위해 평소엔 잘 가지

않던 서점에 가게 되었고, 그곳에서《치유》를 발견했습니다. 나는 책에 적혀 있는 개념과 긍정 확언에 반했고, 스스로 사랑한다는 느낌이 어떤 것인지 궁금해지기 시작했습니다.

그래서 바로 거울 작업을 시작했습니다. 거울을 보며 나 자신에게 "레아야, 난 널 사랑해! 정말로 너를 사랑해"라고 반복해서 말해주었습니다. 날마다 긍정 확언을 하자 놀라운 변화가 일어났습니다. 우선 나 자신을 소중하게 여기게 되었습니다. 아시아 전역을 여행하며 쉴 수 있도록 나 자신을 허락했고, 나아가 고향으로 돌아가기로 결심할 수 있었습니다. 내 삶에 새로운 친구들이 나타났고, 걷기와 식이 조절 만으로 18kg 이상을 뺄 수 있도록 도와준 코치도 만났습니다. 그리고 그 과정은 상상했던 것보다 훨씬 순조롭게 진행되었지요.

나는 마침내 캐나다에 돌아왔습니다. 도착한 지 일주일 만에 사랑하는 사람을 만나게 된 것은 우연이 아니라고 생각합니다. 자기 계발 과정 동안 자신을 사랑할 줄 아는 좋은 여성이 되었기에 나에게 딱 맞는 남성을 끌어당기게 된 것이었지요.

루이스 헤이는 내게 참 자아를 찾을 수 있도록 영감을 주었습니다.

그녀의 작업은 동기 부여가 되었으며, 심지어 어느 직업을 가지는 것이 좋은지도 구체화해 주었습니다. 지금 나는 탁월한 경력과 실적을 가진 공인 전문 코치가 되었으며, 다른 젊은 전문 코치들이 목적을 가지고 자신들의 삶의 의미를 만들 수 있도록 돕고 있습니다.

루이스, 당신은 내 삶에 큰 영향을 미쳤습니다. 내게 영감의 근원이 되어 주심에 감사드리며, 이 지구상의 많은 사람이 스스로 치유할 수 있도록 도와주심에 감사드립니다.

변화할 시간

뉴저지에서, 대학원생이자 배우의 꿈을 가진 주부

글로리벨로부터

《치유》는 내 인생을 통째로 바꾸어 놓았습니다. 2003년은 내 인생에서 가장 어둡고 거친 시기였습니다. 6년간의 결혼 생활은 엉망진창이었습니다. 나는 급속도로 마음의 문을 닫았고, 내가 없어지면 사람들이 더 좋아할 것이라 믿기에 이르렀습니다. 끊임없는 고통과 슬픔으로 힘들어하며 두려움에 떨었습니다.

희망을 잃고 자살 충동에 시달리던 어느 날, 안식처와 평화를 찾기 위해 도서관에 갔는데 그곳에서 밝은색의 책 하나가 시선을 사로잡았던 것을 기억합니다. 나는 그 책을 책꽂이에서 빼서 제목을 큰 소리로 읽었습니다. "당신은 삶을 치유할 수 있다!"(《치유》의 원제 You Can Heal Your Life는 당신은 당신의 삶을 치유할 수 있다고 풀이됨-역자 주)

생각을 바꾸어 의도적으로 행복해질 수 있다는 저자의 생각에 흥미를 느꼈습니다. 나는 원래 공부를 좋아하고 호기심이 많았기에, 이런 생각에 대해 좀 더 살펴보기 위해 책을 빌려 가기로 했습니다.

그날 밤 나는 책을 읽고 또 읽었습니다. 남편과 내가 한 번도 배워 본 적이 없는 건강한 관계를 만드는 방법에 대해 중요한 깨달음을 얻었기 때문이었지요. 우리는 둘 다 폭력적인 가정에서 성장했기에 현재 상태 역시 극심한 역기능 상태일 수밖에 없었습니다. 어린 시절 배운 것이라고는 그것이 전부였던 우리가 할 수 있는 유일한 것이었으니까요.

나는 지금이 바로 변화할 때라는 것을 알았습니다. 루이스의 조언을 받아들여 심리 치료사를 찾아갔습니다. 그리고 부모를 용서하고, 경계를 짓고, 나 자신을 한 인간으로 다시 정의할 수 있도록 도움을 받았습니다. 처음에는 이 모든 것이 내 결혼 생활을 개선하기 위해서였지만, 자신을 찾아가는 과정이 깊어지면 깊어질수록 내가 정말로 원하는 것은 바로 나 자신을 구하는 것이라는 사실을 알게 되었습니다.

나는 학교로 돌아갔고, 자신감을 되찾았으며, 삶을 즐기는 것을 소명으로 삼았습니다. 점점 건강해졌고, 결과적으로 남편도 건강해졌습니다. "그래, 건강해지자! 잘살도록 서로 노력해 보자!"라고 진지하게 대화를 나눈 적도 없었습니다. 저절로 그렇게 된 것이지요. 달리 표현하면, 결혼 생활을 개선하기 위해 애쓰는 것을 멈추자, 모든 것이 좋아졌습니다.

루이스의 심오한 확언 "모든 것이 좋다."가 있었기에 이 과정을 지속 할 수 있었습니다. 그녀의 말에 진심과 힘이 담겨 있었기 때문에 두려움을 느끼는 순간에도 믿을 수 있었습니다. 나는 그녀가 나에게 "글로리벨, 모든 것이 좋아."라고 직접 말해주는 것처럼 느꼈습니다.

지금 나는 여전히 남편과 함께 살고 있습니다. 남편이기 때문에 함께 사는 것이 아니라 내가 그런 삶을 원하기 때문입니다. 나는 진심으로 이 남자를 사랑합니다. 더 중요한 것은 나 자신을 사랑한다는 점이지요. 파란만장했던 과거와 오늘의 승리는 루이스가 오랫동안 말했던 "힘은 항상 지금, 이 순간에 있다."의 증거입니다.

모든 상처를 치료하는 연고

핀란드에서, 작가이자 모델 레나로부터

나는 1961년 에스토니아에서 태어났습니다. 그 당시 나의 모국은 소련에 속해 있었습니다. 상상되시나요? 내 삶은 여러 면에서 도전의 연속이었습니다.

나는 차갑고 비판적인 엄마와의 관계를 어려워하는 매우 조용하고 내성적인 아이였습니다. 성인이 되어 명상을 알게 되었고, 10년 동안 피워 왔던 담배도 끊었지만, 이미 치아 몇 개는 빠져 버린 데다, 타인의 시선에 민감한 아가씨였지요. 나는 아주 오랜 시간 동안 깊은 우울감에 빠져 있었습니다.

90년대에, 루이스 헤이의 책이 에스토니아어로 번역되었습니다. 그 책 중 한 권에 이렇게 적혀 있었습니다. "지금 당신의 마음이 아무리 어두울지라도 한때 불과합니다. 어두운 그 순간에도 태양은 여전히 존재하고 있으며 때가 되면 다시 당신을 비출 것입니다." 루이스가 알려 준 또 다른 한 가지는, 관계 치유를 위해 노력하는 것은 결코, 늦지 않았다는 것이었습니다. 이 두 가지 생각으로 인해 나는 안도감을 느꼈을 뿐 아니라, 영혼의 날개를 얻게 되었습니다. 루이스는 태양 같았고, 내 민족과 내 마음속에 있는 먹구름을 뚫고 환한 빛을 비추어 주었습니다.

나는 가능한 한 루이스 헤이의 책들을 많이 읽고, 그녀가 알려 주는 대로 연습했습니다. 사랑이야말로 수많은 상처를 치료하는 연고임을 이해할 수 있었습니다. 엄마와의 관계를 치유하기 위해서 이를 이용했습니다. 그 밖에도 나 자신을 사랑스러운 눈으로 보는 방법을 배웠고, 내가 본 것을 포용하는 법도 배웠습니다. 나는 깊고 어두운 우울을 벗어 버렸고, 이제는 가능성과 기쁨의 삶을 살고 있습니다. 루이스에게 진심으로 감사드립니다.

사랑을 찾아 떠나는 여행

하와이에서, 교육 조교인 미시티 마리로부터

처음 사랑에 빠졌던 열여섯 살 때부터 내 여행은 시작되었습니다.

나는 열일곱 살에 아들을 낳았고, 스물세 살에 딸을 낳았습니다. 우리가 만난 지 3년 정도 되었을 때, 나는 내 사랑이 마약에도 중독되었다는 것을 알게 되었습니다. (그때 이미 남자친구는 알코올 중독 상태였습니다)

남자친구의 알코올 중독으로 인해 나는 정서적·심리적·육체적으로 부정적인 영향을 받았습니다. 이 불행한 삶은 편두통과 걱정의 형태로 나타났습니다. 우리 관계는 진실성도, 서로에 대한 존중도 책임도 없었습니다. 사랑 또한 부재했지요. 그런데도 나는 아직 사랑하고 있다고 믿었습니다. 남자친구에게 자신의 삶을 살펴보라고 동기 부여를 하면서, 우리가 함께 아름다운 가족을 구성하고 살 수 있을 것이라는 환상의 세계에 빠져 살았습니다. 나에게는 그를 변화시키는 것이 최우선 과제였습니다. 그리고 나머지 시간에는 심리학 학사 학위를 따기 위해 공부하는 학생이자 엄마이자 유치원 선생님이었는데, 이 역할들로 인해 그에 대한 내 집중력은 흩어지기 일쑤였습니다.

모든 고통과 괴로움이 사라지기를 바라는 마음으로, 우리 가정에 아무런 문제가 없는 척하면서 모든 것을 순리에 맡겨 보려고 했던 적도 있었습니다. 그런 와중에 아이들은 점점 자라났고, 두

2부 일상

려움과 걱정, 역기능, 가정에서 느껴지는 불편한 감정들을 표현하기 시작했습니다. 나에겐 정말 변화가 필요했지만, 어디에서 힘을 얻어야 하는지조차 몰랐습니다.

그런데 말이지요, 엄마가 루이스 헤이의《나는 나를 사랑하기로 했다》를 주시는 순간, 어디서 힘을 얻어야 하는지 알 수 있었습니다. 책을 읽기 시작하면서 나는 루이스가 직접 이야기해 주는 느낌을 받았습니다.

그녀의 말은 충격이었습니다. "매일 자신 삶에서 원하는 것을 자신에게 선언하라. 마치 그것을 지금 가지고 있는 것처럼 선언하라." 바로 그 순간 나는 남자친구를 변화시키는 것이 아니라 나 자신을 변화시키는 데 집중할 필요가 있다는 것을 깨달았습니다.

나는 자기 계발 부류의 출판물에 빠져들었습니다.《치유》는 내게 성서가 되었고, 밤마다《나는 할 수 있어》CD를 들었습니다. 루이스는 내가 꼭 필요했던 힘을 되찾을 수 있도록, 그리고 행복해질 수 있도록 좋은 도구와 영감을 주었고 동기 부여를 해 주었습니다. 이 얼마나 아름다운 생각인가요? 나는 우리가 모두 실제로 선택하고 있으며, 우리가 누리는 유일한 순간이 바로 지금 여기라는 것을 알게 되었습니다. 조건 없이 자신을 사랑하고 용서하는 연습을 하는 것은 우리 삶에서 꼭 필요한 일입니다.

남자친구와 만난 지 10주년이 되던 날, 나는 우리의 관계를 끝내고 아이들과 함께 행복해졌습니다. 이제 내 삶엔 평화, 기쁨과 깊은 사랑이 넘쳐흐른답니다. 나는 이것이 진실이라고 믿으며,

실제로 그렇습니다. 내게 사랑과 용서, 변화라는 선물을 준 루이스에게 진심으로 감사 드립니다.

한 번의 기분 좋은 포옹이 내게 미친 영향

스페인에서, 의사인 말세라로부터

나는 오랫동안 내 삶에 중요한 가르침을 준 루이스 헤이에게 감사 편지를 쓰기를 바랐습니다. 그리고 오늘이 바로 그날입니다.

오래전 내가 힘들어하고 있을 때 사랑하는 친구 한 명이《치유》를 선물해 주었습니다. 나는 책 표지와 제목을 훑어보면서 생각했습니다.

'이게 뭐야! 지금 나 놀리는 거야? 점잖게 말하자면, 루이스는 내 유형이 아녔습니다.

그러나 나는 곧 "제자가 준비되면 스승이 나타난다."라는 말이 진실이라는 걸 깨닫게 되었습니다. 나의 저항에도 불구하고, 루이스는 내 삶에 계속해서 나타나기 시작했습니다. 내가 그녀의 이야기에 귀를 기울일 준비가 될 때까지 말입니다.

나는 외부적으로 성공하고 칭찬과 인정을 받는 사람이었지만, 그런데도 나 자신을 사랑하지 않는다는 것을 알게 되었습니다.

그 사실은 인정하기 힘든 것이었습니다. 나는 과학·의학에 관한 전문 교육을 받아 왔기 때문에 루이스의 생각을 실험해 보

2부 일상

기로 마음먹었습니다. 즉 30일 동안 날마다 거울을 보며 "난 널 사랑해."라고 말하기로 한 것이지요. 실험하면서도 성공할 것이라는 기대는 하지 않았습니다. 나는 무관심한 눈빛으로 거울 속의 나를 바라보았고, 거울 속의 나는 이방인 같았습니다. 실험하기 전보다 더 초조해지고 기분이 나빠지자, 나는 루이스 헤이의 말을 따르지 않기로 했습니다.

그런데 생각지도 못한 일이 벌어졌습니다. 새로운 도시로 이사하게 되었고, 특히 힘든 한 주를 보내고 있었을 때였습니다. 2개월 전에 만난 내 이웃이 나를 가볍게 안아 주는 게 아니겠어요? 그제야 지난 2개월간 그 누구와도 신체적 접촉을 하지 않았다는 것을 깨달았습니다. 그동안 내가 얼마나 사랑에 굶주려 있었는지를요. 두 달에 한 번 포옹이라니, 일 년에 고작 여섯 번밖에 안 되는 것이더군요.

나는 루이스의 연습을 약간 변형해서 다시 도전해 보기로 결심했습니다. 이번에는 실제로 나를 안아 주기 시작했습니다. 처음에는 하루에 네 번씩 안아 주었습니다. 물론 그렇게 하는 것이 편하진 않았지요.

그렇지만 나는 체중 조절을 하는 것처럼 하루에 여덟 번, 열두 번 하는 식으로 순차적으로 늘려 가면서 이 과정을 진행했습니다. 나 자신을 안아 주기 시작하자 "널 사랑해."를 비롯하여 용기를 주고 애정 어린 말이 따라 나왔습니다.

나를 안아 주고 사랑한다고 말해주는 것은 삶에 큰 영향을 주었습니다. 나는 사랑이 가득한 부모가 귀한 아이를 안아 주고 어르는 것처럼 나를 안아 주었고, 안전감을 느꼈습니다. 그리고 무엇보다 나 자신이 사랑받는다는 느낌을 받았습니다.

지금도 여전히 힘든 날이 있지만, 그때마다 나는 우울의 늪에 빠지는 대신 '나를 더욱 사랑해 줘야 하는 때구나'라고 생각하게 되었습니다.

나는 매일 나 자신을 안아 주는 일정을 잡습니다. 그리고 항상 이 약속을 지키지요. 왜냐면 내 인생에서 가장 중요한 존재와의 만남이라는 것을 잘 알기 때문입니다. 한 가지 더 말씀드리자면, 직장에서 나를 안으면, 사람 대부분은 내가 추워서 그런 것으로 생각합니다. 덕분에 나는 사람들에게 나의 행동에 관해 설명할 필요도 없답니다.

루이스, 당신에게 늘 신의 은총이 함께하길 빕니다.

루이스와 함께하는
내면 치유 작업

─── ◆ ───

머리부터 발끝까지 온전한 사랑을 느끼게 해 주는 완벽한 관계를 상상해 봅시다. 이것은 바로 자기 자신을 사랑할 때의 느낌으로, 우리는 이와 같은 자기 사랑을 통해 성취감을 느끼기 위해 다른 사람의 반응에 의존해 마음의 짐을 덜게 됩니다. 자기 자신과의 관계는 여러분이 평생 함께할 한결같고 지속적인 관계입니다. 그러니 자신과 최고의 관계를 맺으세요! 여러분은 절대적으로 사랑받을 자격이 충분합니다.

이를 위해 그 어떤 이유도 필요하지 않으며, 그 누구도 설득할 필요도 없습니다. 단지 자신이 사랑받을 자격이 있다는 것을 알아차리기만 하면, 다른 사람들도 자연스럽게 여러분을 사랑으로 대할 것입니다.

다음의 연습을 통해, 사랑에 대한 여러분의 신념을 보다 깊이 살펴보도록 합시다. 여러분이 찾은 답을 종이나 노트에 적어 보세요.

스스로 비난하는 자아

비난은 내면의 영혼을 파괴할 뿐, 어떤 것도 변화시키지 못합니다. 반면에 칭찬은 영혼을 드높이고 긍정적인 변화를 일으킵니다. 사랑과 친밀한 관계와 관련하여 여러분이 스스로 비난했던 방식을 두 가지 정도 적어 봅시다. 아마도 여러분은 여러분이 느끼고 있었든 감정이나 필요로 했던 것을 상대방에게 말조차 하지 못했을 것입니다. 아니면 상대방에게 헌신하는 것을 두려워할 수도 있으며, 여러분에게 상처를 주는 파트너를 끌어당기고 있을지도 모릅니다.

자, 결점을 찾은 뒤에는, 이런 상황에서 자신에게 어떤 칭찬을 해 줄 수 있을지 생각해 봅시다.

나는 나 자신을 사랑해

종이나 노트 맨 위에다가 다음과 같이 적어 봅시다.

나는 나를 사랑한다. 그러므로 …

가능한 한 많이 이 문장을 완성해 보세요. 매일 자신이 쓴 내용을 읽어 보세요. 그리고 새로운 생각이 떠오르면 이 목록에 추가하세요. 만약 함께 연습할 수 있는 파트너가 있다면 그렇게 해도 좋습니다. 서로 손을 잡고 번갈아 가면서 말해 보세요. 이 연습의 가장 큰 이점은 자신을 사랑한다고 말하는 것과 동시에 자신을 비난하기는 힘들다는 점입니다.

사랑과 인간관계에 대한 느낌

자, 이번에는 할 수 있는 한 아래의 질문에 답해 보세요.

1. 어렸을 때 사랑에 대해 어떻게 생각했나요?

2. 당신의 파트너나 배우자가 부모님 중 한 분을 닮지는 않았나요? 닮았다면 어떤 점이 닮았나요?

3. 마지막으로 정리를 했던 가까웠던 관계(친구, 연인, 배우자) 2건에 대해서 생각해 보세요. 두 사람 사이에서 가장 큰 문제는 무엇이었나요?

4. 이 문제가 혹시 부모님 중 한 분(혹은 두 분 모두)과 당신과의 관계를 연상시키지는 않나요? 그렇다면 어떤 점에서 그런가요?

5. 이 패턴을 변화시키기 위해 당신은 누구를 혹은 무엇을 용서해야 하나요?

6. 새로운 이해를 통해, 당신은 인간관계가 어떻게 되길 바라나요?

거울 연습

우리 자신을 사랑하는 방법으로 거울 연습은 매우 효과적입니다.

매일 거울 속 자신을 들여다보면서, 대개의 사람은 자신에게 부정적인 말을 하곤 합니다. 그래서 자신 외모에 대해 비판하거나 어떤 일에 대해 자신을 몹시 꾸짖는 자신을 발견하곤 합니다. 이제 이 습관을 바꿀 때가 왔습니다.

거울 앞으로 가서 자신 눈을 들여다보면서 다음과 같이 말해 보세요. "나는 너를 사랑해. (자신의 이름)야, 나는 정말 정말 너를 사랑해!" 매일 아침, 이 연습을 해 보세요. 점점 이 연습하는 것이 쉽게 느껴질 것입니다. 그리고 여러분의 삶에 사랑이 놀랍게 넘쳐 날 것입니다.

사랑과 친밀함

여러분의 사랑에 대해 가지고 있는 신념을 한번 살펴봅시다. 아래의 질문에 각기 답해 보세요. 한 질문이 마칠 때마다, 답으로 찾은 부정적인 신념을 상쇄시킬 수 있는 긍정 확언을 한 개 이상 찾아 이를 말해 보세요.

1. 당신은 스스로가 친밀한 관계를 맺고 누릴 자격이 있다고 생각하나요?
2. 당신은 자신 혹은 다른 사람을 사랑하는 것이 두려운가요?
3. 이 신념으로부터 당신이 '얻는' 것은 무엇인가요?
4. 이 신념이 사라진다면, 어떤 일이 벌어질 것이 가장 두려운가요?

확언 목록

- 나는 사랑이 넘치고 사랑스러우며 사랑을 받는다.

- 나는 내가 친근한 사랑을 할 수 있도록 허락한다.

- 나는 사랑 받을 자격이 있다. 나는 지금 오래 지속되는 깊은 관계를 만든다.

- 사랑과 인정은 내 것이다. 나는 내 자신을 사랑한다.

- 나는 사랑을 표현한다. 어디에 있든지 사랑을 끌어당긴다.

- 나는 기꺼이 내 안에 사랑이 깃들게 한다. 사랑을 받아도 안전하다.

- 사랑에 대해 마음을 열면 열수록, 나는 점점 더 안전해진다.

- 나는 나 자신에게 친절하고 나 자신을 사랑한다. 내 파트너 또한 나에게 친절하고 나를 사랑해 준다.

- 사랑을 하는 것은 안전한 일이다.

- 그 누구도 나를 괴롭힐 순 없다. 나는 나 자신을 돌보며, 나 자신에게 감사하며 나 자신을 존중한다.

- 내가 나 자신으로 존재할 때, 사람들은 나를 사랑한다.

- 내가 어디에 있든, 나는 사랑 받고 안전하다.

- 나는 멋지고 사랑이 넘치는 경험을 내 삶에 가져온다.

- 나는 완전히 나 자신을 받아들이며 내 내면 아이도 잘 돌본다.

- 나는 나 자신과 내 여성성(남성성)도 사랑한다.

- 나는 사랑을 가득 담은 눈으로 나를 본다. 나는 안전하다.

- 내가 내 몸을 사랑하는 만큼 내 배우자도 나를 사랑한다.

- 나는 기쁘고 자유롭게 내 욕구를 표현한다. 사랑은 나를 자유롭게 한다.
- 나는 내 몸이 즐겁게 지낼 수 있도록 허락한다.
- 점점 나 자신과 다른 사람을 사랑하는 것이 쉬워진다.

사랑에 관한 치유 확언

내 존재의 깊은 중심에는

무한한 사랑, 기쁨, 평화, 지혜라는 우물이 있다.

나는 지금 잠시 의식적으로

내 안에 있는 그 무한한 사랑의 우물로 간다.

나는 그곳에 있는 사랑을 느낀다.

그리고 그 사랑이 성장하고 확장되어 퍼져 나가도록 한다.

나는 나의 세상에 사랑과 친밀한 관계를 끌어당긴다.

나는 사랑 받을 자격이 충분하다.

나는 부모님이 아니며,

부모님이 가지고 있었던 관계 방식도 내 것이 아니다.

나는 오직 독특한 나 자신으로,

오래 지속되는 사랑이 넘치는 관계를 만들고

지속해 가는 것을 선택한다.

그 관계는 나에게 도움을 주고 나를 지지해 준다.

이것이 내 존재의 진실로,

나는 지금 이것을 있는 그대로 받아들인다.

내가 사랑하는 나의 세상에서는 모든 일이 다 잘된다.

3부
감정과 행동

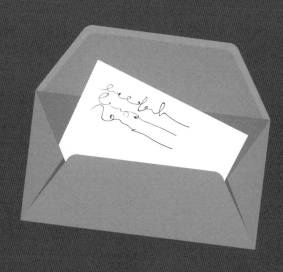

8장
정신적으로 건강해지기

자신이 하는 모든 생각과 감정을 선택할 수 있다는 사실을 받아들일 수 있게 되면, 정신 건강과 행복 또한 선택할 수 있게 됩니다. 그러나 자신 생각에 대한 책임을 인정하라는 말이 비난을 받아들이라는 의미는 아닙니다. 자신을 사랑하고 존중하는 하나의 방법으로 매 순간 새로운 생각을 의도적으로 선택함으로써 자신의 마음을 조절하는 것을 의미할 뿐입니다. 이때까지 그래 왔다는 이유로, 계속해서 자기 파괴적인 방식을 취할 필요는 없습니다. 우리는 오래된 부정성과 절망감을 강화하는 대신 어떤 고통이나 장애가 닥치더라도 더 나은 삶을 살 수 있도록 에너지를 사용할 수 있습니다.

다음에 나오는 사람들의 이야기는 정신의 건강을 위해 몸과 마음 모두에 나타난 수많은 장애물을 어떻게 이겨 냈는지에 대한 것입니다.

모성 에너지

오리건에서, 작가이자 편집자인 매디신

어느 날 엄마가 오디오 테이프 하나를 잡아 주시면서 "이걸 한 번 들어 보렴. 눈물이 날지도 몰라."라고 말씀했지요.

1990년대 초, 나는 오랜 난관에 봉착해 있었습니다. 2년간 심하게 아팠지만, 주치의도 치료 방법을 몰랐고, 나 역시 어떻게 해야 할지 몰랐습니다. 내 삶은 항우울제를 끊임없이 복용해야 하는 삶으로 바뀌었습니다. 한 가지 약의 용량을 최대로 늘려도 증상이 개선되지 않으면 다른 약을 먹을 수 있을 때까지 먹고 그래도 안 되면 또 다른 약을 먹어야 했습니다. 설상가상으로 아빠마저 갑자기 세상을 떠나 버렸습니다.

그러던 어느 날, 종종 들르는 동네 서점에서 루이스 헤이에 대해 듣게 되었습니다. 그동안은 서점에서 아무것도 사지 않았는데, 그 이유는 자기 계발 서적과 도구가 너무 많아서 어떤 것이 도움이 될지를 몰랐기 때문이었지요.

조용한 어느 날, 나는 엄마가 주신 테이프를 집어 들었습니다. 카세트 플레이어에 테이프를 넣고 헤드폰을 쓴 뒤 소파에 누웠습니다. 루이스의 목소리를 듣자마자 모성 에너지가 나를 둘러싸고 있다는 느낌을 받았습니다. 꼭 그녀의 온화한 목소리 때문만은 아니었습니다. 목소리와 말 이면에 숨겨진 의도가 느껴졌습니다. 엄마 말씀이 맞았습니다. 나는 울었습니다.

테이프를 듣는 동안 이제껏 알아차리지 못했던 내 안에 있는 무언가의 울림이 느껴졌습니다. 그날 그 테이프가 나를 치유하는 여행의 문을 열어 준 것이지요. 마치 치유를 시작해도 된다는 허락을 받은 느낌이었고 내면 아주 깊은 곳에서 모든 것이 잘될 것이라는 감이 왔습니다. 나는 즉시 서점에 갔고, 명상 서적과 관련 물품을 구매했습니다.

그리고 하루에 한 시간씩 믿음을 갖고 그 내용을 들었습니다.

천천히 내 세상은 열리기 시작했고, 변화가 일어났으며, 내가 원했던 방법으로 나를 도와줄 수 있는 사람들을 만났습니다. 오랜 시간이 걸렸고, 지금도 여전히 배우고 성장하고 있습니다. 치유를 시작했던 초기 시절을 되돌아보면, 나는 이 모든 것을 혼자 힘으로 할 수 없었다는 것을 알게 됩니다. 나는 다른 누군가를 도울 수 있는 사람이 되어, 헤이 하우스 출판사에서 책을 내는 작가가 되기를 꿈꿉니다.

인생을 새롭게 바라보기

영국에서, 작가이자 가정교사인 재키로부터

열 살짜리 아들을 둔 쉰한 살의 여성으로서, 내 삶에 관한 이야기를 나누고 싶습니다.

나는 태어나서 8개월 동안은 모유를 먹을 수 있었지만, 엄마

3부 감정과 행동

는 너무나 지쳤기에, 모유 수유를 중단하고자 의사에게 도움을 청했습니다.

의사는 쓴 약을 유두에 바르라고 제안했고, 그 방법은 실제로 효과가 있었습니다. 그리고 바로 그 순간, 나는 '거절당함'을 경험하게 되었습니다. 음식의 근원이자 통로를 빼앗긴 것입니다. 먹는 것뿐만 아니라, 사랑을 전하고 편안함을 느끼며 엄마와의 유대감을 느낄 수 있던 부분들도 박탈당했습니다. 이 경험으로 인해 내 삶 전체가 산산이 부서지기 시작했습니다.

네 살 때는 목에 커다란 혹이 나서 수개월간 입원해야 했습니다. 그 당시 의료 시스템은 어린아이를 다른 환자들과 함께 두지 않았습니다.

여러분은 병원에 홀로 남겨진 아이의 심정이 상상이나 되십니까? 퇴원하기로 예정했던 날 병원에서는 목에서 다른 혹을 더 찾아냈고, 검사를 위해 몇 주 더 입원시켰습니다. 어린 나에겐 정말로 정말 끔찍한 일이었지요.

나는 그렇게 수년간을 우울하게 지냈습니다. 나의 10대요? 나는 알코올 중독자였으며, 세 번이나 성폭행을 당했고, 어른이 될 때까지 늘 병과 종양과 함께였습니다. 그뿐만 아니라 술에 취해 사고가 일어나 머리에 중상을 입었습니다. 17년간 한 남자와 살면서 개와 고양이처럼 싸워댔습니다. 마침내 우리가 헤어졌을 때, 알코올과 마약 중독자였던 그는 자살해 버렸습니다.

마흔한 살 때, 나는 참으로 멋진 남자를 만나 아름다운 아이를 얻게 되었죠. (사실 나는 그때까지 아이를 가질 수 있다고 생각조차 못 했습니다. 아이를 갖는 것은 너무나 멋진 일이었지요.) 아들이 태어나고 나서 다시 몸이 아팠습니다. 폐렴과 기관지염으로 인해 실신하게 되었고, 실신하면서 머리에 입은 충격으로 종양이 생겼지요. (다행히 종양은 탁월한 동종요법으로 치료 되었습니다.) 그뿐만 아니었습니다. 산후우울증 때문에 아들에게 모유 수유를 할 수 없었는데, 이는 나에게 큰 충격이었습니다. 문제는 여기서 끝나지 않았습니다. 8년 동안 미각과 후각을 잃었고, 귀에 심각한 염증이 생겼으며, 늘 기진맥진했습니다.

쉰 살에 루이스 헤이의 〈치유〉 워크숍에 참가하여 확언의 힘, 자기 사랑, 치유를 위한 용서에 대해 배우기 시작했습니다. 그때부터 나는 과거에 연연하지 않게 되었지요.

이 너무나 아름다운 여성과 그녀의 철학은 나에게 삶을 완전히 새로운 방법으로 볼 수 있게 도와주었습니다. 요즘 나는 아프지 않습니다.

우울하고 가라앉는 대신 삶의 경험들에 대해 풍요로움을 가져다줄 모험과 도전으로 생각합니다.

루이스 헤이! 감사합니다. 진심으로 사랑합니다.

　　　　　　　　　　　　　　　　　3부 감정과 행동

루이스의 처방

캘리포니아에서, 음악 예술가이자 작가이자 사업가인

캐롤린으로부터

1990년대 중반, 루이스 헤이의 책《치유》와《힐 유어 바디》는 내 건강 요법의 일부가 되었습니다. 당시 나는 조울증 진단을 받고 병원에서 처방한 치료가 아닌 다른 방법을 찾고 있었지요.

몸에 조금이라도 불균형이 나타날 때마다 루이스 헤이가 처방한 명상록을 치료제로 여기고 적용했습니다. 낮에 일을 할 때 경험했던 불편한 감정은 확언 중에서 하나를 선택하여 정리했습니다. 건강에 도움이 되는 좋은 식이 요법과 운동 프로그램을 병행함으로써 약물 치료 없이 회복되었을 뿐만 아니라, 지금은 1년에 감기 한 번 안 걸릴 정도로 건강해졌습니다.

루이스가 제시한 연습을 아직도 하고 있으며, 앞으로도 할 것이며, 이는 내가 지속해서 건강할 수 있게 해 주는 요소이기도 합니다. 루이스, 이 모든 것을 가능하게 해 주셔서 감사합니다. 내 인생에도 감사합니다.

새로운 나로 태어나다

조지아에서, 작가이자 예술가인 에이프릴로부터

어둡고 캄캄한 먹구름, 옛이야기에 나오는 '재앙을 예언하는 사람', '대립을 일삼다', 절망적이기만 하다……. 이것이 4년 전 헤이하우스를 알기 전의 내 모습이었습니다. 어떤 이들에게는 삶이 주는 교훈들이 아주 쉽고 편안하게 오지만, 또 다른 이들 - 나와 같은 - 에게는 어쩔 수 없이 선택할 수밖에 없는 전쟁처럼 다가오기도 합니다. 우리 내면과 외면의 악마들에게 자기혐오와 부정적인 태도, 종이로 만든 칼을 들고 싸워 이길 수 있다고 믿는다는 것은 불가능한 일일뿐더러 믿을 수 없으리만치 순진무구한 것이지요. 이런 도전은 오히려 상황을 악화시키고, 우리 자신을 더욱더 깊은 어둠 속으로 가라앉게 합니다.

나는 삶의 대부분을 거친 영혼의 바다에 익숙해지는 데 소모했고, 20년이라는 시간이 걸려서야 자신에게 주었던 고통과 분노를 받아들이고 그런 나조차도 사랑할 수 있게 되었습니다. 나아가 이 삶에서 내가 있을 만한 장소를 찾았지요. 젊은 시절 조울증을 진단받았음에도 불구하고, 삶의 깨달음을 얻기 위한 여행을 떠날 때는 난파에 대한 걱정 없이 돌진할 수 있었습니다.

내 주변을 둘러싼 혼란은 마치 인적 없는 귀신 마을에나 있을 법한 말라비틀어진 회전초(가을만 되면 줄기 밑동에서 떨어져 공 모양으로 바람에 날리는 잡초로, 자신 내면과 떨어져 방황하고 힘들어하

3부 감정과 행동

는 자신을 비유 함-역자 주)와 같았으며, 숨이 막히게 하는 뿌연 먼지처럼 시야를 가로막고 아무것도 보지 못하게 했습니다. 내 상태(조울증)에 직면하고, 삶에 책임을 지기 위해 노력하는 것으로써 나의 치유 여정은 시작되었습니다.

나는 아주 가느다란 빛을 따라 어둠 속을 더듬더듬 기어나가는 과정에서 희망의 씨앗을 만났습니다. 웨인 다이어 박사의 글을 통해 내 소명이 작가가 되는 것임을 알아차리게 되었던 것입니다. 디팩 초프라(Deepak Chopra, 세계적인 영성 철학자이자 대체 의학자)는 한계 없이 살아가는 것과, 직관의 힘을 어떻게 받아들이고 인정하는지 알려 주었습니다. 도렌 버츄의 천사 카드 또한 나 자신을 치유하는 데 도움이 되었습니다. 내 삶은 루이스 헤이에게 깊은 영향을 받았으며, 이 영향은 단지 책에 국한된 것만은 아니었습니다.

나 자신을 치유하는 여행은 어린 시절의 충격적인 경험에서 비롯되었습니다. 내 10대는 깊은 분노와 우울의 흔적으로 가득했습니다. 20대는 중독·자살 시도·정서 불안정 상태로 점철되어 있었지요. 이렇게 상처투성이의 삶에서 나는 다시 태어났습니다. 내가 경험한 것을 이렇게밖에는 달리 설명할 방법이 없습니다. 루이스는 나 스스로 치유할 수 있도록 도와주었고, 나는 마음을 먼저 치유하기 시작했습니다. 그런 이후에 오래된 상처의 껍질들을 하나씩 벗겨 내기 시작했고, 어둠에 가려졌던 순수하고 밝은 부분을 만나기 시작했습니다. 내 조울증을 놀랍도록 회복시키고 이를 관리할 수 있게 해 주었던 힘은 바로 내 몸과 마음 그리고 영혼의 재탄생과 함께 신념이 낳은 결과였습니다.

루이스의 비전은 나의 비전을 찾는 데 도움을 주었습니다. "감사합니다."라는 말로는 충분치 않습니다.

"만약 당신이 제한적인 신념을 받아들인다면, 그것이 당신에게 진실이 될 것입니다." 루이스의 이 말로 인해 나는 다시 일어날 수 있었고, 스스로 짊어졌던 제약을 내려놓을 수 있었습니다.

희망

플로리다에서, 피트니스 코치(fitness coach,
스포츠 선수들의 체력과 컨디션을 담당)이자
라이프 코치(life coach, 인생을 조언해 주는 직업)이자
심리학자인 멜바로부터

나는 우루과이의 몬테비데오에서 태어났습니다. 어머니는 감미로운 목소리로 내 영혼을 살찌웠고, 마음을 따뜻하게 해 주었습니다. 그러나 다섯 살 때 어머니는 앞으로 세상을 떠나 버렸고, 내 삶은 공허함과 외로움으로 가득 차기 시작했습니다. 아버지마저 심장마비로 세상을 떠나면서 나는 홀로 남았습니다. 제삼 세계의 다른 많은 아이처럼, 나 역시 집이 없는, 기아와 사랑에 굶주려 있는 아이였지요.

10대가 되어 간신히 허드렛일을 하나 구하게 되었습니다. 하루는 바륨(신경안정제)이 반쯤 남은 약병을 발견하게 되었고, 이 지옥 같은 삶의 고통을 끝내기 위해 약을 모두 삼켜버렸습니다. 그러나 나는 죽지 못했고, 병원에서 깨어나자마자 살아 있음을 슬퍼하며 울었습니다. 내가 일하던 곳의 사람들은 정신적인 문제를 안고 있는 10대를 책임질 수 없다며 나를 내보냈습니다. 내 상태는 더 악화하였고, 다음번엔 손목을 그어야겠다고 마음먹었죠.

그때 한 간호사가 내게 기적을 가져다주었습니다. 내 삶을 구해 준 루이스 헤이의 그 책, 바로《치유》였습니다. 그 책을 읽어 나가는 동안 몸과 영혼과 가슴에서 무언가가 느껴지는 걸 알았습니다. 아직도 그때를 기억합니다. 처음으로 희망을 느꼈던 순간이었으니까요.

나에게 루이스는 어린 나이에 잃어버린 나의 어머니자 친구였습니다. 나는 그녀의 책들을 최대한 많이 찾아 읽었습니다. 책을 읽고 오디오를 들었으며, 확언 카드를 지니고 다니다가 필요할 때마다 꺼내서 봤습니다.

루이스 헤이를 알게 된 뒤부터 참으로 많은 기적이 일어났습니다.

- 내면에서 항상 울고 있는 불안하고 외로운 나를 돌봐줄 방법을 배웠습니다.
- 부정적인 생각, 죄책감, 비탄, 슬픔으로부터 자유로워졌습니다.

- 나는 여전히 10대지만 다른 사람들을 돕기 위해 열심히 일합니다. 기회가 될 때 대학에 가서 심리 치료사가 될 것입니다.
- 몸, 마음, 영혼이 모두 하나라는 것을 알고 난 뒤 피트니스 지도자가 되었습니다. 사람들에게 자신이 가지고 있는 생각을 바꿈으로써 인생 또한 바뀔 수 있다고 이야기하지요.
- 나는 극심한 가난의 상태에서 안정적인 상태로 바뀌었습니다. 그러나 내 심장과 영혼은 어떤 목적과 의미를 찾고 있습니다. 그래서 나는 경제적인 안정을 포기하고 내 내면의 평화와 자유를 얻기로 했습니다. 지금 나는 내가 할 수 있을 때마다 병원에서 자원봉사를 하고 있습니다. 특히 나는 아이들과 있는 것을 좋아합니다. 나는 아이들에게 사랑을 주며, 잘해 나갈 수 있도록 용기를 북돋워 줍니다.

몇 개월 전, 나는 삶의 매 순간을 사람들에게 '희망'이라는 단어를 알려 주기 위해 투자해야겠다고 결심했습니다.

루이스, 감사합니다. 오늘도 마음속의 당신과 함께 대화하고, 숨 쉬고, 먹고, 자고 움직입니다.

276

영혼의 외침

스페인에서, 학생 마리나로부터

2002년, 아주 특별한 방법으로 루이스 헤이를 알게 되었습니다. 그 무렵 나는 길을 잃은 것만 같았고, 누군가 혹은 무엇인가가 나를 도와 주기를 간구하고 있었습니다. 스물세 살 때 어떻게 《치유》를 만났는지 분명하게 기억합니다. 친구 집에 머물기 위해 가던 도중에 나는 외쳤습니다. "제발 나를 좀 도와주세요!" 그리고 나서 친구의 책꽂이를 살펴보다가 답을 찾았는데 사실 그것은 시작에 불과했습니다. 후에 나는 기적이 모든 곳곳에 있다는 걸 알게 되었거든요.

당시 나의 삶은 절망적이었습니다. 극심한 우울증에 시달렸고, 어릴 때부터 앓아 온 거식증과 폭식증에 시달리고 있었습니다. 모든 것이 엉망이었습니다.

주말 동안 친구 집에 머물면서 루이스의 책들을 모두 읽었습니다.

그리고 잠시 충격에 빠졌습니다. 살아가는 동안 그 누구도 내게 생각이 무언가를 창조해 낼 수 있다고 말해 준 이가 없었습니다. 나는 이 사실을 받아들일 수 없어서 화가 나는 동시에 책에 나온 대로 시도하면 좋은 일이 일어날 수 있다는 사실에 위안을 얻었습니다.

그래서 그다음 단계로 루이스 헤이의 책을 사서 루이스의 확언을 해 보기 시작했습니다. 가장 하기 힘들었던 것은 "나는 나를 사랑한다."라고 말하는 것이었습니다. 짧은 문장이었지만, 이 말을 받아들이기가 결코, 쉽지 않았습니다. 마침내 우울증과 식이장애를 극복하길 원한다면 나 자신부터 사랑해야 한다는 것을 알아차렸습니다. 그리고 물론 그렇게 했습니다.

이제 나는 예전처럼 내 삶을 비참하게 만들었던 문제들을 가지고 있지 않다고 말할 수 있습니다. 식습관이 좋지 않거나 특정한 상황에서 어려움을 느낄 때, 이것이 내 영혼의 외침이라는 것을 기억합니다. 루이스의 확언은 나 자신을 미워하거나 벌 줄 필요가 없다는 것을 알아차리게 했습니다.

내 삶에는 나를 도와준 사람들이 많습니다. 나는 그들 모두에게 감사합니다. 특히 루이스의 메시지는 참으로 명확하며 마음에 깊이 와닿음으로써 치유의 토대가 되었습니다. 당신이 이루어 놓은 모든 작업과 진행하고 있는 모든 일에 감사를 표합니다. 내 삶을 더 나은 방향으로 변화시켜 준 당신에게 큰 사랑을 보냅니다.

긍정적인 생각을 세뇌시키다

앨라배마에서, 부동산 중개인인 자넷 레베카로부터

나는 열여덟 살 때 처음으로 《치유》를 읽었습니다. 당시 나는 아버지를 잃은 2년 전보다도 더 자주 자살 충동과 우울증으로 고통

받고 있었습니다. 나는 종교적인 비난과 거절로 채워진 불행한 어린 시절을 보냈습니다. 뚱뚱하고 재능이 없다는 말을 들을 때마다 수치심을 느끼곤 했습니다.

수많은 종류의 항우울제를 복용해 봤지만, 효과가 없었습니다. 그러던 중 루이스 헤이의 책을 발견했고, 그 책을 통해 이전에는 있는지조차 몰랐던 힘이 나에게 있다는 것을 알게 되었습니다. 내가 믿는 모든 것에 대한 선택권과 책임이 나에게 있다는 생각은 마음의 문을 넓혀 주었습니다.

나는 오랫동안 가지고 있었던 부정적인 신념들을 없애기 위해 나 자신에게 긍정적인 생각들을 세뇌하기 시작했습니다. 첫째로, 신이 나를 사랑하는 것을 깨달았습니다. 전에는 이해하지 못했던 무조건적인 사랑을 주신다는 것을 말입니다. 둘째로, 내가 부모의 자녀이기 전에 신의 자녀라는 사실을 깨달았습니다. 나는 자유, 평화, 한없는 사랑, 아름다움, 내 외면의 풍요, 지칠 줄 모르는 힘과 높은 곳으로부터 온 지혜의 깨달음이 나에게 준 모든 가능성에 대해 흥분을 멈출 수 없었음으로써 치유의 토대가 되었습니다. 당신이 이루어 놓은 모든 작업과 진행하고 있는 모든 일에 감사를 표합니다. 내 삶을 더 나은 방향으로 변화시켜 준 당신에게 큰 사랑을 보냅니다.

삶의 축복

하와이에서, 영적 존재인 쥬디로부터

루이스 헤이를 만나기 전에 내가 믿고 있었던 것입니다.

- 나는 실수투성이야.
- 나는 언니와 자주 싸워.
- 엄마는 1) 내가 태어났기 때문에, 2) 언니와 내가 너무 많이 싸워서 자살하신 거야.
- 엄마는 날 충분히 사랑하지 않았어. 내가 충분히 자랄 때까지 충분히 옆에 있어 주지 않았으니까.
- 엄마는 조현병 환자였고 그건 유전적인 거야. 그러니까 난 아이를 가지면 안 돼.
- 나는 결코 훌륭한 사람이 아니야.
- 아무도 나를 좋아하지 않아.
- 나는 아빠의 인정을 받을 수 있는 그런 사람이 아니야.
- 나는 늘 버림받곤 해.
- 나는 거짓말쟁이였어.
- 내 몸을 보호할 권리도, 물건을 가질 권리도 내겐 없어.
- 사람들이 날 믿어 줄 리가 없어.
- 나는 사랑스럽지 않아.

3부 감정과 행동

스물한 살이 되었을 때 나는 불안신경증 진단을 받고 첫 번째 치료를 시작했습니다. 1년이 지나서야 엄마의 자살이 내 탓이 아니라는 걸 알 수 있었고 그렇게 생각했던 나 자신을 용서할 수 있게 되었습니다.

스물아홉 살이 되었을 때, 나는 이렇게 기도했습니다. "하느님, 내가 홀로 여생을 보내길 원하신다면, 어떻게 해야 할지를 알려 주세요! 만약 그렇지 않고 내가 바라는 대로 살아가길 바라신다면 신체적으로, 정서적으로, 정신적으로 건강한 사람을 보내주세요." 그리고 그렉이 내게 나타났고 나는 뒤를 돌아보지 않았습니다.

그렉과 두 아이가 나를 조건 없이 사랑해 주었음에도, 나는 늘 마음 한편이 허전했습니다. 그때 친구가 루이스 헤이의《치유》를 주었고, 그것을 읽고 나서 진정한 용서를 시작했습니다. 책을 읽고서 부모님 또한 자신들이 아는 방법으로 최선을 다해 나를 키웠다는 것을 알게 되었습니다.

루이스는 또한 내가 내면 아이와 공감하고 연결되어야 한다는 점을 알게 했습니다. 나는 내 내면 아이를 갓난아기에게 하는 것처럼 침대 시트에 감싸 안아 주었습니다. 그리고 아이의 손을 잡고 밝은 빛 속으로 데리고 나갔습니다. 내면 아이에게 나를 사랑하는 모든 사람을 보여 주며, "이 사람들이 나를 사랑하는 것처럼 너도 사랑해 줄 거야."라고 말해 주었지요. 또한 내면 아이에게 약속했지요. "내가 늘 널 지켜줄게! 네가 다시 다치지 않도록 말이야!"

　루이스가 내 삶에 나타나다니! 나는 축복 받은 사람입니다. 지금 나는 예순 살로, 30년째 아름다운 결혼 생활을 하고 있으며, 사랑스럽고 창의적인 자녀를 두고 있습니다. 지금 나는 하와이에서 삶을 사랑하며 누리고 있습니다. 나는 이 우주가 내게 더 많은 축복을 주고 있다는 것도 알고 있습니다.

　나는 여러분들이 이 글을 통해, 여러분 스스로 루이스가 이야기하는 방법을 통해 자신을 치유할 수 있다는 것을 알기를 바랍니다. 두려워하지 마세요! 그녀의 손을 잡으면, 그녀가 안내해 줄 겁니다. 그리고 여러분의 수호천사에게 도움을 청하는 것을 잊지 마세요! 그들은 여러분이 부탁하기를 기다리고 있으니까요.

내 힘을 되찾다

벨리즈에서, 예술가이자 작가이자 동기 부여 강사인
크리스토퍼로부터

어린 소년이었을 때, 나는 삶을 소중하게 여기고 존중했습니다. 내가 태어난 작은 섬을 사랑했는데, 나에게 있어 이 섬의 식물과 동물은 특별했습니다. 나는 또래들과 폭력적인 게임을 하거나 싸우는 것을 거부 했습니다. 어머니는 내가 어렸을 때 매일 아침 노래를 부르며 일어났다고 말씀하셨습니다. 나는 세상이 아름다운

　　　　　　　　　　　　　　　3부 감정과 행동

것이라고 믿었습니 다.

그러나 세 살에서 여덟 살 사이에 나는 내 감정을 봉인하게 만든 몇 가지 일들을 경험했습니다. 모든 일을 다 기억하진 못하지만, 내 나이보다 두 배나 더 많은 여자아이와 마분지 상자에 벌거벗은 채로 발견된 일을 기억합니다. 그때 나는 집 뒷문 근처에 있는 배수관을 덮는 쇠 살대에서 무릎 꿇는 벌을 받았습니다. 아버지는 창피함을 느끼도록 벌거벗겨 무릎을 꿇렸을 뿐만 아니라 뒷문을 활짝 열어 놓았습니다. 그날 나는 동네 사람들이 나를 비웃으며 내 은밀한 부위를 욕하고 비난한다고 느꼈습니다. 그 사건으로 자존감이 손상되었다는 것을 몇 년이 지나서야 알게 되었습니다.

나는 스물네 살 때 조울증 진단을 받고 병원에 입원하기 전까지 이 수치스러운 기억을 묻어 놓고 살았습니다. 내 삶은 약물 치료로 얼룩졌습니다. 나는 정신 요양 기관에 스물일곱 번이나 다녀오면서 정신 건강을 회복할 수 있는 대안들이 있으리라 생각했습니다. 나의 믿음은 강했고, 건강을 되찾기 위해 다른 방법을 시도하는 데도 마음이 열려 있었습니다. 그러던 중, 여자친구가 루이스 헤이와 그녀의 책《치유》를 소개해 주더군요.

루이스의 이야기는 나를 감동하게 했습니다. 그녀가 어린 시절에 겪은 고통과 자존감 문제에 대한 글을 읽으며 깊은 동질감을 느꼈습니다.

루이스가 분노와 원망을 내려놓고 자신 삶에서 만났던 모든 사람을 용서할 수 있었다는 사실은 나에게 용기를 주었습니다. 내 힘을 빼앗아 간 아버지와 수많은 사람에게 가졌던 분노를 들여다볼 용기를 말입니다. 나는 어린 시절에 받은 학대가 무엇보다도 무지에서 비롯되었다는 것을 깨달았습니다. 그런 점에서 보면, 아버지의 본심은 체벌이라는 방법을 통해 어린 내게 스스로 존중하는 법을 가르치기로 한 것이었지요. 루이스는 나 자신을 인정하는 용기를 주었고, 있는 그 대로의 나를 환영해 주는 사랑의 존재인 내면의 신성을 볼 수 있게 해 주었습니다. 그녀의 책에 나온 확언을 사용하여 나는 마음을 치유하고 생각을 변화시킬 수 있었습니다.

나는 루이스 책의 산증인입니다. 완전히 치유되어 아름다운 벨리즈 섬에서 가장 좋아하는 일을 하면서 하루를 보냅니다. 나는 성공한 예술가이며 작가이자 동기 부여 강사로, 책과 미술을 통해 사람들을 돕고 있습니다. 믿음, 기도, 노력, 관찰 그리고 신의 안내를 통해 나의 천사들이 나를 구해 주었습니다. 루이스 헤이도 그 천사 중 하나입니다.

최고의 삶 만들기

캘리포니아에서, 외판 대표인 조디 리로부터

나는 그동안 정서적으로 나를 학대해 오던 남자와 서른한 살에 헤어졌습니다. 나에게는 세 살이 안 된 아이가 둘 있었고 그중 한 아이는 심각한 병이 있어서 병원을 오가야 했습니다. 나는 과체중에다 직업도 없었습니다. 대출금을 갚아야 했고, 차는 고장이 나서 움직이지 않았으며, 법정 공방 중이었습니다. 우울증과 절망감으로 힘들어하다가 나 자신과 아이들을 위해 심리 상담을 받기로 했습니다. 대기실에서 상담사를 기다리는 동안 루이스 헤이의《치유》라는 책을 발견하고는 몇 페이지를 펼쳐 읽었습니다. 경제적으로 책을 살 여유가 되지 않았기에 상담사가 그 책을 주었지요.

책을 읽으면서 날마다 확언하자 기분이 좋아졌습니다. 곧 달리기도 시작했습니다. 열세 살 이후에는 한 번도 해 본 적이 없었던 운동을 말이에요. 우울함은 엷어졌고, 몸 안팎으로 더 건강해져야겠다는 마음이 커졌습니다. 나는 학교에 들어갔고, 요가를 비롯한 나에게 도움이 될 만한 강의도 찾아다니며 들었습니다. (이전에는 해 보지 않았던 일이었습니다.) 그러는 동안 계속해서《치유》를 읽었습니다. 그 책은 내게 성서(Bible)와도 같았습니다.

얼마 지나지 않아 얼굴에 가득했던 피곤함이 사라지고, 체중이 11kg이나 빠지면서 다시 젊어졌습니다. 공부에 관한 관심이 생기자, 학점도 그 어느 때보다 더 잘 나왔습니다. 표정이 바뀌었듯이 오래 묵은 인간관계도 정리되었습니다. 18년간 의붓아버지에게 느꼈던 불편한 감정이 정리되면서 관계도 건강해졌습니다. 과거의 나는 외곬에다 내성적이어서 거절당하기 일쑤였고, 그때마다 자격이 없다고 자학하곤 했지만 이제 내면의 변화를 통해 이 모든 것이 바뀌기 시작했습니다. 나는 완전히 달라져서 사랑을 잘 주고받기에 이르렀습니다.

힘이 저절로 샘솟았습니다. 아들의 품행에 문제가 생겼을 때는 아들 침대 옆에 확언을 적어 붙여 놓았습니다. 아들을 차에 태워 학교에 데려다주면서, 아들에게 햇빛 가리개 안에 있는 작은 거울을 보고 확언을 큰 소리로 따라 하도록 했습니다. 한 번은 레슬링 경기를 하러 가는 길이었습니다. 경기장에 도착하기도 전에, 아들은 승리를 예감하고 있었습니다. 나는 차 안에서 아들에게 햇빛 가리개 안에 있는 거울을 보고 확언을 하게끔 했습니다. 나 또한 아들에게 힘을 실어 주기 위해 함께 확언했지요. 그날 아들은 레슬링 경기에서 2등을 했습니다. 그날 아들은 처음으로 확언의 강력한 힘을 알게 되었을 겁니다. 그 뒤로 아들은 고등학교에 가서도 자신의 문제에 대해 계속해서 확언했습니다.

루이스! 당신의 책 《치유》를 읽은 지 벌써 20년이 되었습니다. 내면에서 죽어 가고 있는 나를 살려 주어서 감사합니다. 그 당시 나는 서른한 살에 불과했지만 아흔한 살로 살고 있었습니다. 최고의 삶을 살 수 있도록 멋진 도구를 알려 주어서 감사합니다.

위로 나아가다

텍사스에서, 교도관 탤런으로부터

··

몇 년 동안 나는 심각한 정신 질환으로 고통받았습니다. 너무나 비참했기에 자살할 준비까지 되어 있었습니다. 나는 침구사에게 이렇게 살지 않을 수만 있다면 무엇이든 할 수 있을 것 같다고 말했습니다. 그 말을 들은 침구사는 나에게《치유》책을 건네주었고, 그로 인해 내 삶은 완전히 바뀌었습니다.

나는 내용을 완전히 이해할 때까지 여러 번 반복에서 읽었습니다.

먹고 있는 약의 부작용으로 내용을 이해하는 것이 쉽지 않았지만 계속 읽었고, 그 결과 마음속에 더 많은 평화와 체계성을 만들 수 있었습니다. 나는 계속해서 루이스의《당신의 몸을 사랑하라》카세트테이프를 들었고, 이것은 나에게 큰 영향을 미쳤습니다. 테이프를 처음 들었을 때 나는 울었습니다. 그동안 얼마나 내 몸을 사랑하지 않았는지 알았기 때문이지요.

난생처음 거울 연습을 하면서 완전한 수용을 경험할 수 있었습니다. 나는 내가 행복하고 건강해질 자격이 있다는 사실을 깨달았습니다. 확언, 거울 연습, 사랑과 시간이 내게 준 것은 놀라움, 그 자체였습니다. 지금 나는 나라는 존재를 있는 그대로 즐기고 있습니다. 아기였을 때를 제외하고는 한 번도 경험해 보지 못한 것이지요. 나는 틈틈이 긍정 확언을 반복했고, 예전의 부정적인 모습이 나타날 때도 나 자신을 비난하거나 몰아붙이지 않았습니다. 맞습니다. 길에는 수많은 장애물과 둔덕이 있습니다. 삶도 그러하겠지요. 그러나 자기 자신을 항상 중요하게 여긴다면 결코, 외롭지 않을 것이라는 사실을 알게 되었습니다. 이 모든 치유 과정을 잘 해내고, 이를 통해 위로 나아갈 수 있게 한 나 자신이 너무 자랑스럽습니다. 나는 지금 나 자신과 다른 사람들에게 부드럽게 대하는 법을 배우고 실천하고 있습니다. 교도관이라는 직업을 가진 나에게 이것은 아주 큰 도전입니다.

최근에, 한 수감자가 나를 위협했습니다. 그가 물을 먹고 싶다고 했는데 바로 물을 주지 못했기 때문입니다. 물을 줄 수 있는 상황이 되어 그의 감방에 물을 가져다주자, 그는 매우 공격적인 자세를 취하면서 마시기를 거부했습니다. 나는 그의 눈을 바라보며 내게 했던 말들을 모두 용서하겠다고 말했습니다. 그랬더니 그가 고개를 숙이면서 고맙다고 하더군요. 나는 그가 학대 받은 아이였다는 사실을 상기했습니다.

평생 친절인 것을 한 번도 경험해 보지도 못했을 그의 어두운 마음에 '나는 당신을 용서합니다.'라는 말이 긍정적인 이미지를 심어 주었다는 사실에 감동하였습니다.

나는 루이스와 헤이 하우스를 사랑합니다. 그리고 언젠가 그녀가 해 놓은 모든 일들에 관해 감사하는 마음을 담아 꼭 안아 드릴 것입니다.

나는 더 이상 공허함을 느끼지 않으며, 내 꿈을 이룰 수 있어

서 행복합니다. 나는 삶을 되찾았고, 이 세상에서 가장 행복한 사
람이라고 생각합니다.

내 생명을 구해 준 천사

유타에서, 사업가인 나탈리로부터

나는 엄격하고 강압적인 종교 가문에서 태어나 자랐고, 열여덟 살
때는 열다섯 살이나 많은 일부다처주의자 남자와 약혼했지요. 그
의 첫 번째 아내와 내 사이는 불과 얼음 같았습니다. 결혼 후 2년
이 지났을 무렵에는 자살만이 가장 쉽고 유일한 도피처로 여겨졌
습니다. 나의 종교에서는 자살하면 지옥에 간다고 가르쳤지만, 이
런 대접을 받고 사느니 차라리 지옥이 더 낫겠다는 생각이 들었습
니다.

나의 하루는 눈물로 시작됐습니다. 회사에 갈 때는 담도 뛰어
넘을 것처럼 기뻤지만 곧 다시 우울해졌고, 종종 사무실 책상 아
래에 숨어 흐느끼곤 했습니다. 내 삶이 싫었지만, 무언가 해 볼 용
기가 없었습니다. 그러기 위해서는 신념을 바꾸고 내가 알고 있는
모든 것에서 벗어나야 하는 것처럼 느껴졌기 때문이지요.

그러던 어느 날 회사 화장실 선반에서 《치유》라는 책을 발견
했습니다. 내 것이 아니기에 두고 왔는데 계속 그 책이 생각났습
니다. 결국 그 책을 빌려 앉은 자리에서 다 읽어 버렸습니다. 이 책

이 내 성서(聖書)가 되었다는 것은 과장이 아닙니다. 아침에 일어나는 순간부터 잠자는 순간까지 나는 조용히 확언을 반복했습니다. 확언을 잠시라도 멈추면 급격한 불안이 밀려왔습니다.

확언을 한 지 몇 주밖에 지나지 않았는데, 삶의 모든 것이 바뀌고 있음을 느꼈습니다. 나를 사랑하는 법을 배웠고, 감정의 안정을 되찾았습니다. 그뿐만 아니라 남편을 비롯한 권위에 맞설 용기도 생겼습니다.

6개월 만에 나는 내 삶을 통제할 수 있게 되었고 몇 가지 놀라운 일이 일어났습니다.

돈이 곳곳에서 들어온 덕분에 딸을 데리고 떠날 수 있었으며, 필요로 하는 것을 모두 가질 수 있게 되었습니다. 내 인생이라는 차에 기름이 떨어질 때마다 기적적으로 연료 탱크에 기름이 채워지곤 했습니다.

이 밖에도 나는 주변의 사람들을 통솔하는 경험도 많이 하게 되었습니다. 이제껏 시도해 보지 않아 닫혀 있다고 생각했던 가능성의 문을 여는 경험을 하게 된 것입니다.

《치유》는 내 삶에서 가장 큰 축복입니다. 오늘날에도 확언을 반복하고 있으며, 나 자신을 돕기 위해 루이스 헤이의 지혜를 빌립니다. 과거에 경험한 수많은 도전에 관해 감사하는 마음도 생겼습니다. 그것들 덕분에 내가 이 지구에서 반짝이는 빛이 되는 데 필요한 것들을 배울 수 있었으니까요.

루이스, 당신은 내 생명을 구한 천사입니다. 나는 신께서 당

3부 감정과 행동

신의 책을 나에게 보내 주셨다는 것을 압니다. 현재 나는 스물여섯 살이며, 다른 사람을 도와줄 지혜와 힘이 있습니다. 당신의 책에서 내가 배운 교훈은 아무리 많은 돈으로도 바꿀 수 없는 귀한 것이지만, 나는 내가 할 수 있는 최고의 방법으로 그 대가를 지급합니다. 루이스, 감사합니다.

그리고 신께서 당신에게 계속 영감을 불어넣어 주시길 기원합니다.

진정한 치유의 길

유고슬라비아에서, 수학 교수인 디브나로부터

1992년에 나는 마흔다섯 살이었고, 결혼해서 두 아이를 두었으며, 수학 교수로 일하고 있었습니다. 그해에 몸이 심하게 아프면서 시력을 잃었습니다. 실명의 원인은 포도막염으로 드러났고, 집에서 320km나 떨어진 베오그라드에 있는 안과 의사에게 스테로이드제 치료를 받아야만 했습니다.

다행히도 시력은 회복되었지만, 스테로이드 제제의 부작용으로 심각한 호르몬 불균형 상태가 되었습니다. 그 뒤 1997년, 나는 종양을 제거하기 위해 갑상샘과 부갑상샘 수술을 했습니다. 그 당시에 내 상황이 얼마나 끔찍했는지는 굳이 말하지 않아도 아시리라 생각합니다.

1999년에 나토(NATO : 북대서양조약기구)가 세르비아에 폭격을 가했을 때 나는 치료를 위해 다시 의사를 찾았고, 부신에 자극을 가하기 위해 호르몬 치료를 받았습니다. 설상가상으로 남편이 바람을 피웠다는 것을 알게 되어 마음은 산산이 부서졌고 우울증이 생겼습니다. 의사가 나를 위해 베오그라드에 있는 정신 분석 연구소를 추천해 주었습니다.

그곳에서 나처럼 우울해하는 많은 여성을 만났는데 그중 한 사람이 나에게 《치유》를 권해 주었습니다. 나는 연구소에서 나오자마자 책을 사서 그 자리에서 읽었습니다. 루이스 헤이는 구세주였습니다! 그녀의 책은 모든 질병이 용서하고 싶지 않은 마음에서 비롯된다는 것을 알려 주었는데, 그것은 절대적인 신의 계시 같았습니다.

나는 나중에 세르비아어로 번역 출간된 루이스의 책들을 모두 사서 읽었습니다. 루이스는 완전히 새로운 관점에서 마음의 문을 열게 했고, 진정한 치유가 무엇인지를 보여 주었습니다. 나는 루이스와 비슷한 수잔 제퍼즈Susan Jeffirs, 샥티 거웨인Shakti Gawain, 디펙 초프라Deepak Chopra, 잭 캔필드Jack Canfield, 마크 빅터 한센Mark Victor Hansen, 돈 미겔 루이즈Don Miguel Angel Ruiz 등의 작가들의 책도 찾아 읽었습니다.

조금씩 좋은 일이 일어나기 시작했습니다. 무엇보다도 딸과의 사이가 아주 좋아졌습니다. 딸 역시 힘든 시간을 보내고 있었는데, 루이스의 책이 좋은 영향을 미쳤고, 결국 딸은 의사가 되었습니다. 어쩌면 내가 아픈 것이 딸의 선택에 영향을 주었을지도 모르겠군요.

나는 삶에 일어나는 나쁜 일들이 더 나은 행복이라는 결과를 낳는다는 것도 알게 되었습니다. 이는 내가 나 자신을 사랑하는 법을 배운 덕분입니다. 그리고 나는 나 자신과 삶을 치유할 수 있게 되었습니다.

나는 지금 기분이 매우 좋습니다. 아직도 시력에 문제가 있긴 하지만, 더 중요한 것은 내 존재의 핵심인 내 마음과 영혼이 치유되었다는 것입니다. 루이스, 신의 은총이 당신과 함께하길 바랍니다.

루이스와 함께하는
내면 치유 작업
— ◆ —

자신 생각을 바꾸는 과정에서 자신에게 인내심을 가져야 합니다.

변화는 서서히 일어납니다. 자신에게 즉각적인 변화를 기대하는 것은 곧 스스로 좌절시키고, 용기를 꺾는 일일 뿐입니다. 자연스럽게 변화의 과정이 나타날 수 있도록 허용하세요. 그리고 준비가 되면 한 단계씩 나아가면 됩니다. 또한 여러분 혼자 이 모든 것을 할 필요는 없다는 것을 명심하세요. 누군가의 도움이 필요할 때, 그들에게 도움을 받는 것 또한 자신을 사랑하는 행동입니다.

다음 연습을 통해 여러분의 정신적 평화와 건강을 향한 여행을 시작해 보시길 바랍니다. 종이나 노트에, 질문에 대한 답을 적어 보세요.

억압된 화 다루기

우울증은 내면으로 깊숙이 들어간 분노입니다. 분노를 품으면 안 된다고 느끼는 것 또한 분노입니다. 예를 들어, 부모님이나 배우자, 고용주 또는 친한 친구에게 화를 내는 건 좋지 않다고 생각할 수도 있습니다.

그러나 당신은 화가 나 있습니다. 그리고 당신은 그 감정에서 벗어나지 못하고 있습니다. 이러한 분노가 우울증을 일으킵니다. 너무나 많은 사람이 오늘날 우울증, 심지어는 만성 우울증에 시달리고 있습니다.

우울증을 다루는 가장 좋은 방법의 하나는 화를 표현하는 것입니다.

이를 통해 더 이상 분노의 상태로 남아 있지 않게 하는 것이지요. 베개를 손으로 세게 내리치거나 소리를 지르는 것도 큰 도움이 됩니다. 확신하건대, 분노를 표현함으로써 여러분은 그 분노를 내려놓을 수 있습니다.

분노를 내려놓는 과정에서 당황해할 수도 있습니다. 그래도 괜찮습니다. 가족의 규칙에 반한 행동을 해서 화가 난 경우도 괜찮습니다. 처음으로 분노를 표현할 때 당혹감을 느낄 수도 있지만, 계속하다 보면 재미있고 효과적인 연습이 될 것입니다. 화를 낸다고 해서 신은 당신을 미워하지는 않을 겁니다.

오래 묵은 분노를 내려놓고 나면, 그때 그 상황을 새로운 관점으로 보게 되고 새로운 해결책을 찾을 수 있게 될 것입니다. 여러분이 이 연습을 통해 새로 발견한 것이 있다면 노트에 적어 보기 바랍니다.

목록을 작성하고 용서하기

이번에는 잔잔한 음악을 들어 봅시다. 여러분을 이완시키고 편안하게 해 주는 음악을 틀어 보세요. 그리고 마음이 편안하게 흘러갈 수 있게 해 주세요. 과거로 돌아가서 스스로 화나게 했던 모든 것을 떠올려 보세요. 떠오른 것들을 종이에 모두 적어 보세요. 어쩌면 초등학교 1학년 때 바지에 오줌을 싼 자신을 결코 용서하지 못하고 있다는 것을 알아차릴 수도 있겠네요. 얼마나 오랫동안 마음의 짐을 지고 있었나요?

때때로 타인을 용서하는 것이 자신을 용서하는 것보다 더 쉬울 때가 있습니다. 종종 우리는 우리 자신에게 더 엄격하게 대하고 완벽해지기를 바라곤 합니다. 어떤 실수를 하기만 하면, 우리는 스스로 가차 없이 심하게 벌주곤 합니다. 이제 그 낡은 태도를 벗어 버릴 시간입니다. 우리는 실수를 통해서 배웁니다. 만약 우리가 완벽하다면 배울 것이 아무것도 없어야 하지 않을까요? 우리는 이 세상에 올 필요도 없었을 것입니다.

'완벽해진다고 사람들의 사랑과 인정을 받는 것은 아닙니다. 이는 단지 여러분 스스로가 틀렸거나 부족하다고 느끼게 할 뿐입니다. 심각하게 받아들이지 말고 더 이상 자신을 그렇게 대하지 마세요. 스스로 용서할 때가 된 것입니다. 그저 흘려보내세요. 수치심과 죄책감을 느끼면서 살 필요가 전혀 없습니다. 여러분은 자유롭습니다.

내면 아이 이해하기

많은 사람의 내면에는 길을 잃고 외로워하며 버림받았다고 느끼는 내면 아이가 있습니다. 아마도 우리는 오랫동안 내면 아이를 꾸짖고 비난해 왔을 것입니다. 그러면서 우리는 왜 행복하지 않은지를 궁금해합니다. 자신의 일부를 거부하면서 자기 자신과 평화롭고 조화롭게 지낼 수는 없습니다.

치유의 한 부분으로 자신의 모든 부분을 끌어안음으로써 우리는 온전하고 완전해질 수 있습니다. 그동안 당신이 무시해 왔던 자신 내면과 다시 연결되기 위한 몇 가지 연습을 해 봅시다.

1. 사진 보기

어렸을 때의 사진을 찾아봅시다. 사진이 없다면 부모님이나 다른 가족들에게 부탁해서 사진 한 장을 보내달라고 하세요. 이 사진을 좀 더 유심히 살펴봅시다. 어떤 것이 보이나요? 기쁨, 고통, 슬픔, 분노 또는 두려움이 보일 수도 있습니다. 당신은 이 아이를 사랑하나요? 이 아이가 처한 상황과 이 아이가 느끼고 있는 것이 어떤 것인지 느껴지나요?

당신의 내면 아이에 대해 적어 봅시다.

2. 그림 그리기

이번에는 어릴 적 자신을 그려 봅시다. 크레파스나 색연필을 이용해도 좋고, 여러분이 좋아하는 특별한 도구를 사용해도 좋습니다.

평소 사용하지 않는 손으로 그려 봅시다. 오른손잡이는 왼손으로, 왼손잡이는 오른손으로 그려 보세요. 평소에 사용하지 않는 손을 사용하면 여러분의 창의력이 더 발휘될 수 있습니다.

3. 자신이 그린 그림 설명하기

여러분이 그린 그림은 무엇을 말해 주고 있나요? 어떤 색깔을 사용했나요? 이 아이는 지금 무엇을 하고 있나요?

4. 자신의 내면 아이에게 말 걸기

이번에는 내면 아이에게 말을 거는 시간을 가져 보도록 합시다. 내면 아이에 대해 더 많이 알아보는 시간을 가져 봅시다. 만약 할 수 있다면, 거울을 보며 질문도 해 보세요. 이때 사용할 수 있는 질문들이 여기에 있습니다.

- 넌 뭘 좋아하니?
- 넌 뭘 싫어하니?
- 넌 무엇이 무섭니?
- 지금 기분이 어떠니? 지금 어떤 감정을 느끼고 있니?
- 뭐가 필요하니?
- 네가 안전하다고 느끼게 도와주고 싶은데, 내가 어떻게 하면 될까?
- 내가 어떻게 하면 네가 행복해질까?

5. 심상화하기

눈을 감고 자신의 내면 아이를 안아 주고 있는 모습을 상상해 보세요.

내면 아이에게 당신이 늘 곁에 있어 줄 것이며, 원하는 것이 무엇이든 잘 들어 주고 잘 보살펴 주겠다고 말해 주세요.

내면 아이와 즐겁게 지내기

불안하거나 두려울 때 우리는 제대로 된 역할을 하지 못합니다. 이는 당신이 자신의 내면 아이를 저버렸기 때문입니다. 자, 어떻게 하면 다시 내면 아이와 연결될 수 있을지 생각해 봅시다. 이를 위해 함께 할 수 있는 것은 무엇인가요? 또 당신이 할 수 있는 것은 무엇인가요?

이번에는 내면 아이와 즐겁게 지내는 방법 15가지를 적어 봅시다. 책을 읽는 것을 좋아할 수도 있고, 영화를 보러 가거나, 정원을 가꾸거나, 일기를 쓰거나, 거품 목욕을 하는 것을 좋아할 수도 있습니다. 시간을 내어 이 부분에 대해 잘 생각해 보길 바랍니다.

이 목록을 다 작성했다면, 어린아이들이 하는 다음과 같은 활동 중 몇 가지를 시도해 보세요. 놀이터를 찾아서 그네를 타고 놀아도 되고, 크레파스로 그림을 그려도 되고, 나무에 올라가도 됩니다. 바깥으로 나가서 자유롭게 뛰어 보도록 하세요. 재주넘기도 해 보고, 거리를 뛰어다녀 보세요. 이와 동시에 크게 웃어 보세요.

내면 아이와 함께 진짜로 재미난 무언가를 해 보는 겁니다. 남들이 당신을 보면 어떻게 하냐고요? 자유로운 것이 가장 중요한 것입니다!

　　매일 목록에 적은 것 중 한 가지씩을 시도해 보세요. 당신은 행복한 어린 시절을 만들 수 있습니다. 치유가 시작되도록 하세요!

자존감과 정신 건강

이제는 정신 건강과 관련한 당신의 자존감에 대해 살펴봅시다. 다음 질문에 답해 보세요. 한 질문을 마칠 때마다, 답으로 찾은 부정적인 신념을 상쇄시킬 수 있는 긍정 확언을 1개 이상 찾아 이를 말해 보세요.

1. 당신은 정신적으로 건강할 자격이 있다고 느끼나요?
2. 건강과 관련하여 가장 두려운 것은 무엇입니까?
3. 이 신념으로부터 '얻는' 것은 무엇입니까?
4. 이 신념이 사라진다면 어떤 두려움이 생길 것 같나요?

확언 목록

- 내 마음이 내 경험을 창조한다. 나는 내 삶에 좋은 것들을 창조할 무한한 능력을 갖추고 있다.
- 나는 모든 감정들을 인정한다. 그러나 그 감정에 빠지지 않기를 선택한다.
- 두려움과 슬픔은 생각일 뿐이다. 그리고 생각은 바뀔 수 있다.
- 내 마음은 맑고 고요하다.
- 나는 내가 평화를 누릴 수 있도록 허용해 주며 삶의 온전함을 받아들인다.
- 나는 내 감정을 조절하며, 영적으로 성장한다.
- 나는 내 패턴을 보고 변화하는 것을 선택한다.
- 나는 우주 안에서 안전하다. 그리고 내 삶은 나를 사랑하고 지지해 준다.
- 나는 기꺼이 과거를 벗어난다.
- 나는 내 삶에 일어나는 모든 일에 대처하는 힘과 능력과 지식을 가지고 있다.
- 내 분노를 표현하고 내려놓는 것은 안전하다.
- 나는 삶이 나를 통해 흐르도록 한다. 나는 평화롭다.
- 나는 쉽게 기꺼이 앞으로 나아간다.
- 나는 지금 나 자신과 내 삶에 대한 새로운 생각들을 창조한다.
- 나는 더 이상 나 자신을 비난하지 않는다. 내 마음은 평화롭다.
- 나는 나 자신을 사랑하고 받아들인다.

- 나는 내 삶에 책임을 진다. 나는 자유롭다.
- 나는 내 내면의 아이를 편안하게 잘 돌봐준다. 우리 모두 안전하다.
- 나는 멋진 삶을 누릴 자격이 있다.
- 나는 항상 안전하고 보호받는다. 사랑이 나를 둘러싸고 나를 보호해 준다.

정신 건강을 위한 치유 확언

나는 항상 나 자신이 감정적으로 건강하기를 요구한다.

나는 나 자신과 최고의 친구이며,

나는 나 자신과 사는 것이 즐겁다.

여러 가지 경험들을 하게 되지만,

나는 항상 나 자신을 위해 존재한다.

나는 평화롭고, 기쁘고, 고양되는 생각을 하는 것을 선택한다.

나는 유일무이한 나 자신이다.

그리고 나는 편안하고, 안전하고, 평화로운 방식으로 삶을 산다.

이것이 나의 존재 진실이며,

지금 나는 이것을 있는 그대로 받아들인다.

내 마음과 가슴속에서는 모든 것이 다 좋다.

9장
오래된 신념 바꾸기

날마다 우리는 변화할 무한한 기회를 얻습니다. 그러나 우리 가운데 많은 이들이 오래된 신념으로 고통받고 있음에도 불구하고, 거기에서 벗어날 수 없다고 생각하거나 벗어나려고도 하지 않는 것 같습니다. 사람들은 익숙한 것을 버리는 것을 두려워합니다. 설령 그로 인해서 고통을 받고 있을지라도 말입니다. 그렇지 않으면, 다른 길이 있다는 것을 깨닫지도 못한 채 매일 매일을 다람쥐 쳇바퀴 돌 듯 살아가기도 합니다.

우리 모두에게는 자신의 낡은 신념을 새로운 생각들로 바꿀 기회가 있습니다. 왜냐하면 새로운 생각도 하나의 선택이기 때문입니다. 우리는 계속해서 부정적으로 생각할 수도 있고, 사랑에 기반을 두면서 생각할 수도 있습니다. 멋진 삶을 살기 위한 시작은 우리가 이미 멋지고 오직 좋은 것만을 누릴 자격이 있다는 것을 인정하는 것으로부터 비롯됩니다.

다음에 나오는 이야기들은 과거의 오래된 신념을 흘려보냄으로써, 삶이 얼마나 극적으로 바뀔 수 있는지를 보여 줍니다.

나의 운명을 바꾸다

호주에서, 전인 치유 상담가인 이리나로부터

나는 1970년에 러시아에서 태어나 열여덟 살에 결혼했고, 스무 살이 되던 해에 남편과 어린 딸과 함께 이스라엘에 이민하였습니다. 그리고 1994년에는 어쩔 수 없이 다시 호주에 이민하게 되었지요.

남편은 정서적·신체적으로 폭력적인 사람이었고 그로 인해 나는 우울하고 외로워졌습니다. 내 오른쪽 팔에 흑색종(피부암의 일종)이 생겼다는 사실을 알게 되었을 때, 남편은 내가 그의 과거 친구라고 알고 있었던 여자와 바람이 나서 떠나 버렸습니다. 나는 졸지에 잘 알지도 못하는 남의 나라에서 싱글맘이 되었습니다. 영어도 할 줄 몰랐고, 살 집도 없었으며, 돈 또한 없었습니다. 친구나 친척이 있을 리 만무했지요. 나에게는 여섯 살짜리 딸이 전부였습니다.

스물여덟 살 때, 폐와 척추에 악성 종양 7개가 있다는 진단을 받았습니다. 의사 선생님은 내가 5~8개월 정도 살 수 있으며, 생존 확률은 1만분의 1이라고 했습니다. 그 무렵 러시아어로 번역된 루이스 헤이의 《치유》 책을 발견했고, 이 책은 내 운명을 바꾸는 데 큰 영향을 주었습니다. 나는 "왜 내가 1만분의 1 중에서 한 명이면 안 되는 거지?"라고 나 자신에게 물었습니다. 나는 치유되기를 간절히 원했고, 루이스는 그 방법을 가르쳐 주었습니다.

내가 제일 처음 한 일은 전남편을 용서하고 그로 인해 힘들었던 과거를 내려놓는 것이었습니다. 또한 약해진 몸을 위해 딸과 함께 – 루이스가 자기 자신에게 했던 것처럼 – 영양분을 비롯해 자기 사랑, 명상, 기도, 확언 그리고 재미난 활동 등을 했습니다. 그리고 마침내… 종양은 사라졌습니다. 그 뒤로 나는 루이스 헤이의 책을 최대한 많이 찾아 읽기 시작했습니다.

《내면의 지혜》라는 책은 내게 왜 이 모든 일이 나에게 일어났는지에 대한 통찰을 주었습니다. 《루이스 헤이의 편지》(원제: Letters to Louise)는 내 스스로 사랑받는다는 느낌을 느낄 수 있도록 도와주었습니다. 《행복한 생각》(원제 : Heart Thoughts A Treasury of Inner Wisdom)이란 책은 날마다 내게 동기를 유발하였으며, 《21세기에 성공하는 힘 있는 여자》이란 책은 스스로 결정할 수 있는 능력을 갖춘 긍정적이고 적극적인 여성이 되어야겠다고 마음먹게 해 주었습니다. 그리고 다음의 확언들로 인해 나는 다시 살아날 수 있었고, 성공을 향해 나아갈 수 있게 되었습니다.

'모든 것이 좋다. 나의 최상 행복을 위해 모든 일이 벌어진다. 이 상황에서 나에게 가장 좋은 일만이 일어난다. 나는 안전하다.' 루이스는 내 삶에서 진정한 영감의 근원이 되었습니다. 나는 삶을 신뢰하는 법을 배웠고, 삶은 나를 돌봐주기 시작했지요. 《치유》를 읽기 시작한 지 딱 1년이 지나, 나는 이슬람교도인 파키스탄 남자를 만나 사랑에 빠졌고, (사실 나는 유대교인이었는데 말이지요) 그는 내 영혼의 동반자이자 최고의 친구가 되었습니다. 우리는 결혼한 지 벌써 9년이 되었고, 의사의 만류에도 불구하고 나는 둘째 딸을 낳았습니다. 의사는 나의 이러한 기적적인 회복에 놀라워하며 의학적인 설명을 하지 못했지만 나는 믿기만 한다면 무엇이든지 가능하다는 것을 잘 알고 있었지요.

나는 내게 찾아온 암에 감사합니다. 덕분에 내 삶이 더 나은 방향으로 변화했기 때문입니다. 그리고 루이스에게도 감사드립니다. 그녀는 최고의 선생님입니다. 내 생각과 신념을 어떻게 바꾸는지, 그리고 나 자신을 어떻게 사랑하는지를 알려 주었습니다.

지금 나는 과거의 상처로 힘들어하는 이들에게 힘을 되찾게 해 주는 전인 치유 상담가로 일하고 있습니다. 나는 사람들에게 말합니다.

"여러분은 할 수 있습니다! 루이스가 그랬고, 나도 그랬으니, 여러분도 할 수 있습니다!"

내면의 자유

캘리포니아에서, 예술가인 아담으로부터

나는 서른 살의 남자로, 열여섯 살 이후로 줄곧 콘크리트 새장 같은 곳에서 살았습니다. 이 차가운 벽 사이에서는 열정과 치유를 경험할 수가 없었습니다. 내가 유일하게 위안을 느끼는 순간은 재소자들이 만든 술을 마시거나 감옥 안에 돌고 있던 마약을 할 때

뿐이었습니다.

3년 전 어느 멋진 날, 꾸준히 연락하고 지내던 영적 교사에게서 루이스 헤이를 소개받았습니다. 이 열정적인 여선생님은 자신이 루이스에게 느꼈던 경외감에 관해 설명하면서 루이스가 자신의 삶을 어떻게 바꾸었는지도 이야기해 주었습니다. 친구 한 명도 나에게 루이스의 저작물에 대해 집요하게 이야기했습니다.

2년 전 적자에 허덕이는 동안, 마침내 나는 삶을 일깨워 주는 확언이 가득한《치유》책을 통해 영감을 얻었습니다. 나는 그 책을 통해 변화를 원한다면 내가 먼저 변화해야 한다는 것을 배웠습니다. 그리고 그렇게 함으로써, 주변의 사람들이 나를 대하는 태도가 변화한다는 것도 알게 되었습니다.

나는 확언과 용서를 연습하기 시작했습니다. 확언을 반복해서 쓰면서 나 자신이 사랑받고 치유 받을 자격이 있는 존재인 것을 알게 되었고, 기적적으로 내면의 자유를 찾았습니다.

나는 최근에《루이스 헤이의 치유 워크북》이라는 아주 효과적인 워크북(work book, 스스로 학습할 수 있도록 길잡이로 만든 지도서)을 사용하고 있습니다. 이 워크북을 채워 나가면서 내 성격적 결함을 알아차리게 되었고, 그 결함들을 긍정적인 것으로 변화시킴으로써 나 자신을 더 잘 이해할 수 있게 되었습니다. 나는 내면의 상처를 치유하고, 정신과 마음을 살찌웠으며, 내면 아이를 돌봐주고 있습니다. 사람들은 나의 긍정적인 변화에 놀라워하고 있지요.

3부 감정과 행동

나는 내 삶에 희망과 빛을 더해 주는 헤이하우스의 책을 늘 기쁘게 받습니다. 그 책들로 인해 내 의식은 아주 많이 확장되었습니다. 나는 이 책들을 의사 선생님에게 가져갔고, 그는 이 책의 효과를 인정하여 도움이 필요한 다른 수감자들에게도 볼 수 있게 해 주었습니다.

나는 지금 이전보다 더 높은 자존감과 세상에 대한 긍정적인 가치관을 따르고 있습니다. 날마다 루이스 헤이의 확언으로 하루를 시작합니다. 루이스는 내게 자기 자신을 치유할 힘이 있다는 것을 알려 주었고, 날마다 나 자신이 치유되고 있다는 사실은 기적입니다.

새로운 개념과 새로운 길

미시간에서, 초등학교 교사인 체릴로부터

루이스 헤이는 내가 그녀를 가장 필요했던 시기에 작은 기적으로 나타났습니다. 아마도 어떤 이들은 내가 '청년 위기'를 겪고 있었다고 생각할 것입니다. 주변의 모든 사람에게는 괜찮아 보였지만 내적으로는 점점 더 깊은 어둠으로 빠지는 것 같았습니다. 게다가 나는 어떻게 해야 거기에서 빠져나올 수 있는지 몰랐습니다.

나는 대학을 우등으로 졸업했고, 고등학교 동창과 결혼했으며, 멕시코로 신혼여행을 다녀왔습니다. 그리고 아주 멋진 집으로 이사도 했습니다. 그러나 이 모든 멋진 삶도 잠시뿐, 나는 극심한 불안감에 시달리기 시작했습니다. 직장을 얻어야 모든 문제가 사라질 것 같았습니다. 하지만 마땅한 직장은 나타나지 않았고, 내자신이 독립심 없는 사람으로 여겨졌습니다. 스물세 살의 가정주부는 내가 원하는 모습이 아니었습니다. 나만의 길을 찾고 싶었지만, 어떻게 해야 할지 몰랐습니다.

2008년 2월, 오프라 윈프리 쇼를 보게 되었는데 그날의 손님이 바로 루이스였습니다. 루이스가 말할 때마다 나를 보고 직접 말하는 것처럼 느껴졌고, 그녀의 책《치유》에 강한 흥미가 생겼습니다. 생각을 바꿈으로써 행복을 창조할 수 있다는 사실은 참으로 놀라운 개념이었습니다! 이 새로운 개념은 깊은 어둠에서 빠져나와 다시 삶을 사랑하면서 살 수 있다는 희망을 주었습니다.

나는 방송이 끝나자마자 루이스 헤이의 책을 샀습니다. 책에나온 이야기 중 많은 부분이 나와 관련 있었습니다. 나는 감정에 압도당할 때나 스트레스를 받을 때, 슬프거나 아니면 그냥 나 자신을 치유하고 싶을 때마다 책을 펴서 읽었고, 그러면 즉시 나아졌습니다. 나는 날마다 확언하기 시작했고, 나중에는 언제 어디서나 확언을 할 수 있게끔 좋아하는 확언을 외웠습니다.

루이스의 자전적 이야기는 특히 큰 감동을 주었습니다. 루이스는 암 진단을 받고, 자신의 문제를 치유하기 위한 하나의 방법으로 심리 상담사를 찾아갔습니다. 나 또한 치유를 위해 좀 더 노력할 필요가 있다고 느꼈기에 심리 상담사를 찾아갔습니다. 전문

3부 감정과 행동

가와의 상담은 치유의 과정에서 또 하나의 디딤돌이 되었습니다.

연습할수록 삶에서 더 많은 변화가 나타나기 시작했습니다. 루이스가 말한 대로, 우울한 내 삶에 기적들이 톡톡 튀어 오르는 것이 보이기 시작했습니다. 나는 곧 직장을 구하게 되었고, 남편과의 관계도 개선되었습니다. 불안감은 줄어들었고, 삶에서 정말로 원하는 것에 집중하기 시작했습니다. 나는 지금까지 나 자신을 치유하고 있으면서 루이스에게 배운 것을 다른 사람들과 나누고 있습니다. 지금은 우리 가족 모두《치유》를 읽으며, 새로운 신념이 가진 힘에 대해서 배우고 있습니다. 루이스를 알게 된 것은 축복입니다.

최고의 나 자신

켄터키에서, 전문 보컬리스트 에바 마리로부터

'힘은 항상 지금, 이 순간에 있다.' 루이스 헤이를 비롯한 많은 이의 조언 덕분에 나는 모든 사물과 사람들, 그리고 매 순간 신성과 연결되었을뿐더러, 삶을 바꾸고, 나 자신을 사랑하며, 더 나은 나로 성장할 수 있었습니다.

2008년 가을, 아버지가 폐암 말기 진단을 받았습니다. 아버지의 남은 생이 길어야 1~2년 정도일 것이라는 소식은 너무나 절망스러웠습니다. 충격에 빠져 허우적거리려는 순간, 우주가 나에게, "선택권은 너에게 있단다."라고 말해 주었습니다. 지금처럼 낙심과 두려움으로 살아갈 수도 있고, 새로운 생각과 신념을 통해 꿈꾸던 삶을 창조하며 살아갈 수도 있다고 말입니다.

그 당시, 나는 뚱뚱했고, 카드 빚이 많았으며, 나를 무시하는 사람들과 함께 건강하지 못한 환경에서 살고 있었습니다. 최악이었던 것은, 나는 나 자신과 삶을 어떻게 사랑해야 할지조차 알지 못했다는 사실이었습니다. 그 무렵에 루이스의 《치유》를 읽기 시작했고, 그로 인해 내 삶은 완전히 바뀌었습니다. 책을 다 읽고 나서 루이스 헤이의 다른 책과 오디오 프로그램, DVD를 보기 시작했습니다. 위대한 지혜와 사랑을 받아들임으로써 마음의 눈을 뜰 수 있었고, 내 주변을 둘러싼 세상에 한 줄기 새로운 빛이 빛나고 있음을 볼 수 있었습니다.

루이스가 제안한 연습과 아름다운 확언을 통해 나를 오랫동안 붙잡고 있었던 부정적인 신념들을 내려놓을 수 있었습니다. 스스로 사랑할 수 있게 되었고, 의식적인 창조주(Deliberate Creator : 《유인력의 법칙》으로 유명한 아브라함 힉스의 책에 나오는 개념-역자 주)가 되기 시작했습니다.

나 스스로 치유하기 시작한 지 1년이 지났습니다. 나는 그동안 체중을 27kg 정도 감량했으며 그 어느 때보다도 건강합니다. 아름다운 집에 살고 있으며, 경제적으로 안정되어 있습니다. 태어나서 처음으로 나 자신과 삶을 사랑한다고 말할 수 있게 되었고, 새로운 신념과 태도로써 주변 사람들에게 감동과 희망을 줄 수 있게 되었습니다. 나는 루이스 헤이의 책과 지혜를 내가 사랑하는 많은 사람들에게 전해 주고 있으며, 그들도 루이스 헤이의 도움을 받고 있습니다.

루이스, 당신이 해 놓은 모든 일에 대해 깊은 존경을 표합니다. 당신 덕분에 나는 새로운 삶의 여행을 시작했고, 순간마다 사랑을 느끼고 있습니다.

다시 살아 있음을 느끼다

캐나다에서, 웹 마스터인 파빈으로부터

나는 열두 살 때 아버지를 잃었습니다. 이슬람 혁명 직후에는 이란을 떠나 인도로 가게 되었는데, 그때가 열여덟 살이었습니다. 스물한 살에 결혼했고, 스물여섯 살 때는 캐나다로 이민을 왔지요.

이란을 떠날 무렵의 나는 모국의 문화와 양육 방식보다는 꽤 독립적인 소녀였지만 결혼을 한 뒤부터의 삶은 산전수전 그 자체였습니다. 남편과의 관계는 재앙이나 다름없었고, 정서적·신체적·정신적 학대를 참고 견뎌야 했습니다. 나는 점차 자존감을 잃어 갔고, 독립적으로 성장할 수 있었던 자원들마저 잃어버리고 말았습니다.

1985년에 첫아이가 태어났습니다. 캐나다로 온 지 1년이 넘었지만, 여전히 문화적 충격을 경험하고 있었습니다. 나는 가족들과 떨어져 있는 것이 너무나 싫었습니다. 학대를 계속하는 남편과 갓 태어난 아이, 엄마로서의 경험 부족, 삶을 지지하고 도와주는 존재가 없는 상황은 나의 자존감을 0으로 만들었습니다. 나는 남편 곁을 떠나고 싶었지만, 자존감이 낮은 탓에 그렇게 하지도 못했습니다. 4년 반이 지나 둘째 아이를 가졌고, 상황은 더욱 악화하였습니다. 살이 찌기 시작했고, 나 자신을 방치하는 상황이 계속되었습니다.

1991년, 큰언니가 교통사고로 세상을 떠났지만, 이란 정부가 입국을 거부하는 바람에 장례식에도 참석할 수가 없었습니다. 수개월 동안 밤낮으로 울고 났더니 머리카락이 빠지기 시작했습니다. 체중은 더 불어났고, 내게 남은 것은 아무것도 없다고 느껴졌습니다.

극심한 고통 속에서 나대다가, 작은 병원에서 치과 보조사로 일하게 되었습니다. 어느 날 우연히, 치과의사의 손에 들린 커다란 무지개 그림의 책을 보게 되었습니다.《치유-있는 그대로의 나를 사랑하라》.

나는 의사에게서 책을 빌려와 아이들이 잠든 밤에 책을 읽기 시작했습니다. 아! 그 책은 나를 위해 써진 것이었습니다. 내면에서 활활 타는 분노의 불길 위로 시원한 얼음물이 쏟아져 내렸습니다. 책을 정독하면서 연습 과제를 해 나가는 동안 나는 살아 있음을 느꼈습니다.

내 생각에는 아마도《치유》를 스무 번은 더 읽은 것 같습니다.

3부 감정과 행동

마침내 나는 혼자 설 수 있게 되었고, 나 자신을 있는 그대로 인정할 수 있게 되었습니다. 얼마 지나지 않아 나는 거울에 비친 내 눈을 바라보며 "나는 너를 사랑해!"라고 말할 수 있게 되었습니다.

나는 책을 빌려준 치과의사에게 감사합니다. 그리고 무엇보다도 루이스 헤이에게 감사드립니다. 나는 루이스 헤이의 책과 CD를 모두 샀으며, 나와 같은 상황에 부닥쳐 있는 사람을 만나게 되면 《치유》를 선물로 줍니다.

루이스! 온 마음을 다해 당신을 사랑합니다! 모든 것에 감사합니다.

안전한 여행을 위한 축복

콜로라도에서, 사무실 관리자인 산드라로부터

1년 전에 콜로라도의 포트 콜린스로 이사하여, 집에서 약 64km 떨어진 와이오밍주의 샤이엔에서 일을 하게 되었습니다. 이 두 도시의 겨울 날씨와 도로 사정이 끔찍할 정도로 좋지 않다는 악명을 익히 들어왔던 터라 날씨에 대한 걱정을 놓지 않았지요. 운전할 때마다 긴장의 끈을 놓지 않던 그 무렵, 자동차뿐 아니라 출퇴근(여행) 자체에도 축복하라는 루이스 헤이의 글을 읽게 되었습니다. 그래서 나는 "내가 출퇴근하는 순간마다 내 자동차와 날씨와 차도에 있는 다른 운전자들을 축복해."라고 말하기 시작했습니다.

그리고 마지막에는 "신이여, 안전한 여행을 하게 해 주셔서 감사합니다."라고 덧붙였지요.

지금부터가 놀라운 이야기입니다. 작년에 우리 동네에서 얼음과 눈사태, 강풍과 토네이도가 발생했지만, 내가 운전하는 중에는 단 한 번도 그런 일이 없었습니다. 한 번은 퇴근하여 문을 나설 때 눈보라가 치고 있었는데, 건물 모퉁이를 돌자, 날씨가 개었습니다. 또 하루는 바람의 일일 풍속이 시속 80km 정도였습니다. 막 퇴근하려는데, 동료가 밖에 나갔다가 오더니 바람이 완전히 멈췄다고 말하더군요. 나는 가만히 웃으며 기도했습니다. "신이시여, 감사합니다."

이 이야기가 어떤 사람에게는 평범하게 수도 있겠지만, 내게는 매우 중요한 사건이랍니다. 나는 루이스 헤이가 준 선물 덕분에 신념을 바꾸고 내면의 힘을 믿음으로써 기적을 경험할 수 있었습니다. 이에 진심으로 감사드립니다.

명료함의 순간들.

플로리다에서, 지방 정부 고용인 로젤린으로부터

수년 동안 나는, 나에게 허락된 것보다 더 많이 가져야 하고 더 나은 내가 되어야 한다고 느꼈습니다. 그러나 가지려고 노력하면 할수록 빗나가는 것만 같았습니다. 나는 늘 좋은 직장에서 일하고

3부 감정과 행동

있었지만, 생활은 풍족하지 않았습니다. 나는 "청구서의 요금을 낼 수 있는 만큼의 돈만 있으면 돼!"라고 말하곤 했는데, 현실 또한 그랬습니다.

몇 년 전에 노만 빈센트 필의 책을 소개받았는데, 문장 자체는 이해할 수 있었지만, 작가의 의도를 파악하기가 쉽지 않았습니다.

그로부터 시간이 더 흘러 지금으로부터 3년 전, 나는 변화하기 위해 내가 할 수 있는 모든 것을 해 보기로 마음먹었습니다. 일단 삶이 나아질 것이라고 마음먹으면 모든 일이 제대로 풀릴 것만 같았습니다. 더 나은 사람이 될 수 있게 도와주는 책이라면 무엇이든지 읽어 보기로 결심했고, 루이스 헤이의 《치유》를 만나면서 명료해지기 시작했습니다.

'내게는 현재 상황을 뛰어넘어 생각할 힘이 있고, 내가 원하는 삶에 생각을 집중할 힘이 있다'라는 개념이 마음에 들어 실천해 보기로 결심했습니다. '여기에 자신의 암을 치유한 사람이 있어. 그녀가 스스로 암을 치료할 수 있었다면 나 또한 나의 상황도 바꿀 수 있을 거야. 그렇게 해 보는 것이 큰 손해는 아닌 것 같아.' 나는 내가 원하는 삶에 대해 생각하기 시작했습니다. 바꾸기를 원하는 것마다 일일이 확언하면서 믿기 시작했습니다. 그때가 진정으로 삶의 여행을 즐길 수 있게 된 시점인 것 같습니다.

루이스 책에 나오는, 특정한 질병의 원인이 적힌 목록을 읽으면서 깊은 감명을 받았습니다. 나는 거의 일 년 가까이 한쪽 귀가 들리지 않아 병원에서 치료받고 있었는데 효과가 없었습니다. 책을 읽다 보니 가깝게 사람이 한 명 떠오르더군요. 그는 늘 나에게 자신의 상처와 고통에 대해 늘어놓았고, 나는 그 이야기가 듣기 싫어서 한 귀로 흘려 버리곤 했는데, 아무래도 그것이 귀 문제의 원인이 된 것 같았습니다. 나는 매일 루이스가 제안한 새로운 사고방식을 반복해서 말하기 시작했고, 일주일 뒤에는 모든 것이 좋아졌습니다. 그 뒤로 내 청력에는 아무런 이상이 없지요.

나는 내가 허용한 것들이 내 삶에 나타나는 것에 대해 더 이상 놀라지 않습니다. 루이스, 감사합니다. 나는 '자신의 삶을 스스로 치유할 수 있다'라는 말의 산증인입니다.

나는 행복할 자격이 있다

애리조나에서, 영성 상담가인 타마라로부터

1996년, 마사지 치료사가 되기 위해 맨해튼에 있는 스웨덴 학원에 등록했습니다. 그런데 얼마 지나지 않아 자가 면역 질환에 걸리고 말았습니다. 몸에 무리가 갈까, 봐 학원을 그만두어야겠다고 생각했지만, 학원에서 공부하며 다른 사람들을 도와주는 것을 좋아했던 나로서는 그 결정이 괴로웠습니다.

한 친구가 힘들어하는 나를 보더니 루이스 헤이의 《치유》를 건네주더군요. 처음엔 말도 안 되는 소리라고 생각했지만, 책을 읽을수록 영혼이 밝아지는 느낌이 들었습니다. 나는 확언을 시작했고, 나중에는 자동차 계기판 근처에도 붙여 놓을 정도가 되었습니다. 나 자신에게 "난 사랑 받을 자격이 있어.", "나는 있는 그대로 완벽해."라고 말해 줄 때는 눈물이 흘러나왔지요. 머리에는 여전히 불안과 걱정이 있었지만, 영혼은 진실을 알고 있었던 것이지요.

폭력으로 얼룩졌던 결혼 생활을 정리하고 나서 "나는 행복할 자격이 있어."라는 확언했더니 곧 아이들과 지낼 곳이 마련되었습니다. 그러던 중 아홉 살짜리 딸과 함께 끔찍한 교통사고를 당했고, 사고 1주일 만에 딸은 세상을 떠나 버렸습니다. 나는 필사적으로 확언에 매달렸고, 눈물을 흘리며 나 자신을 용서하는 작업을 했습니다.

나는 "난 행복할 자격이 있어."라고 반복했습니다. 마음은 이 말을 믿으려 하지 않았지만, 영혼이 간절히 원했기에 평화가 왔습니다. 알코올 중독, 단절된 가족 관계와 건강 문제 등 어떤 일이 벌어지든, 얼마나 나쁜 일이 생기든 나는 하루를 살기 위해 확언을 했습니다. 그리고 확언은 효과가 있었습니다.

지금 시점에서 내 삶을 살펴보면, 건강을 회복한 지 10년은 더 되었고, 가족 관계도 좋아졌으며, 멋진 삶을 살고 있습니다. 내가 가장 좋아하는 확언은 "나는 사랑을 주고 사랑을 받을 자격이 있다."입니다. 그러한 목적이 있었기에 나는 나의 모든 면을 사랑해 주는 멋진 남자를 내 삶에 끌어들이게 되었습니다.

지금 나는 중독자와 성매매 여성, 학대받은 여성들을 위한, 영성의 힘을 길러 주는 모임을 운영하고 있습니다. 나는 루이스 헤이의 《21세기에 성공하는 힘 있는 여자》과 《치유》 영화 DVD 를 수업에 이용합니다. 나는 루이스의 저작물들이 내 삶을 절망에 서 희망이 넘치는 삶으로 치유해 준 것을 잘 알고 있습니다. 내 삶 은 모든 것이 좋습니다.

나를 구하다

호주에서, 프리랜서 작가이자 블로거인 캘리로부터

루이스 헤이는 나에게 영적 스승에 가장 가까운 존재입니다. 그녀 의 책 《치유》는 내게 새롭게 존재하는 방법에 눈뜨게 했을 뿐만 아니라 무한한 가능성을 보여 주었습니다. 간단하게 말하면, 루이 스의 책을 읽고 내 삶은 완전히 변했습니다.

엄마는 내가 스무 살 때 내게 루이스의 책을 건네주었는데, 그때 나는 나를 통제하고, 정서적·신체적 폭력을 행사하는 사람 과 관계를 맺고 있었습니다. 겉으로 보기에 나는 지적이고 미래에 대해서도 의욕이 넘치는 주도적인 여성으로 보였지만, 내면에는 버림받고 순결을 잃은 것에 대해 분노하며, 성폭행당한 수치심을 느끼며 고통에 울부짖는 어린 내가 있었습니다. 나는 행복해지고 싶은 마음이 간절했지만, 세상은 고통과 비난으로 가득한 곳이었 습니다. 완벽해지기 위해 노력했지만 완벽해지지 못한 나를 증오 할 수밖에 없었습니다.

루이스의 이야기를 읽으면서, 태양이 나오고 있다는 느낌을 받았습니다. 내 일상은 흐린 날일 이유가 없음을 알아차리고 보니, 그곳엔 구름 한 점 없는 푸른 하늘이 있었습니다! 또한 꿈꾸는 삶을 누리려면 먼저 자기 자신을 변화시켜야 한다는 것을 깨달았습니다.

나는 암이나 알코올 중독, 정신 질환 등의 가족력이 영향을 미친다는 사실을 알고 있었고, 그런 것들로 인해 힘들게 살고 싶지 않았습니다. 하지만 벌써 중독과 우울증 조짐이 보이기 시작하자 나 자신과 삶을 완전히 바꾸고, 유전적인 것도 초월하기로 결심했습니다.

이 과정은 몇 년이 걸렸습니다. 과거를 내려놓기가 쉽지 않았기 때문입니다. 사건에 대한 기억은 희미해졌을지는 몰라도, 상실감, 거부당한 느낌, 배신감은 마음 깊은 곳에 둥지를 틀곤 합니다. 이런 감정들은 동맥을 조이고 가슴을 억누르며, 점점 추해진다고 느끼게 하지요.

나는 변화를 선택하고, 그 한 가지 방법으로 과거를 흘려보냈고, 한편으로는 익숙해져서 오히려 편했던 고통을 내려놓았습니다. 네, 나는 세상에 화를 낼 모든 이유를 가지고 있었습니다. 지지리 운도 없고, 대접도 못 받고 있었으니까요.

그러나 루이스는 내게 더 나은 삶을 가져다줄 존재는 바로 나 자신이라는 사실을 일깨워 주었습니다. 나는 스스로 구원해야 했습니다.

1995년, 시드니에서 있었던 세미나에서 루이스와 만나 대화를 나눈 행운을 얻었습니다. 그때 루이스에게서 나오던 빛을 절대로 잊지 못할 것입니다. 그녀는 눈부시게 밝아서 천사처럼 보였는데, 나 또한 살아 숨을 쉬고 있는 천사인 것을 알게 되었습니다. 무조건적인 사랑과 인정을 받아도 되는 그런 존재임을요.

나는 삶이 제공하는 최상인 것을 누릴 자격이 있습니다. 나는 있는 그대로 나 자신을 사랑합니다.

루이스가 도움을 주다

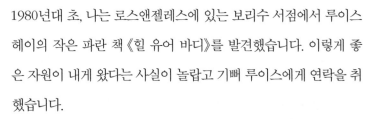

캘리포니아에서, 사람들에게 빛을 주는 사람이자
부동산 중개인인 린다

1980년대 초, 나는 로스앤젤레스에 있는 보리수 서점에서 루이스 헤이의 작은 파란 책《힐 유어 바디》를 발견했습니다. 이렇게 좋은 자원이 내게 왔다는 사실이 놀랍고 기뻐 루이스에게 연락을 취했습니다.

당시 나는 교도소 재소자들과 관련된 일을 하고 있었는데, 자애롭게도 루이스는 미국 전역에 있는 재소자들에게 보낼 수 있도록《힐 유어 바디》를 100권이나 보내주었습니다. 재소자들은 책을 받고 매우 기뻐했고, 나는 그 책을 교도소의 목사님께 드리고 도서관에도 가져다 놓았습니다.

3부 감정과 행동

그로부터 몇 년 뒤, 어머니가 안고 있는 문제를 해결하기 위해 어머니를 모시고 루이스를 찾아갔습니다. 어머니가 루이스와 상담하는 동 안 나는 루이스의 어머니를 만났는데 그 만남이 얼마나 아름다웠는지는 말로 다 표현할 수가 없습니다.

상담을 마치고 루이스의 아름다운 산타모니카 집을 떠나면서, 나는 "엄마, 어떠셨어요?"라고 여쭤보았습니다. 어머니는 활짝 웃으며, 부드럽게 말씀했습니다. "얘야, 네 말이 맞더구나! 루이스는 사람들을 돕기 위해 지구에 온 것이 틀림없어!"

수년간 나는 루이스의 책과 사상을 수많은 사람과 나누어 왔으며, 최근에는 그녀의 영화를 보고 감동하였습니다. 나는 이 영화가《시크릿》보다 더 큰 영향을 줄 것으로 생각합니다. 루이스는 진정한 현자입니다. 그녀를 만난 건 크나큰 행운이었고, 나는 그녀의 존재와 가르침을 통해 축복받았습니다. 한 명의 여성으로서 그녀는 영감 그 자체이며, 사업 리더이자, 사람들에게 빛을 주는 사람입니다.

천국에 가다

버지니아에서, 풍수 전문가인 파밀라 페이로부터

1996년, 한 친구가 선물로 준《힐 유어 바디》를 읽고, 나는 몸과 마음의 상관관계 뒤에 숨겨져 있는 진실과 정확함에 충격을 받았습니다. 1년 뒤인 1999년, 내 삶은 폭발 직전에 이르렀습니다. 20년을 함께한 남편은 바람을 피워 나를 떠났고, 고등학교 3학년이던 큰딸은 임신했으며, 나는 자궁경부암 3기를 진단받았습니다. 바닥을 친 인생을 극복하기 위해 어떻게든 방법을 찾아야 했습니다.

이후 몇 년 동안 나는 루이스의 책을 열심히 읽었습니다. 여러 권의 책이 치유에 도움이 되었는데, 특히 좋아하게 된 책은 유난히 기분이 좋지 않았을 때 찾아왔습니다. 그날 나는 도움이 될 무언가를 찾기 위해 서점에 갔고, 나를 지켜주는 우주에게 책을 찾아달라고 부탁했습니다. 그리고 루이스 헤이의《감사: 삶의 시작이자 끝》(원제 : Gratitude)라는 책이 내게 왔습니다.

나는 집으로 돌아와서 자리에 앉자마자 책을 펼쳤습니다. 책에 실린 모든 사람의 이야기가 나에게 효과가 있을 것이라는 걸 알았습니다.

두려워할 것은 아무것도 없으며, 내게 필요한 것은 오직 나 자신을 사랑하고 믿는 것뿐이었습니다. 우주는 내가 바라는 것이면 그것이 무엇이든지 그것을 가져다줍니다.《감사: 삶의 시작이자 끝》를 만났던 날도 그리했습니다.

그날 오후 나는 내 소망을 우주에 보냈습니다. 가장 좋아하는 옷을 입고 좋아하는 노래를 들으면서, 그 순간에 영혼을 집중했습니다. 그러자 금세 기분이 좋아졌습니다. 심각한 문제가 나에게 책을 사게 했고, 이렇게 멋진 결말이 날 것이라고 상상도 하지 못했지요.

나는 친구와 가족들이 절망하고 체념할 때 책을 주면서 책에 있는 이야기를 하루에 한 가지씩만 읽으라고 권했습니다. 책을 읽은 사람마다 큰 도움을 받았다고 했습니다.

루이스, 당신이 삶에서 깨달은 진리를 나눠 주어서 감사합니다. 나는 당신을 만나 꼭 안아 드릴 날을 손꼽아 기다리고 있습니다.

루이스 혁명

인디애나에서, 보험설계사인 베이레이로부터

2008년 오프라 윈프리 쇼에서 처음으로 루이스 헤이를 보았습니다. 당시 나는 열악한 직장에서 막 해고당했고, 부정적인 영향을 받고 있었으며, 외롭고 슬펐습니다. 루이스가 나오는 방송을 보고 바로 《치유》를 샀습니다. 방송을 보는 동안 몇 가지 내용들을 받아 적으면서 삶을 변화시키기로 결심했지요. 나는 비전 보드를 만들어 확언을 말하기 시작했습니다.

지난 6개월간 내가 경험한 모든 게 놀라운 자체입니다. 영성을 다시 찾을 수 있었고, 신과 진실한 관계를 맺게 되었지요. 또한 빚도 다 갚을 수 있었습니다. 4개월가량 직장을 구하면서 긍정적인 상태를 유지하자 힘든 상황에서 벗어날 수 있었고, 원하던 경력도 새로 쌓게 되었습니다. 첫사랑과도 연락이 닿아 몇 달 뒤에는 결혼한답니다. 평생 독신으로 혼자 살 거라고 말하던 내가 말이지요. 내성적인 성격의 약혼자 또한 《치유》를 읽고 나서 자신을 당당하게 표현하고 지킬 수 있는 강한 남자가 되었답니다.

약혼자에게는 아이가 두 명 있었는데, 우리는 크리스마스 선물로 루이스의 책을 사 주었습니다. 아이들은 날마다 확언하는 법을 배우고 있으며, 자신들이 긍정적인 선택을 할 수 있다는 것을 이해하고 있습니다. 우리는 아이들의 삶이 그토록 어린 나이에도 풍요로울 수 있음을 기뻐합니다.

나는 내가 아는 모든 사람에게 《치유》 책을 읽어 보라고 권합니다. 그리고 더 이상 자신의 삶에 나타난 문제들에 대해 변명하지 말라고 말합니다. 요즘엔 엄마와 형제자매들 모두 루이스의 혁명에 동참하고 있습니다. 나는 루이스를 삶을 수호해 주는 아름다운 빛이라고 느낍니다. 나는 그녀의 영화를 좋아하며, 힘이 필요할 때마다 확언 CD를 듣습니다. 그렇게 기분 전환을 하고 나면 항상 좋은 일이 생기지요.

루이스, 감사합니다. 내 삶은 날마다 더 멋져지고 있어요!

이미 존재하는

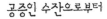

매사추세츠에서, 바텐더이자 인력 자원 개발 전문가이자
공증인 수잔으로부터

다섯 살인가 여섯 살 때의 추수감사절로 기억합니다. 숙모가 내게

"어른이 되면 어떤 사람이 되고 싶니?"라고 물었습니다. 나는 그 질문에 당황하여, "나는 이미 난데요."라고 대답했습니다. 어른이 되어도 여전히 나일 것이라고 설명했지요. 숙모도 내가 그랬듯이 아주 당황해하며 말을 잇지 못하셨지요.

세월이 지나면서 나는 숙모가 물었던 것이 직업에 관한 질문이었다는 걸 깨달았고, 이후 꽤 여러 다양한 직업을 가진 사람이 되었습니다. 그러나 그때의 내 대답처럼 재능, 소질, 생각, 기타 등등 내가 자라면서 얻게 될 것들은 이미 내가 세상에 태어났을 때부터 가지고 있었다는 것을 알게 되었습니다. 각각의 직업에 이름이 있어야 한다는 건 사회 통념일 뿐이지요. 나에게는 엄마, 딸, 언니, 아내라는 또 다른 이름을 붙일 수 있지만, 이런 역할을 가질 수 있게 하는 능력은 내가 태어나면서 내 존재의 일부로 가지고 있었던 것이 아닐는지요.

스물여덟 살이었던 1984년, 나는 처음으로 루이스 헤이의 《치유》를 읽었습니다. 그때 나는 내가 어떻게 느끼고 있는지 알고 있는 사람이 있다니……. 루이스는 나는 이미 나라는 말의 의미를 정확히 알고 있구나.'라고 생각했던 것을 기억합니다. 나는 그때부터 나에 대한 거짓된 사회적 통념들과 싸우기로 했지요. 예를 들면, 나는 글래머에 초록빛 눈동자와 금빛 머리칼을 가지고 있었는데, 이 말은 곧 나의 소임이 머리가 나쁜 성적인 여성이었지요. 루이스의 책을 읽으면서 이제껏 가지고 있던 잘못된 신념들을 내려놓기로 했습니다. 각각의 신념이 어디에서, 혹은 누구에게서 왔는지를 이해하자 내려놓기가 쉬워졌습니다.

자신 생각을 바꿈으로써 삶을 바꿀 수 있다는 것은 놀라운 일입니다. 그리고 이 변화는 자신의 부정적인 생각을 긍정적인 생각으로 대 체함으로써 얻을 수 있는 당연한 결과이지요.

사랑하는 루이스, 당신의 생각을 우리 모두에게 나누어 주어서 감사합니다. 그 생각 덕분에 나는 '나 자신'으로 돌아가게 되었습니다. 사랑과 행복을 당신에게 보냅니다.

천국의 도움

네덜란드에서, 일하는 아레나부터

내가 태어났을 때만 해도 체코는 공산주의 체제하에 있었습니다. 아버지는 독재적이고 부정적인 분으로, 단 한 번도 내게 사랑한다고 말해 주지 않았습니다. 또한 매우 비판적이어서 내가 무엇을 하든 옳다고 한 적이 없습니다. 아버지는 그렇게 하는 것이 자식을 더 강하게 만들 것이라고 여겼을지 모르지만, 결과는 그렇지 않았습니다. 나는 졸업하자마자 다른 도시로 이사했고, 스무 살이 되었을 때 새로운 삶을 시작하기 위해 네덜란드로 갔습니다.

친구와 함께 직업을 구하고 살 집을 얻었습니다. 그러나 당시만 해도 체코 사람이 네덜란드에서 일하는 것이 불법이었기에, 우리는 거리로 쫓겨났고, 부랑자들과 더러운 곳에서 지내면서 마약에 손대기 시작했습니다. 하지만 우리 둘 다 가족의 품으로 돌아가기는 싫었습니다.

아버지 때문이었지요(친구의 아버지는 내 아버지보다 더 심했답니다.).

우리는 사람들이 버린 물건 중에서 쓸 만한 것을 찾아 정기적으로 거리를 돌아다녔습니다. 책을 좋아했던 나는 틈틈이 길에 떨어진 책을 주워 읽곤 했습니다. 하루는 길에서 《치유》라는 책을 보았습니다. 책 표지가 시선을 확 끌었습니다. 내가 싫어하는 형형색색의 색깔로 장식되어 있었거든요. 표지가 마음에 들진 않았지만, 책을 주워 들고 가서 읽기 시작했습니다. 그리고 곧 마법 같은 일이 일어났습니다.

얼마 후, 아일랜드에 있는 남자친구를 만나러 갔지만 우리 사이는 예전 같지 않았습니다. 네덜란드로 다시 돌아가려 했으나 불법 체류 문제로 입국 허가를 받지 못하고 체코로 강제 추방당했습니다. 상심하여 오빠에게 전화를 걸었더니 뜻밖에도 아주 반가워하며 한 달 동안 편하게 지내라고 배려해 주는 게 아니겠어요.

이는 분명 하늘이 날 도운 것입니다. 그때 강제 추방을 당하지 않았더라면 나는 여전히 거리를 헤매면서 있는 그대로 나 자신에 감사할 줄 몰랐을 것입니다. 나는 지금 스물아홉 살로, 네덜란드로 다시 와 사무실에서 일하면서 좋은 아파트에서 지내고 있습니다. 내 꿈은 유치원 교사입니다. 나는 아이들에게 자기 자신과 다른 사람들을 사랑하는 방법을 가르쳐 주는 것이 나의 소명임을 알게 되었습니다.

또한 나는 아버지가 굳이 나를 칭찬할 필요가 없다는 것도 알았습니다. 물론 아버지에게서 긍정적인 말을 듣고 싶지만, 아버지 또한 최선을 다하고 계신다는 것을 압니다. 나는 가족을 사랑하며, 그들이 내 삶에 와 줘서 행복합니다. 우리 가족은 이번 크리스마스에 처음으로 한데 모이기로 했습니다.

이젠 모든 것이 좋습니다. 만약 좋지 않은 일이 생기더라도, 그 일을 하나의 교훈으로, 그것을 하나의 시험으로 여기면 된다는 것을 압니다. 나는 삶이라는 학교가 참 좋습니다.

친애하는 루이스, 사랑합니다. 모든 행복이 당신과 함께하길 바랍니다. 당신은 내 삶을 치유할 수 있도록 도와주었습니다. (참, 나는 이제 무지개 색깔을 좋아한답니다.)

루이스를 위한 시

인디애나에서, 변호사인 로리로부터

나는 제로섬(zero-sum : 게임 이론에서 나온, 참가자 각각의 이득과 손실이 합이 제로가 되는 개념-역자 주) 세상에 태어났습니다. 이곳은 한정적인 자원을 가지고 상대방과 경쟁하는 곳으로, 누군가가 이긴다는 것은 곧 다른 사람이 진다는 것을 의미합니다. 이곳에서 '남성은 힘'을, '여성'은 '약함'을 의미합니다. 아이들은 자리에 앉

3부 감정과 행동

아 있어도 되지만 얌전해야 하고, 여성은 순종해야 합니다. 나는 이 숨 막히는 세상에서 탈출하기 위해 몸부림치면서도, 이 압박감이 내 자멸적 신념 체계에서 비롯되었다는 것을 알지 못했습니다. 나는 법을 공부했고 적극적으로 행동하는 법을 배웠지만, 무엇을 성취하든 실패하게끔 되어 있었습니다. 나는 늘 남자들의 세상에서 성공하려고 애쓰는 여성이었습니다.

그러나 루이스 헤이의 책을 읽기 시작하면서 이 모든 것이 변했습니다. 나 자신을 사랑하는 법과 긍정 확언을 배우면서 하루하루가 기적이 되었습니다. 나는 지금 풍요로운 세상에서 딸을 키우고 있습니다. 내 딸은 필요로 하는 것을 다 가지고 있으며, 다른 이들에게 나눠 주어도 충분할 만큼 풍요롭습니다. 딸과 나의 세상에서는 남성과 여성은 동일한 가치를 지니며, 부족하거나 없는 부분들을 서로 보완하는 인간적인 면으로 받아들입니다. 아이들은 배울 수 있고 축복받은 존재이며, 자신에 대해 생각해 보도록 격려를 받습니다. 두려움과 속임수의 자리를 사랑과 감사가 대신했고, 협동이 경쟁의 자리를 대신했습니다.

삶은 좋습니다. 모든 것이 다 좋습니다.

그래서 나는 루이스에게 감사하다는 말을 꼭 전하고 싶습니다. 나는 말로 표현할 수 없을 정도로 큰 감사를 담아 루이스를 위한 시를 한 편 썼습니다.

나를 사랑하는 법을 배울 수 있다고 생각하기 위해

지혜를 기다리는 자에게 지혜가 옴을 알기 위해

몸, 마음 그리고 영혼을 건강하게 기르기 위해

매 순간 자신에게 "난 최고야."라고 말합니다.

삶은 자신의 마음속에 있는 신념을 반영합니다.

매 순간 내 마음을 바꿈으로써 내 세상을 바꿉니다.

받아들임은 바로 시작점이며

친절함으로써 성공을 얻습니다.

매일 아침 일어나서 나는 확언합니다.

"오늘 내게 필요한 것 모두가 다 내 것입니다."

풍요는 순간마다 기다려 줍니다.

우주의 시간은 바로 신성입니다.

나는 항상 루이스 헤이에게 감사할 것입니다.

이렇게 친절하고 부드러운 방법을 보여 주어서 감사합니다.

루이스와 함께하는
내면 치유 작업

—— ◆ ——

여러분은 삶에서 어떤 부분을 변화시키고자 하나요? 여러분이 가지고 있는 사고방식 중 어떤 것이 원치 않는 상황을 만들고 있는지 아시나요? 이 신념을 얼마나 오랫동안 가지고 있었든 간에, 그것들이 더 이상 여러분에게 도움이 되지 않는다는 것을 알아차리세요. 그 신념을 바로 지금 내려놓아도 괜찮습니다. 여러분은 자기 자신을 위해 기쁨과 사랑으로 가득한 새로운 삶을 만들 수 있습니다.

마음의 준비가 되었을 때 다음의 연습을 해 보세요. 이 연습은 깊이 박혀 있는 신념들을 탐사할 수 있도록 도와줄 것입니다. 스스로가 어떤 신념을 가졌는지 모르면, 그 신념을 바꾸는 것을 시작할 수 없답니다. (종이나 노트에, 질문에 관한 답을 적어 보세요.)

신념 찾기

아래에 제시된 단어들을 보면 어떤 신념들이 떠오르는지 모두 생각해 봅시다. 잘 돌아가지 않는다고 여기는 삶의 영역이 있다면 단어 목록을 더 추가해도 좋습니다. 여러분이 원하는 만큼 목록을 만들어 보세요. 긍정적인 신념이든 부정적인 신념이든 떠오르는 모든 것을 적어 보세요. 이를 통해 여러분이 어떤 생각을 하는지 명확하게 살펴봅시다. 이 신념들은 당신이 삶을 살아가는 잠재의식 속에 있는 내면의 규칙입니다. 여러분이 지금 어떤 신념을 가졌는지 모른 상태에선 그 어떤 긍정적인 변화도 만들어 낼 수 없다는 것을 명심하세요.

- 남자
- 성
- 성공
- 여자
- 일
- 실패
- 사랑
- 돈
- 신

각 목록의 내용들 어느 정도 채웠다면, 다시 한번 적은 것을 읽어 보세요.

여러분에게 도움이 되고 여러분을 지지해 주는 신념에는 별 표시(*)를 해 봅시다. 이 신념들은 여러분이 계속 갖고 싶어 하며 강화하기를 바라는 신념들입니다. 여러분이 목표하는 것을 이루지 못하게 하는 해로운 신념 옆에는 체크 표시v를 해 보세요. 이 신념들은 여러분이 할 수 있는 모든 일들을 방해하고 있는 것들입니다. 이 신념들은 여러분이 지워 버리고, 다시 교체하기를 바라는 신념들입니다.

부정적인 메시지

다음으로 할 일은 부모님께서 여러분에게 말한 모든 부정적인 말들을 적는 것입니다. 어떤 부정적인 말을 듣고 자신이 잘못되었다고 생각하게 되었나요? 기억나는 대로 최대한 많이 적을 수 있도록 충분한 시간을 가져 보세요. 대개 30분 정도가 적당합니다.

부모님은 돈에 대해서 어떻게 말씀하셨나요? 여러분의 몸에 대해서 어떻게 말씀하셨나요? 사랑과 관계에 대해서는 또 어떻게 말씀하셨죠?

여러분의 창조적인 능력에 대해선 어떻게 말씀하셨나요? 부모님에게서 들은 제한적이고 부정적인 말은 어떤 것이 있었나요?

만약 할 수 있다면, 여러분이 적은 목록을 객관적으로 보면서, 자신에게 이렇게 말해 보세요. "그래, 이 신념들은 저기에서 나온 것이구나." 이제 좀 더 깊이 들어가 봅시다. 어린 시절, 다른 사람에게 들었던 말 가운데 부정적인 말은 무엇인가요? 친척, 선생님, 친구, 권위 있는 사람, 성직자들이 여러분에 대해 어떻게 말했나요? 그들에게서 들었던 부정적인 말들을 다 적어 봅시다. 시간을 충분히 확보하고, 찾아낸 것을 다 적어 보세요. 이 말들을 쓰면서 여러분의 몸에 어떤 반응이 일어나는지를 살펴보세요.

자, 이제 여러분은 여러분의 의식 속에서 지울 필요가 있는 또 다른 생각의 목록을 갖게 되었습니다. 이 목록들은 여러분이 스스로 '부족하다고 느끼게 하는 신념들입니다.

나의 이야기

여러분의 인생에 관한 이야기를 간단하게 적어 보도록 합시다. 어린 시절부터 말입니다. 여러분의 감정 또는 행동에 어떤 변화가 일어났는지도 살펴보고 적어 보세요. 여러분의 무의식에는 어떤 부정적인 생각이 있나요? 그 생각들이 떠오를 수 있도록 허용해 주세요. 어쩌면 여러분은 여러분이 찾은 내용에 깜짝 놀랄지도 모릅니다.

여러분의 이야기를 적는 동안 얼마나 많은 부정적인 메시지를 알아차렸나요? 이렇게 표면화된 하나하나의 메시지는 모두 보물입니다. "아하! 이제 널 찾았어! 모든 이 문제의 원인인 널 찾았어! 이제 나는 너를 지우고 자유로워질 수 있어."

이를 알아차렸다면 이제 거울 연습을 할 차례입니다. 거울에 비친 자신 눈을 보며 이 모든 오래된 메시지와 신념들을 기꺼이 내려놓겠다고 확언해 보세요. 심호흡하면서 이렇게 말해 보세요.

"나는 더 이상 나에게 영양가가 없는 이 부정적인 생각과 신념을 기꺼이 내려놓겠어." 이 확언을 여러 차례 반복해 보세요.

의무감 대체하기

이미 여러 차례 말씀드렸지만, 나는 '~ 해야 한다'라는 말은 우리의 일상 용어 가운데서 매우 해로운 말이라고 생각합니다. 우리가 이 말을 쓸 때마다, 우리는 자신에게 '우리는 잘못했어.' 또는 '우리는 잘못했었지.', '우리는 잘못하고 있는 거야.'라고 말하고 있는 것입니다. 나는 우리의 단어 사전에서 '~ 해야 한다'라는 말을 없애고, 그 자리에 '~ 할 수 있다'는 말로 대체하길 바랍니다. '할 수 있다는 말은 선택권을 주며, 우리는 잘못한 것이 없게 됩니다.

여러분이 '~ 해야 한다'라고 생각하는 5가지를 생각해 보고 그 상황을 적어 보세요. 그 뒤에는 '~ 해야 한다' 자리에 '할 수 있다'라는 단어로 바꿔서 적어 보세요.

이제 자기 자신에게 물어보세요. "(그렇게 할 수 있었는데), 왜 난 그렇게 하지 않았지?" 여러분은 이 질문을 통해 처음부터 하고 싶지도 않았던 것을 하지 않는다고 수년 동안 자신을 꾸짖고 있었다는 사실을 발견하게 될지도 모르겠습니다. 아니면 여러분의 생각도 아닌데 누군가의 강요로 어떤 일을 하는 자신을 발견하게 될지도 모르겠네요.

이 목록에서 얼마나 많은 '해야 한다'를 지울 수 있을 것 같나요? 해야 한다'가 지워진다면 어떤 느낌이 드는지 적어 보세요.

두려움과 확언

다음에 제시된 목록을 보고, 그와 관련하여 여러분이 가장 두려워
하는 것이 무엇인지를 적어 보세요. 그런 다음 그 옆에다 그 두려
움을 상쇄시킬 수 있는 긍정 확언을 적어 봅시다. 여러분에게 맞
는 확언을 만들어도 좋고, 다음에 나오는 확언 목록 중에 마음에
드는 한 가지를 사용해도 좋습니다.

- 직업
- 사는 곳
- 가족 관계
- 돈
- 외모
- 성
- 건강
- 관계
- 나이 듦
- 죽음, 죽어 가는 것

확언 목록

- 나는 나에게 변화의 힘이 있다는 것을 믿는다.

- 나는 모든 살아있는 것에 평화로움을 느낀다.

- 지금이 새로운 순간이다. 나는 자유롭게 내려놓는다.

- 나는 나에게 해를 끼친 모든 사람을 기꺼이 용서한다.

- 나는 내 삶에 책임을 진다.

- 나는 나 자신과 내 삶을 위해 기꺼이 새로운 생각을 창조한다.

- 나는 나를 창조한 힘과 하나가 된다. 나의 세상에서는 모든 것이 좋다.

- 나는 새로운 빛 속에 있는 나 자신을 본다. 나는 나 자신을 사랑한다.

- 나는 과거로부터 자유로우며, 앞으로 나아간다. 나는 안전하다.

- 나에게 있어 다른 사람들의 한계를 뛰어넘는 것은 안전한 일이다.

- 나는 삶의 과정을 신뢰한다.

- 나는 마음의 문을 활짝 열고 기꺼이 변화한다.

- 나는 내 자신이 행복의 근원인 것을 안다.

- 나는 나에게 걸맞지 않은 것들을 흘려보낸다.

- 나는 내 삶에 멋지고 좋은 경험들이 들어오도록 마음을 열고 이를 받아들인다.

- 나는 제한적 신념을 넘어서고, 온전하게 나 자신을 받아들인다.

- 나는 내 힘을 되찾고, 사랑으로 내 현실을 창조한다.

- 나는 더 이상 나에게 도움이 되지 않는 오래 묵은 부정적인 생각과 신념을 기꺼이 내려놓는다.
- 나는 나 자신과 내 삶에 대해 편안하다.
- 나는 과거를 용서하고 내려놓는다. 나는 기쁨으로 나아간다.

3부 감정과 행동

오래된 신념을 바꾸기 위한 치유 확언

나의 삶은 항상 새롭다.

내 삶의 매 순간은 신선하고 생기가 넘친다.

내가 원하는 바를 창조하기 위해 나는 확언을 이용한다.

오늘은 새로운 날이다.

나도 새로운 나다.

나는 다르게 생각한다.

나는 다르게 말한다.

나는 다르게 행동한다.

다른 사람들은 나를 다르게 대한다.

나의 새로운 세상은 나의 새로운 생각의 반영이다.

새로운 씨앗을 심는 것은 기분 좋고 즐거운 일이다.

왜냐하면 그 씨앗이 새로운 경험을 만들어 줄 것임을 알기 때문이다.

나의 세상에서는 모든 것이 좋다.

10장
삶의 목적 찾기

우리 모두 살아가면서 삶의 목적을 이룰 수나 있을지 혹은 목적을 가지고 있기나 한지 의문을 품는 시기를 겪곤 하지요. 그럴 때면 무언가가 빠져 있다고 느껴지곤 하는데, 어떻게 그 공허함을 채워야 할지 모르곤 하지요. 어떤 사람들은 마약이나 불건전한 관계 또는 자신을 파괴하는 행동들을 통해 삶의 의미를 찾으려고 합니다. 아마도 사람들은 바로 우리 눈앞에 보이는 것 이상의 것이 존재하지 않는다고 여기거나 그 이상의 것을 요구할 권리가 없다고 믿을 것입니다. 그러나 우리는 모두 삶이 제공하는 최상의 것들을 누릴 자격이 있습니다.

　여러분의 삶을 최고의 삶으로 만들기 위한 첫 단계가 바로 여러분의 마음을 바꾸는 것입니다. 행복이란 '외부'에서 찾을 수 있는 것이 아니라는 걸 명심하세요. 행복은 오직 자기 사랑과 수용을 통해 우리 내면에서 오는 것입니다. 자신을 사랑하는 방법을 배우고, 여러분 내면의 신성한 지혜를 믿는 법을 배우세요. 여러분이 허용한다면 우주는 여러분에게 필요한 것을 가져다줄 것입니다.

　자신 삶의 의미를 찾은 다음의 이야기들이 여러분들이 삶의 더 큰 목적을 찾을 수 있도록 영감을 주길 바랍니다. 그리고 여러분들의 무한한 가능성을 알아차릴 수 있게 해 주는 좋은 자극이 되길 바랍니다.

열정이 넘치는, 목표가 뚜렷한 삶

캘리포니아에서, 작가이자 국제적인 연설가이자

프로듀서인 샤론으로부터

나는 이제껏 삶과 죽음을 오가는 삶을 살아왔습니다. 어린 시절에는 9년 동안이나 성적 학대를 받았고 성인이 되어서는 거식증에 걸렸으며 여러 번 파괴적인 관계를 맺었을 뿐 아니라 두 번의 자살 시도까지 하게 되었지요. 그런 모진 풍파 속에서도 나는 살아남았습니다.

1985년까지 나는 나 자신이 피해자라고 생각했습니다. 그해에 멘토인 린다를 만났고, 그녀는 내가 자기혐오·분노·두려움·원망의 감정을 다룰 수 있도록 도와주었습니다. 린다는 루이스 헤이의 책《치유》를 내게 주었고, 나는 그 책에 있는 연습 과제를 실천했습니다. 마음을 울리는 확언을 하기 시작했고, 시각화 연습을 했으며, 거울에 비친 내 모습을 보면서 "난 널 사랑해, 샤론! 난 정말 널 사랑해."라고 말해 주었습니다. 나는 루이스의 책을 통해 내 삶의 중대한 문제였던 용서, 감사, 관계, 건강의 문제를 해결하는 데 도움을 받았습니다.

얼마 지나지 않아, 나는 생각과 말이 건강과 행복에 미치는 영향이 얼마나 큰지를 이해하게 되었습니다. 몸·마음·정신의 관계를 주제로 공부했고, 이에 따라 내면의 평화와 힘 그리고 나 자신과 타인에 대한 용서를 느끼고 경험할 수 있었습니다. 또한 주변의 상황이 어떻든 간에 긍정적인 태도를 가질 수 있는 법도 배웠습니다.

1986년에부터 에이즈와 암 환자 공동체에 자원봉사자로 일하면서 몸·마음·정신의 조화를 이루는 방법들을 가르쳤습니다. 또한 소년원과 교도소에 있는 10대 소녀들을 위한 교육도 했지요.

그해 말, 또 다른 도전이 나를 기다리고 있었습니다. 댄 래더가 〈에이즈가 가정을 강타하다!〉라는 텔레비전 특집 프로그램을 진행하고 있었는데, 전남편이 TV에 출연하여 자신이 에이즈에 걸렸다고 말하는 것이 아닙니까. 나는 곧바로 에이즈 검사를 받았고, 검사 결과 양성 반응이 나왔습니다. 그러나 나는 나 자신을 희망이 없는 피해자로 여기기보다는 에이즈 바이러스로 인해 힘을 얻기로 마음먹었습니다. 그리고 나는 남부 캘리포니아에서 처음으로 에이즈 감염을 밝힌 여성 중의 한 명이 되었습니다.

나는 HIV와 에이즈에 걸린 남자 동성연애자들을 위한 루이스 헤이의 협력 모임에 참가하기 시작했습니다. (나는 그 모임에 처음으로 참가한 이성애자 여성이었습니다.) 루이스와 그 모임에 참가한 사람들은 연민, 사랑, 감사와 삶에 대한 열정으로 가득 차 있었고, 나는 그 많은 사람과 가족이 된 것 같았습니다.

1997년, 나는 에이즈 합병증 탓에 거의 죽을 뻔했습니다. 하지만 아직은 죽을 때가 아니라는 내면의 목소리를 들었고, 삶의 목적을 알아차리게 되었습니다. 내가 경험했던 도전들이 재능과 지혜의 씨앗이 되었고, 이를 다른 사람들과 함께 나눌 수 있다는 것도 알게 되었습니다.

도전을 모두 받아들이고 내려놓자, 그것들은 신성해졌습니다. 그 도전은 나를 치유해 주었고, 나 자신을 발견하는 계기가 되었으며, 내 온 적성을 되찾게 해 주었고, 열정적인 삶을 살 수 있게 해 주었습니다. 나는 지금 루이스에게서 배운 지혜를 책에 담아, 여러 나라 사람과 나누고 있습니다. 루이스는 인류에게 하나의 선물임과 동시에 내 삶의 축복입니다. 그녀는 선구자이며, 전설입니다. 그녀의 유산은 영원할 것입니다.

갑자기 내가 나아가야 할 길이 명확해지다

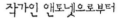

캐나다에서, 심리학자이며 요가 명상 강사이자
작가인 앤토넷으로부터

레바논 내전 당시 나는 레바논에 살고 있었는데, 열세 살에 민병대에서 훈련받고 시민군이 되었습니다. 나는 그곳에서 사람들이 어디까지 만행을 저지를 수 있는지를 보고 두려움에 사로잡혔습니다. 그건 영화가 아니라 현실이었습니다. 나는 눈앞에서 형이 총을 맞아 다치는 걸 보았습니다. 레바논에 남아서 싸우고 싶었지만, 우리 가족은 형을 치료하기 위해 캐나다로 가기로 했지요.

대학에 다니면서 나는 세상을 변화시켜야 한다고 느끼기 시작했습니다. 전쟁이 주요 성장 배경이었기 때문에, 평화롭게 정치에 참여하는 방법에 대해서는 알지 못했습니다. 그러던 중 가까웠던 사람이 물에 빠져 죽게 되었고, 그로 인해 내 삶이 무너지더니 이내 뿌리까지 흔들리기 시작했습니다. 나는 희망의 빛을 찾기 위해 심리학 공부를 마쳤음에도 불구하고, 어떻게 인간이 사랑이 넘치면서도 또한 그토록 파괴적일 수 있는지에 대해 이해할 수 없었습니다.

그 뒤 얼마 안 되어, 프랑스어로 적힌 루이스의 책들을 발견하게 되었습니다. 이것은 선물 그 자체였습니다! 나는 책을 읽으면서, 우리의 성장 배경이나 몸의 상태가 어떠하든 삶의 방식을 변화시킬 수 있다는 것을 깨달았습니다. 이 새로운 빛을 통해 내가 나아가야 할 길이 한순간에 명확해졌습니다.

나는 지금 심리학자이자 요가 명상 강사이며 세미나와 워크숍의 지도자입니다. 최근에는 프랑스어로 된 책도 한 권 썼지요. (이 책을 영어로 출판하여 루이스에게 선물하고 싶습니다.) 이 책에는 사람들이 자신 내면의 전쟁으로부터 자유로워질 수 있게 하며, 이를 통해 자기 자신과 주변 사람들에게 사랑이 가득한 세상을 만들도록 도와주는 내용이 담겨 있습니다. 나는 세상이 평화로워지는 것을 보고 싶습니다. 그리고 이제 사랑을 통해 평화가 온다는 것도 압니다.

요즘 내가 하는 일들은 좀 더 나은 세상을 만들기 위한 것들입니다. 나는 인간의 잠재 가능성을 표현하기 위해 두 장의 그림을 그렸습니다. 나는 내가 지금 이곳에 있다는 것이, 그리고 내가 할 수 있는 일을 하는 것이 얼마나 큰 축복인지를 잘 압니다. 우리가 모두 스스로 긍정적으로 변화시키는 것이야말로 세상을 변화시키는 길이라고 생각합니다.

루이스, 당신은 지구 전체의 빛이자 영감을 주는 사람입니다. 나는 삶이 당신에게 줄 수 있는 최고의 선물들을 누릴 수 있기를 진심으로 바랍니다. 당신 덕분에 내가 사랑의 기적을 믿게 되었습니다.

놀라운 삶을 향한 주춧돌

매사추세츠에서, 마사지 치료사인 지나로부터

처음 루이스 헤이의 《치유》를 알게 된 것은 1999년입니다. 그때 나는 불안과 두려움에 사로잡혀 있었습니다. 부정적인 생각으로 인해 두 아이에게는 화를 내는 조급한 엄마가, 남편에게는 비판적이고 내성적인 아내가 되어 있었습니다. 자제력을 잃고 감정의 소용돌이 속에서 헤매고 있다는 것을 알았지만, 수치심 때문에 그 누구에게도 이 이야기를 할 수 없었습니다.

루이스 헤이의 책을 읽기 시작하면서, 나는 편하게 숨 쉴 수 있다는 것을 알았습니다. 이전에는 숨을 참고 얕게 호흡했는데, 책을 읽으면서 편하게 심호흡을 할 수 있었습니다. 나는 루이스의 책에 필사적으로 매달렸습니다. 불안감은 즉각 줄어들었고, 새로운 생각들이 나타나기 시작했습니다. 이때부터 나는 하루를 그냥 보내지 않고, 나 자신이 진정으로 누구인지를 찾기 시작했습니다.

생각을 통제할 수 있게 되자 두려움과 불안에 대한 욕구를 내려놓을 수 있었습니다. 그리고 바로 지금의 내가 누구이고 어떤 사람이 되길 원하는지 깨닫는 데 필요한 지지와 도움에 집중하게 되었습니다. 나는 내가 사람들을 돕기 위해 이 지구에 온 것임을 압니다.

예전에는 일이 빨리 진척되지 않으면 좌절감을 느꼈지만, 이제는 알 수 있습니다. 그때 내가 나아가야 할 길을 향해 주춧돌을 하나씩 순서대로 놓고 있었다는 것을 말입니다. 예를 들면, 직장을 그만두고 마사지 학교 3개월 집중 훈련 프로그램에 참여했을 때, 몇 주 동안 집에 들어가지 못했는데도 남편과 아이들은 나를 지지해 주었습니다.

그 과정을 다 마치고 마사지사로서 직장을 구하는 데도 시간이 걸렸습니다. 내가 상상했던 것을 알아보는 지혜와, 선택된 사람이라는 자신감이 더 필요했기 때문이지요. 나는 유능한 마사지 치료사 밑에서 1년 동안 실습하면서 필요하던 것들을 채운 뒤 2007년에 개인 마사지 가게를 열었습니다. 지금 나는 몸이 아파서 불편해하는 사람들이 편안해지도록 돕고 있습니다. 또한 그들에게 스스로 자신 몸을 치유할 수 있으며, 삶 또한 치유할 수 있다는 사실을 전해 주고 있습니다.

이 경험에서 가장 좋았던 점은 내 아들들이 이 모든 과정을 지켜보았다는 점입니다. 아이들은 내가 성장하면서 안전지대에서 나와 엄청난 신념의 도약을 하는 과정을 보았습니다. 내가 아이들의 삶에 이런 모습을 보여 줄 수 있었다는 것이 가장 기쁩니다. (그 당시의 경험에 대해 정리해 보면, 나는 '진짜 나' 뒤에 숨거나, 멀리 도망가거나, 사람들이 바라는 내'가 되는 것보다, 그저 '있는 그대로 나 자신'이 되기가 얼마나 쉬운 것인지를 깨닫게 되었습니다.)

루이스, 나는 《치유》를 수백 번 읽었습니다. 그리고 내 친구들과 친척들에게 당신의 책을 많이 선물했답니다. 모든 것에 감사드려요.

더없는 행복을 축하하기

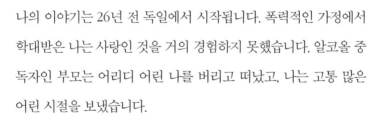

아일랜드에서, 인생 상담사이자 예술가인

비앙카 마리로부터

나의 이야기는 26년 전 독일에서 시작됩니다. 폭력적인 가정에서 학대받은 나는 사랑인 것을 거의 경험하지 못했습니다. 알코올 중독자인 부모는 어리디 어린 나를 버리고 떠났고, 나는 고통 많은 어린 시절을 보냈습니다.

자존감은 산산이 무너지고 긍정적인 에너지도 턱없이 부족했기에 질투심 많은 사람으로 성장했습니다. 내 삶에서는 잘되는 일이라곤 하나도 없었습니다. 다행히도 아주 어린 시절부터 항상 더 높은 자아의 근원과 연결되어 있었기에, 영혼은 진정될 수 있었고 살아남을 수 있었습니다.

나는 열여섯 살에 집을 나와 호텔에서 일하기 시작했습니다. 인생 자체는 물론 기본예절조차 몰랐기에, 호텔 업무가 꽤 큰 도전으로 느껴졌습니다.

나의 치유 여행은 아일랜드로 이사하면서 본격적으로 시작되었습니다. 극도의 두려움과 한계를 극복하고 일을 하기 위해 알코올 중독자 구제회에 참가하게 되었습니다. 그곳은 알코올 중독자의 친구·친척·자녀·배우자들이 모여 도움을 주고받는 지지 모임이었습니다.

이 모임에서 만난 한 여성분이 루이스 헤이를 소개해 주었습니다.

나는《치유》를 읽고, 나에게 내면을 들여다볼 용기와 삶을 바꿀 힘이 있다는 것을 알았습니다. 나는 하루에 최소한 세 장 이상의 확언을 적기 시작했습니다. 만약 확언이 진짜 효과가 있다면, 이 종이들이 멋진 미래를 만들어 주리라 생각했습니다. 그리고 정말 그랬습니다.

3개월도 안 되어 병적인 질투심을 적절하게 조절할 수 있게 되었고, 한 동네에 나와 같은 영성의 길을 걷는 사람들의 모임이 있다는 것을 알게 되었습니다. 6개월이 지나자 수많은 작은 기적들이 나타났습니다. 멋진 애인을 비롯해, 사랑스러운 친구를 사귀었고, 돈도 이전보다 더 많이 벌었습니다. 살도 13kg 정도 빠졌고,

3부 감정과 행동

매일 아침을 명상으로 시작하게 되었습니다.

처음 루이스의 작업을 시작한 지 2년이 흘렀습니다. 내 삶은 여전히 가장 완벽한 방식으로 꽃피고 있습니다. 나는 우리집 거실에서 《치유》 모임을 시작했습니다. 이 공간에서 우리는 서로의 얼굴을 바라보면서 도와줍니다. 전 세계의 여성을 돕기 위해 인터넷상의 지지 모임과 함께 개인 홈페이지를 만들어 루이스 헤이의 메시지를 더 많이 퍼트릴 수 있게 되었습니다. 이제 나는, 내가 다른 사람들에게 마땅히 삶을 창조하고 누릴 수 있도록 도와주는 선택된 교사인 것을 압니다. 삶의 목적을 드디어 찾은 느낌입니다.

지금 나는 어린 시절에 관해 감사합니다. 그 암울했던 어린 시절이 나를 이토록 아름답게 만들었기 때문입니다. 나는 이 세상에서 배우기 위해 많은 수업을 하며, 다른 관점, 다른 스승을 찾으면서 나아가고 있습니다. 이것은 더할 나위 없는 행복이며 이를 축복합니다.

루이스, 당신이 한 모든 일에 대해 감사드립니다. 당신은 이 세상을 더 좋게 변화시키고 있습니다. 자기 자신을 잃어버렸거나 스스로 부족하다고 여기는 이들과 깊은 고통과 두려움에 떨고 있는 이들에게 많은 사랑을 주었습니다.

나는 날 수 있다

콜로라도에서, 가수이자 연사이자 작가이면서 교사인

개일로부터

1987년에 루이스 헤이의 《치유》 점자책을 만났습니다. 나는 이 책을 손끝으로 수없이 읽었고, 그녀는 내 마음의 병을 고쳐 주었습니다.

루이스의 책을 읽기 전까지 나는 피해자였습니다. 미숙아로 태어난 나는, 나의 한계가 임신 중에 술 담배를 한 엄마와 의사의 실수 때문이라고 믿었습니다. 나는 분노와 두려움 그리고 단절감 속에서 핼쑥한 얼굴을 가진 사람으로 성장했습니다. 두 번의 코 수술을 받으면서, 거울을 보고 '넌 정말 못생겼어.' '난 널 증오해.' 라고 생각했던 일이 기억납니다. 아버지의 학대를 받았고, 열한 살 때는 때 백내장으로 인해 시력을 완전히 잃어버렸습니다. 이 세상에 기대할 수 있는 것이 전혀 없었고, 나 또한 세상 일부가 되는 것을 원치 않았기 때문에 눈을 감아 버린 것이지요.

할머니와 음악은 나를 살 수 있게 해 준 축복이었습니다. 음악이 나를 현재에 머물게 하며 나 자신을 표현하게 해 주는 동안, 할머니는 사랑과 희망을 주었습니다. 부모의 집을 떠나면서 나는 콘서트 가수 생활을 시작했습니다. 여러 차례 성공적인 공연을 마친 후 성악 관련 박사 과정에 입학했습니다. 나는 노래를 부르고 아름다운 음악을 만들고 싶었지만, 교직원들은 나의 바람을 꺾어

3부 감정과 행동

버렸습니다. 창의성은 억제되었고 난소에 물혹이 생겨 수술받아야 했습니다.

설상가상으로 사랑했던 사람에게 이별을 통보받으며 삶은 바닥을 쳤습니다. 음악, 꿈, 사랑받을 수 있다는 희망도 포기해 버렸습니다.

어떤 결정도 할 수 없었고, 원하는 것을 말할 수도 없었으며, '아니요.'라고 거절할 수도, 진실을 말할 수도 없었습니다. 삶의 동반자로 여긴 남자에게 몸과 마음, 영혼까지 주었기 때문에, 그와의 이별은 큰 충격이었습니다. 그와 화해할 수 있는 기미가 전혀 보이지 않았기에, 나는 우울했고 죽고 싶었습니다.

심리 치료를 받으면서 나의 이야기를 하고 싶어졌고, 진실을 말하고 싶었습니다. 그래서 3개월 동안, 어머니가 갑자기 돌아가시고, 자궁절제술을 받고, 두 눈을 잃고, 집을 팔아야 했던 과정을 순차적으로 기록하기 시작했습니다. 낡은 신념, 오래된 관점과 관계들을 내려놓자, 새로운 것이 들어왔습니다. 나는 나 자신을 치유하고 사랑하기 시작했고 나의 존재 이유를 찾을 수 있었습니다.

내 삶의 여정에서 읽게 된 《치유》 덕분에, 나는 두려움에 직면하며, 감정을 느끼는 법을 배울 수 있었습니다. 현재 비상하려는 나의 소망은 추락에 대한 두려움보다 훨씬 더 큽니다. 나는 삶을 어떻게 보는지에 대한 선택권을 가지고 있습니다. 환경을 탓하며 무기력하게 생활하면서 스스로 피해자라고 여길 수도 있고, 그 환경 속에서 오히려 더 힘을 얻을 수도 있습니다. 나는 후자를 선택했습니다. 나의 내면을 바라보는 시각은 눈이 아닌 마음을 통해 이루어집니다. 비상하기 위해서 나는 '꿈을 꾸며 살고, 날갯짓해야' 합니다.

루이스, 내가 가지고 있는 유일한 당신의 점자책은 앞으로도 좋은 안내서가 될 것입니다. 내 마음과 영혼을 변화시켜 주어서 진심으로 감사합니다.

계시

남아프리카에서, 부모 코치이자, 강사이자, 조력자이며
영성 상담가인 나뮤네사로부터

나는 삶에서 가장 힘들었던 때 우연히 《치유》를 발견했습니다. 열 여섯 남매 중 막내였던 나는 늘 나 자신이 우리 집의 '검은 양(black sheep : 골칫덩어리의 비유적 표현. 여기서는 골칫덩어리와 피부가 검다는 중의적 의미가 있다- 역자 주)라고 느꼈습니다. 정말 나는 말 그대로 성장 과정에서 인종 차별을 받으며 힘든 시간을 보내야 했습니다. 다른 내 형제들처럼 피부색이 하얗지 못했던 나는 엄마가 나를 싫어한다고 느꼈고, 그래서 주목을 받고 가족의 일부라는 소속감을 느끼기 위해 돌발적인 행동들을 하곤 했습니다.

결혼해서 첫째 아이를 낳을 때 뇌 오른쪽 혈관이 터진 것을 모르고 있다가, 몇 년이 지나서야 알게 되었습니다. 간질 발작과

3부 감정과 행동

산후우울증으로 힘든 시간을 보냈고, 갑상샘항진증에 걸렸습니다. 둘째 아이를 낳고는 신경쇠약증에도 걸렸습니다. (몇 년 뒤에는 이것을 신경쇠약이 아니라 돌파구로 여기게 되었지만요.)

어느 날, 도서관에서 루이스 헤이의 책을 발견했지만, 이 책을 읽게 되기까지는 몇 년의 시간이 더 걸렸습니다. 나는 루이스의 치유〉 워크숍에 대해 들었지만, 백인만이 그 강의를 들을 수 있다고 여겼습니다. 하지만 상사가 나를 그 강의에 데려가 주었고, 그 뒤로 수년간 연수회에 참가함으로써 삶을 변화시키기 시작했습니다. 나는 내 신념과 루이스의 철학 사이에 상관관계를 발견하게 되어 놀랐습니다. 이 경험은 진정 하나의 계시였습니다. 신념을 변화시키는 동안에도 내 가치를 지킬 수도 있다는 것도 알았습니다.

나는 지역 공동체에서 부모와 자기 인식 워크숍 촉진자로 일하고 있으며, 우울과 불안을 느끼는 이들을 위한 그룹을 조직하고 운영하며 긴급 전화 상담사로 일하고 있습니다. 이렇게 되기까지 루이스의 작업이 큰 도움이 되었습니다. 지금 나는 그녀가 나에게 해 주었던 것처럼 다른 사람들을 돕기 위해 노력하고 있습니다. 내 이야기를 나눌 기회를 주셔서 감사합니다.

동기와 영감

애리조나에서, 다중 언어 매니저이자 사회 복지사인

로데스로부터

1993년에 나는 멕시코 소로나에서 미국으로 왔습니다. 그 당시 나는 영어를 전혀 하지 못했으며, 세 살과 여덟 살 된 두 딸을 멕시코에 두고 왔습니다. 3개월 뒤에 딸들과 재회했고, 우리는 새로운 환경에 적응하기 시작했습니다.

1년 뒤, 나는 나와 딸들을 사랑, 친절 그리고 인정으로 감싸주는 멋진 미국 남자를 만났습니다. 언어 장벽에도 불구하고 우리의 관계는 더욱 깊어졌습니다. 서로의 말을 이해하지 못할 때는 스페인-영어 사전을 이용하기도 했습니다. 우리는 결혼해서 지금까지 가정을 꾸리며 살고 있습니다.

나는 수년 동안 남의 집 청소를 하러 다녔고, 그럭저럭 먹고 살 만하게 되었습니다. 대학에도 등록하여 – 비록 졸업은 하지 못했지만 – 영어와 사회 복지학을 공부한 뒤 인증 의료 통역가로 병원에서 일했습니다. 하지만 그 무렵 불안 장애가 생기면서 잠시 길을 잃는 듯했습니다.

나는 치유를 위해 요가와 달리기, 태극권과 하이킹을 했습니다. 다양한 자기 계발 세미나에 참가했고, 명상 등을 배웠습니다. 이러한 경험들 덕분에 내면에 있던 수많은 상처의 매듭이 풀리기 시작했습니다.

나는 나의 내면에 나 자신을 좋아하지 않는 마음이 있다는 것을 알아차렸고, 변화하고 싶었습니다. 그래서 내 삶의 퍼즐을 맞추기 시작했습니다. 어디에서 태어났고 어떤 환경에서 성장했는지, 어떤 신념을 갖고 있으며, 어떤 습관과 행동을 하고 어떻게 느끼는지를 말입니다.

한 세미나에서 수잔 제퍼스의 《도전하라, 한 번도 실패하지 않은 것처럼》이란 책에 대해 알게 되었습니다. 이 책은 내 존재가 살아 움직이도록 시동을 건 열쇠였습니다. 그 책에서 루이스 헤이와 《치유》를 비롯하여 수많은 저자와 책에 대해 알게 되었는데, 특히 루이스의 책이 삶에 동기를 유발하였습니다. 나는 그녀의 이야기와 조언, 용기를 사랑합니다. 그녀의 《스트레스로부터 해방되기》라는 CD 덕분에 불안과 두려움을 극복할 수 있었습니다. CD에 들어 있는 음악이 안전하고 평화롭게 영적인 여행을 할 수 있도록 도와주었습니다.

루이스 덕분에 나는 스페인어로 자기 계발 자서전을 써서 출판해 보겠다는 영감을 얻었습니다. 이 책은 가정 폭력으로 힘들어하거나 낮은 자존감, 의심, 두려움으로 힘들어하는 라틴계 여성들에게 희망과 힘을 주기 위한 책입니다. 책에 등장하는 여성들은 내가 동기 부여 강사로 자원봉사를 할 때 인연을 맺은 사람들입니다. 나와 루이스의 인연처럼 말입니다.

나는 지금 마흔한 살이고, 딸들은 각각 열여덟 살, 스물네 살로 성장하여 멋지게 살고 있습니다. 우리 셋 모두 미국 시민이라는 데 자부심을 느끼고 있습니다. 우리는 신체적·정신적·감정적으로 건강한 여성으로 느낍니다. 내 결혼 생활은 평화와 사랑으로 지속되고 있습니다. 내 내면 아이는 어린 시절의 내가 그러했던 것처럼 가능성의 꽃을 활짝 피우며 노래를 부르고 글을 쓰고 있습니다.

루이스! 진심으로 감사드립니다.

루이스의 지혜

짐바브웨에서, 라이프 코치이자 스트레스 관리 상담사인 페미나로부터

13년 전 삶에서 희망의 보이지 않을 때, 한 호주 친구에게서 루이스 헤이의《치유》책을 선물 받았습니다.

멋을 내기 위해 사람들이 복고형의 옷이나 가방에 한정판 라벨과 찢어진 천 조각을 붙이고 다니듯이, 나는 코끼리도 죽일 수 있을 만큼 오래 묵은 부정적인 감정 덩어리를 멋인 양 품고 살아왔습니다.

그리고 그 위에 지렁이처럼 말라비틀어진 거식증을 커다랗게 장식해 놓았지요. 루이스 헤이를 알기 전까지는 말입니다. 루이스의 책은 내가 알고 있던 세상을 완전히 뒤바꾸어 놓았고, 그 순간 밝은 빛이 켜지는 것 같았습니다. '내가 이 모든 상황에 일조

하고 있었다고? 내가 이 지긋지긋한 현실을 창조했다고? 이 말은 이 음침한 삶을 다시 쓸 힘이 나에게 있다는 걸 의미한다고? 내가 정말 그렇게 힘이 있는 사람일까?

루이스를 알게 된 뒤로, 그녀의 지혜는 내 삶의 영원한 동반자가 되었습니다. 나는 아직도 친구에게서 받은 《치유》를 간직하고 있습니다. 마음에 드는 페이지를 접어 둔 데다, 하도 읽어서 표지가 너덜너덜해져서 접착제로 붙여 놓은 책을 말입니다. 이 책이 내게 준 파문은 넓고 깊었습니다. 나는 혼자 사는 법을 배웠고 그것이 너무 좋았지요.

나는 루이스 헤이의 책을 통해 스스로 과거의 노예가 되는 것과 패배자로 사는 것을 그만두었습니다. 감정의 상처를 더듬고, 고통을 찾아 미친 듯이 분노를 표출하는 데서 만족감을 느끼던 것을 멈췄습니다. 허깨비와의 싸움을 멈춘 것이지요. 더 이상 복잡한 문제가 나의 주의를 끌지 않게 되었고, 두려움이 점점 없어졌습니다. 비난하고 싶은 욕구와, 고통을 느끼기 위해 심취했던 철인3종경기도 그만두었습니다. 다시 말해, 강박에 대한 흥미를 잃고, 정서적으로 성숙해지기 시작한 것이지요. 나는 힘들게 해 벌어 산 물건들을 처분하고, 나 자신을 재발견하기 위해 좋은 곳을 찾아 떠도는 유목민이 되었습니다.

루이스의 지혜와 힘은 열여섯 살짜리 딸을 땅에 묻을 때도 나와 함께 했습니다. 죽을 만큼 고통스러웠지만, 깊은 어둠에서 빠져나와, 10대 아들이 누나를 잃은 슬픔과 원망, 좌절과의 싸움에서 살아나도록 도울 수 있었습니다.

　나는 여행을 할 때 최대한 짐을 적게 꾸리는데 가방 속에는 늘 루이스의 책이 있습니다. 지혜의 본질은 늘 내 곁에 있어 주었고, 그 덕분에 화성처럼 낯선 나라에서 기업과 개인을 대상으로 하는 스트레스 관리 상담사로 성공할 수 있었습니다. 그 뒤에 나는 라이프 코치와 최면 치료사가 되어, 문제가 많이 일어나는 조국 짐바브웨로 돌아와 최전방에서 일을 시작했습니다.

　나에게 루이스의 철학은 숨 쉬는 것처럼 자연스러운 제2의 천성이 되었습니다. 나는 루이스처럼, 사람들이 자신의 환경을 극복하고, 자신에게 힘을 실어 주며, 최선을 다할 수 있도록 돕고 있습니다.

　루이스, 당신의 영혼과 지혜가 기적적으로 내 삶을 다시 쓸 수 있게 해 주었습니다. 감사합니다.

꿈꾸었던 삶을 사는 것

영국에서, 교사이자 웃음 치료사, 건강 관리 멘토인

키트로부터

루이스 헤이의 《치유》를 만나기 전까지만 해도, 나는 누구에게나 삶을 창조하는 힘이 있다는 것을 알지 못했습니다.

　1998년 1월, 내 삶을 차에 비유한다면 폐차 직전이었습니다.

겉으로 보기에 완벽한 결혼 생활은 끔찍한 전쟁터였고, 아들은 위기에 처해 있었으며, 나 역시 내 몸조차 제대로 돌보지 못하고 있었습니다.

주치의가 나에게 말했습니다. "암이 재발했어요, 키트. 이전에 치료했던 것과 같은 악성 종양입니다. 그리고 이제 암 치료에 쓸 수 있는 약이 얼마 남지 않았습니다. 다행히 약이 효과 있으면 삶을 연장할 수 있을 것이고, 효과가 없다 하더라도 당신이 고통받도록 내버려 두진 않을게요."

그 말을 듣고, 나는 더 이상 모범적인 환자가 되지 않기로 했습니다. 그래서 의사에게 이렇게 말했습니다. "난 이렇게 살고 싶지 않아요! 기적을 원해요."

'제자가 준비되었을 때 스승이 나타난다.'라는 말이 있지요. 그날 내가 왜 서점에 갔는지 모르지만, 커다란 하트 표지의 책에 마음을 빼앗겼다는 것은 생생하게 기억합니다. 나는 책을 사서 읽었고, 그 책은 내 삶의 일부가 되었습니다.

지난 3년 동안 나는 루이스의 책을 책상에 한 권, 침대 옆에 한 권을 두고, 하루에 한 장(품) 이상을 읽었습니다. 그리고 편안해지고 싶거나 영감을 얻고 싶을 때면 큰 소리로 확언을 반복했습니다. (심지어 지금도 어떤 일이 벌어지면 "내가 존재하는 무한한 삶 속에서, 모든 것이 완벽하고 온전하고 완전하다."라고 확언합니다.) 나는 천천히 시각을 바꾸기 시작했고, 내 삶도 그에 따라 변화하기 시작했습니다.

1998년 3월, 나는 불가능해 보이는 목표 3가지를 정했습니다.

1. 기적이 일어나게 하기
2. 결혼 생활 정리하기
3. 담배 끊기

그해 8월에, 나는 암과 결혼, 담배를 정리했습니다. 가장 마지막으로 정리한 것이 담배였습니다. 화학 요법을 받는 동안에도 담배를 끊기가 어려웠지만, 이혼으로 인한 스트레스를 담배에 의존하지 않고 금연에 성공했습니다.

내가 여전히 아름다운 삶을 누리고 있는 것에 대해 의사들은 신기하게 생각합니다. 나는 삶과 사랑에 빠졌으며, 사랑하는 아들도 멋진 남자로 성장하여 자신의 삶을 성공적으로 살고 있습니다. 나는 루이스 헤이의 〈치유〉 워크숍 지도자이자 웃음 치료사이며 건강 관리 지도자가 되어 사람들에게 꿈꾸는 삶을 만드는 방법을 가르치고 있습니다.

2007년에 첫 번째 책을 출판했고, 두 번째 책을 쓰고 있습니다. 이렇게 살아 있으면서 이 지구를 치유하는 데 함께하고 있다는 것은 정말 멋진 일입니다.

왜 나는 아닌가요?

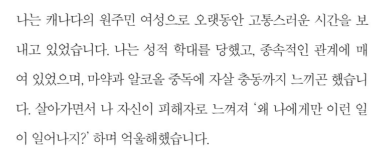

캐나다에서, 청소년 치유 센터 프로그램 기획자인

자넷으로부터

나는 캐나다의 원주민 여성으로 오랫동안 고통스러운 시간을 보내고 있었습니다. 나는 성적 학대를 당했고, 종속적인 관계에 매여 있었으며, 마약과 알코올 중독에 자살 충동까지 느끼곤 했습니다. 살아가면서 나 자신이 피해자로 느껴져 '왜 나에게만 이런 일이 일어나지?' 하며 억울해했습니다.

더 나빠질 데가 없을 정도로 인생이 최악이었을 때, 우연히 〈치유〉 연수회에 대한 정보가 든 팸플릿을 보았습니다. 나는 그것이 바로 내가 찾고 있던 것인 것을 알았고, 그 자리에서 신청했습니다.

워크숍은 놀라웠습니다. 나에 대해 정말 많은 것을 배울 수 있었고, 그동안 내가 얼마나 나 자신을 인정하지 않았는지도 알게 되었습니다. 마침내 나는 결국 있는 그대로 나 자신을 사랑하고 받아들일 수 있다는 깨달음을 얻을 수 있었습니다. 그 일이 한 번 있고 나서, 삶의 모든 것이 이해되기 시작했습니다.

나는 나 자신이 누구인지, 왜 그래야만 했는지에 대해 깨닫기 시작했습니다. 루이스 헤이의 개념들을 연습하고 긍정적인 확언을 하면서, 있는 그대로 나를 사랑하고 받아들인다고 말할 수 있게 되어 행복해졌습니다. 나 자신을 깊이 이해하면서, 왜 나에게

만 이런 일이 일어나지? 라고 묻는 대신 '왜 나는 아닌 거지? 라고 묻기 시작했습니다.

2002년, 플로리다에서 〈치유〉 연수회 지도자 교육 과정이 있다는 소식을 들었습니다. 나는 지도자 교육 과정에 참석하기로 결심했지만 여러 가지 사정으로 참석할 수가 없었습니다. 하지만 계속해서 "나는 인증된 치유 워크숍 지도자다."라고 확언을 했고, 2008년 4월에 플로리다에서 열린 교육 과정에 참석할 기회를 얻었습니다. 그리고 〈당신을 삶을 치유하라, 당신의 꿈을 이루라〉 워크숍 지도자가 되어 캐나다로 돌아왔습니다.

드디어 동기 부여 교육과 세미나, 연수회, 발표회를 통해 다른 사람들을 돕겠다는 내 꿈이 모습을 드러냈습니다. 인증을 받고 나서 내가 있는 지역 공동체에서 첫 워크숍을 진행함으로써 꿈을 실현하기 시작했습니다. 3개의 다른 원주민 부족에서 7명의 참가자가 이 연수회에 참석했고 연수회는 성공했습니다.

전 세계에서 수천 명의 사람들이 〈치유〉 워크숍의 지도자가 되기 위해 교육을 받는데, 캐나다 원주민으로는 유일하게 내가 이 교육 과정을 마치고 인증 지도자가 되었다는 사실이 재미있습니다. 나는 워크숍을 통해 사람들에게 자신의 성공을 가로막는 부정적인 생각을 극복하는 법을 가르치고, 이를 통해 사람들에게 용기를 북돋워 줍니다.

다음으로 나는 어떤 꿈을 꿔 볼까요? 루이스 헤이와 웨인 다이어, 아니면 오프라를 만나 보는 꿈?

나의 빛을 비추다

북부 캐롤라이나에서, 치유 예술 전문가인 아일린으로부터

나는 사람들에게 내가 겪은 이야기를 들려주고 싶습니다. 이 이야기가 그들의 문제를 극복하는 데 도움이 되길 바라기 때문입니다. 나는 섬유근육통으로 7년 이상 고통 받고 있었습니다. 통증이 워낙 지속적이고 심해서 침대 밖으로 나올 수조차 없었습니다. 루이스 헤이의 책을 통해 내 안에 있는 영성을 발견하고 몸·마음·영혼을 치유하기 위해 무엇이 필요한지를 알게 되기 전까지는 말입니다.

확언, 시각화, 영양 정화와 심리 치료를 집중적으로 받으면서, 나를 꼭 붙들고 있던 막을 벗길 수 있게 되었습니다. 나는 섬유근육통에 끌려다니던 삶에서 통제권을 되찾고 나의 본질까지도 포용할 수 있게 되었습니다. 이를 통해 완전히 컨디션을 회복했고, 내면의 영성을 찾음으로써 자유로워졌습니다. 자신에게 힘을 실어 줄 수 있게 되었고 영혼의 모든 측면을 치유할 수 있게 되었습니다. 내 몸과 마음은 더 건강해졌고, 고양된 내 영혼은 한계가 없다는 것을 알게 되었습니다. 삶은 점점 더 좋게 변했으며, 삶을 이전과는 다른 방식, 즉 밝고 충만하게 바라보는 방법도 배웠습니다.

루이스의 치유 메시지는 신선한 공기였고, 나 자신이 얼마나 반짝이는 빛과 같은 존재인지 알아차릴 수 있게 했습니다. 그녀가 내 삶을 변화시킨 이래, 나도 다른 누군가의 삶을 변화시키는

일을 해야겠다는 책임감을 느꼈습니다. 나는 삶의 목적을 찾았고, 지금 알고 있는 지식과 지혜를 다른 이들과 나누고 있습니다. 최근 나의 영혼은 희망과 평화, 고요함으로 가득 차 있습니다.

내 치유 과정의 결과로, 나는 레이키와 아킹 라이트(Arcing Light : 빛을 이용해서 치유하는 에너지 치료법- 역자 주) 교육을 받고 치유 예술 전문가가 되었으며, 초개아심리학Transpersonal Psychology을 공부하여 석사 학위를 받았습니다. (나아가 나는 박사 학위까지 마칠 생각입니다.) 이를 통해 나는 다른 사람들의 삶을 변화시키고, 성공을 향한 열정과 방법을 찾아주는 데 이바지할 수 있게 되었습니다.

루이스는 내게 영감을 주는 분입니다. 그녀는 내게 드리워진 베일을 올려주고 눈가리개를 벗겨 주었습니다. 나는 그녀를 알게 된 것이 축복이라고 생각합니다.

루이스, 내게 당신의 철학을 실천할 수 있게 해 주어서 감사합니다.

당신의 반짝이는 빛이 없었다면, 나는 지금의 내가 될 수 없었을 것입니다. 무한한 세계에서 감사와 사랑이 가진 치유의 힘이 우리 모두를 하나로 연결해 주고 이 우주와 모든 이들의 마음· 몸· 영혼이 치유되기를 기원합니다.

나는 행복하다

오하오이오에서, 간호사 미셸로부터

나는 어린 시절에 신체적 학대와 성폭행을 당했고, 성인이 된 뒤에도 학대당하고 있었습니다. 나의 과거가 현재에 영향을 미친다는 점에 대해서 전혀 인식하지 못했기에, 사람들이 내게 작은 관심이라도 보여 줄라치면, 그들이 내게 어떤 행동을 해도 내버려 두었습니다. 자존감은 너무나 낮았던 나는, 나에게 어떤 문제가 있을 수 있다고도 생각하지 못했습니다. 고등학교도 졸업하지 않고 행복을 찾아 이 도시 저 도시로 이 일 저 일을 하면서 돌아다녔지만 늘 부족함을 느꼈습니다. 그런 고통을 받아도 마땅하다는 걸 입증이라도 하듯 나에게 상처를 주는 사람들과 환경들을 선택했고, 그 결과 우울감에 빠져들곤 했지요. 나는 생각의 힘에 대해 알지 못했고, 자신이 가장 많이 하는 생각대로 삶이 진행된다는 것 또한 알지 못했습니다.

나는 늘 간호사가 되고 싶었습니다. 내가 다른 사람을 도우면 나 자신이 좋아질 것이라고 믿었기 때문입니다. 하지만 막상 간호사가 되어 사람들을 돕고 있어도 행복하지 않았습니다. 행복을 찾는 여정은 계속되었고, 나는 여전히 직장을 여기저기 옮기면서 갈증을 느꼈습니다.

그러던 어느 날, 누군가가 나에게 루이스 헤이라는 여성에 대해 이야기해 주었습니다.

나는 루이스의《101가지 힘이 있는 생각 CD》를 들었고,《치유》책을 읽기 시작했습니다. 그러자 모든 것이 변하기 시작했습니다. 갑자기 나는 다른 사람들이나 직장에서 행복을 찾을 필요가 없다는 것을 알아차렸습니다. '이봐! 내가 바로 내가 찾던 그 사람이었어! 난 내가 참 좋아!'라고 생각하기 시작하면서 내 삶은 완전히 변화하기 시작했습니다. 어느새 나 자신과 다른 사람을 사랑할 줄 아는 간호사가 되었습니다.

간호사로서 세상 곳곳을 돌아다니고 다양한 사람들을 만나면서 나의 이메일 주소 목록은 점점 길어지고 있습니다. 나는 이메일이라는 도구를 통해 긍정의 메시지를 전달합니다. 나의 목소리와 글로써 사람들의 삶을 변화시키는 데 도움을 주고 있다는 사실에 자부심을 느낍니다.

"그건 단지 하나의 생각일 뿐, 생각은 바뀔 수 있다."라는 루이스의 말은 내게 새로운 시작을 열어 주었습니다. 지금 나는 이렇게 생각합니다. 지금 나는 행복해! 완벽하지 않지만 그래도 괜찮아. 삶은 멋지고, 나는 행복하다'라는 생각을 받아들이는 것을 시작한다면 최고의 삶을 누릴 수 있어.'

　　　　　　　　　　　　3부 감정과 행동

멋진 삶을 위한 나만의 확언 방법

호주에서, 학생이자 소매 외판 도우미로 일하는

카트리나로부터

2008년 2월, 남편은 나에게 나와 전남편의 두 아들 없이 경제적으로 편안해지고 싶다면서 최대한 빨리 나가 살 집을 알아보라고 했습니다.

나에게는 직장이 없었지만, 다행히도 잠깐 친정집에서 지낼 수 있었습니다.

그 당시에는 전세 대란으로 집을 구하기가 어려웠습니다. 몇 개 남지 않은 건물을 보기 위해 긴 줄 행렬에 합류하곤 했지만, 번번이 실패했습니다. 어느 날, 집을 보고 집으로 돌아오다가 서점 앞에서 발걸음을 멈추었고, 루이스 헤이의 《치유》를 만났습니다. 나는 책을 사서 이틀 만에 다 읽고 확언을 시도해 보았습니다. 확실히 집을 구하러 나갈 때의 태도가 달라졌습니다. 그날 경쟁률이 70대 1이었는데, 부동산 중개인이 내 지원서가 뽑혔다고 말하더군요. 우리는 1주일 만에 그 집으로 이사할 수 있었습니다. 그때 내가 할 수 있었던 것은 눈물을 흘리면서 신께 감사하는 것뿐이었지요.

다음 날, 내가 좋아하는 의류 판매장에서 시간제 아르바이트를 구하는 광고를 보았습니다. 나는 루이스와 책의 내용을 떠올리고서 바로 아르바이트 지원을 했습니다. 그리고 뽑혔습니다. 이것은 확언이 정말로 효과가 있다는 증거였습니다. 그 뒤 나는 새로운 집과 직장에 대해 간절히 기도했고, 내 세상에서는 모든 것이 좋다고 상상하고 확언했으며, 이것들 역시 이루어졌습니다.

새로 이사한 집은 내가 일하는 가게와 도보로 2분밖에 안 되는 거리에 있었습니다. 처음에는 경제저으로 빠듯했습니다. 목요일이 월급날이었는데, 화요일 아침에 비누를 다 써 버리고 말았습니다. (이 말을 오해하진 않았으면 좋겠습니다. 친정 식구들은 나를 사랑했고 언제나 도와주려고 했지만 내가 홀로서기를 결심한 것이지요.) 직장에 도착하자마자 동료가 내게, "카트리나, 손님이 오늘 아침에 이걸 선물로 놓고 갔어요. 서비스가 마음에 드셨다는군요."라면서 비누 바구니를 내밀더군요. 나는 다시 한번 깨달았습니다. 루이스가 책에서 말한 그대로 우리의 바람이 이루어진다는 것을 말입니다.

거의 매주 이와 같은 작은 기적들이 일어났습니다. 수도세를 내는 날, 자동차 보험 전액에 대한 세금을 환급받았습니다. 무엇보다도 가장 중요한 것은, 나와 아이들이 행복하고 건강하게, 이처럼 좋은 집에서 살고 있다는 것입니다. 나는 내 일을 사랑하며, 좋은 이웃이 있습니다. 또한 나는 대학에 들어가 심리학 공부를 마쳤으며, 앞으로 삶에 펼쳐진 새로운 길을 학수고대하고 있습니다.

루이스, 내 삶을 이렇게 멋지게 바꿀 방법을 알려 주어서 감사합니다. 진실로 나의 세상에서는 모든 것이 좋습니다.

고정관념의 틀을 벗어난 삶

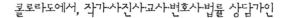

콜로라도에서, 작가·사진사·교사·변호사·법률 상담가인

멜리사로부터

일반적으로 '기적'이라고 말할 때, 우리는 이성의 논리로 설명할 수 없거나 자연의 법칙에 어긋나는 놀랍고 장엄한 사건 등 상식적으로 생각하기 힘든 것을 떠올리는 경향이 있습니다. 하지만 때론 기적은 맨눈으로 감지할 수 없을 정도로 미세한 관점의 변화에서도 일어나기도 합니다. 비옥한 마음이라는 땅에 심어진 씨앗이 자라나 아름다운 꽃이 되듯이, 변화를 경험하고 있는 사람들에게도 놀라운 결과를 가져다주기도 합니다.

나에게도 그런 기적이 일어났습니다. 변호사라는 직업을 가지게 된 것은 스물네 살 때였습니다. 내 주변은 논쟁과 분쟁으로 가득했습니다. 아이러니하게도, 나는 변호사 일과 사업 분야에 적대감을 품고 있다는 사실을 알아차렸고, 그로 인해 힘들었습니다. 나는 내 좌뇌에 더 나은 길을 알려 줄 무언가가 있을 것이라고 믿고, 기존의 틀을 벗어나 답을 찾기로 결심했습니다.

그러던 중, 마사지 치료사가 나에게 루이스 헤이의《치유》를 권해 주었습니다. 곧 나는 내가 새로운 종류의 법을 배우고 있다는 것을 알았습니다. 영혼의 보편적인 법칙을 말입니다.

이것이 개인적인 변화의 첫 단계였습니다. 이를 통해 나는 긍정적인 생각, 확언, 명상과 기도의 힘에 초점을 맞출 수 있었습니다. 루이스의 책을 읽은 뒤, 생각이 가진 힘이나 영혼의 법칙에 관련된 내용의 책을 닥치는 대로 읽기 시작했고, 얼마 지나지 않아 내 삶을 재정립하기 시작했습니다.

영혼의 보편적인 법칙은 내 내면에 있는 두 개의 세상 사이에 다리를 놓아주었습니다. 법조계 전체를 변화시킬 수 있다고 생각하진 않았지만, 진정한 변화는 내면에서부터 시작되어야 한다는 것을 알았습니다. 그리고 그 변화가 가족·조직·그룹·도시·국가를 비롯해 세상으로 확장될 수 있다는 것도 알았습니다.

이와 같은 원리를 공부하고 개인적인 삶과 직업적인 삶에 합치시킬수록 삶과 더 깊이 연결되고 있다는 것을 알 수 있었습니다. 내가 새로 찾아낸 지혜를 듣고자 하는 사람이라면 고객이나 동료를 비롯해 누구와도 공유했고, 내가 원하는 변화를 보기 위해 노력했습니다.

"큰 나무도 작은 도토리에서 시작된다."라는 말이 있습니다. 내 내면의 광기를 이해하기 위한 탐색으로 시작한 것이 나만의 길을 갈 수 있게 이끌어 주었습니다. 그리고 '인간의 법'과 '영혼의 법' 모두를 변호하고 상담해 주는 변호사가 되게 해 주었습니다. (나는 '인간의 법'과 '영혼의 법'이라는 표현을 쓰는 것을 좋아하는데, 매달 지역 잡지와 내 블로그에 실리는 지혜 칼럼난에도 이렇게 적곤 합니다.)

오늘날 내 삶은 많이 달라졌습니다. 나는 육체적인 세계와 영적인 세계를 자유롭게 돌아다니고 있으며, 좌뇌와 우뇌를 자유롭게 사용하고 있습니다. 예술가이자 교사이며, 영적인 변호사로 일하는 걸 즐기면서요. 목표나 결과를 추구하는 아주 딱딱한 세상에서 여성이 이렇게 생활하기는 쉬운 일은 아니지요.

몇 년 전 힘든 협상 과정에서, 한 고객이 나에게 "존슨 양! 기적은 일어나지 않아요!"라고 말씀하시더군요. 나는 공손하게 그분에게 이렇게 대답했지요. "제 생각은 좀 다릅니다."

루이스! 당신과 당신의 획기적인 책들에 대해 진심으로 감사드립니다. 당신은 내게 한 번에 하나의 생각으로 나 자신이 내 삶을 치유할 수 있다는 것을 보여 주었습니다.

살아남은 것보다 더, 장미보다 더 아름다운

캘리포니아에서, 외판 회사 부사장 지니로부터

아버지는 또 다시 술에 취했고, 총구를 내 머리에 겨누더군요. 내가 그날 밤을 어떻게 보냈는지 여러분은 상상할 수 있겠지요. 그때 나는 열다섯 살밖에 되지 않았지만, 거의 모든 종류의 학대와 핍박을 경험해 온 터였습니다. 다음 날 아침 나는 집을 나와 다시는 돌아가지 않았습니다. 지금은 그 끔찍했던 밤이 축복이었다고 생각합니다. 그곳을 떠날 수 있게 도와준 자극제였으니까요.

학교 친구 집에서 2개월 정도 머무는 동안 나의 생존력이 얼마나 탁월한지 드러났지요. 그 뒤 극장에서 일자리를 구했으며 아파트를 함께 쓸 룸메이트도 구했습니다. 나는 더 좋은 환경에서 살기 위해 사무실에서 근무하기로 마음먹고는 돈을 모아 굿윌 사의 중고 타자기를 샀습니다. 나이를 속이고 타자 실력을 앞세워 사무실에서 일할 수 있게 되었고, 버스를 타고 출퇴근했습니다.

나는 닥치는 대로 배웠습니다. 고등학교 검정고시에 합격하고, 야간대학에 입학했습니다. 그리고 거의 10년 만에 회계학 학사 자격을 딸 수 있었습니다.

생존 능력은 뛰어났지만, 남자를 고르는 안목은 부족했습니다. 마흔 살에 자녀를 넷이나 두게 된 나는 단지 '생존'하는 것 그 이상으로 살고 싶었습니다. 그래서 모든 것을 바꿔 줄 만한 책을 끌어당겼고, 루이스 헤이의《치유》가 내게 왔습니다.

돈을 많이 버는 멋진 직업을 가질 수 있다고 확언하기 시작하자 곧 가족들에게 필요한 만큼의 돈을 벌 수 있게 되었습니다. 3개월이 지나기 전에 펌프·안전모 등을 파는 직장을 구했고, 물건을 파는 데 탁월한 능력이 있음을 증명해 보였습니다. 내 다음 확언은 사랑하고 믿는 상품들을 파는 것이었습니다. 그 기회 – 헤이 하우스 책을 파는 것도 포함해서-는 금세 나타났고, 지난 18년 동안 나는 그 일을 잘 해내고 있습니다. 이렇게 멋진 직장과 아름다운 집을 구하는 동안 내가 깨달은 것은, 내가 단순히 생존자가 아니라 그 이상의 의미 즉 이 지구상에 핀 장미처럼 사랑받는 영혼이라는 점입니다.

나의 희망은 젊은이들과 나의 이야기를 나누는 것입니다. 이

　　　　　　　　　　　　3부 감정과 행동

를 통해, 희망을 포기하지 않는 것이 얼마나 중요한지를 알게 해 주고 싶습니다. 또한 그들에게는 앞에 놓인 도전을 이겨낼 힘이 있을뿐더러, 얼마나 사랑스러운 존재인지, 얼마나 훌륭하게 성장할 수 있는지를 알려 주고 싶습니다.

루이스와 함께하는
내면 치유 작업
— ◆ —

여러분은 자신이 진실로 하고 싶은 것이 무엇인지, 그리고 여러분이 그것을 얼마나 원하고 있는지 아시나요? 자신이 이런 것을 원할 것으로 생각하는 종류의 답을 바로 하실 필요는 없습니다. 지금 여러분이 믿고 있는 것을 기꺼이 넘어 보도록 합시다. 그리고 진정 어떤 것이 여러분을 살아 있다고 느끼게 하는지, 영감을 받는지를 생각해 봅시다. 그리고 이런 식으로 항상 느끼게 만드는 긍정적인 행동들에 대해 생각해 봅시다. 여러분의 사고방식을 잘 살펴보고, 더 나은 삶에 도움이 되지 않는 오래된 신념은 내려놓으십시오.

다음에 나오는 연습은 여러분이 진정으로 원하는 것이 무엇인지를 알아차리고, 이를 누려도 될 자격이 여러분에게 있다는 것을 받아들이게 해 줄 것이며, 여러분의 삶에 여러분이 진정으로 원하는 것이 꽃필 수 있도록 도와줄 것입니다. 노트에, 질문에 대한 답을 적어 보세요.

내가 누려도 되는 것에 대해서 생각해 보기

최대한 마음을 열고 정직하게 다음의 질문에 답해 보세요.

1. 지금 당신에게 없는 것 중에 가지고 싶은 것이 있다면 무엇인 가요?

   당신이 바라는 것을 명확하고 구체적으로 적어 봅시다.

2. 어린 시절 집에서 '무언가를 누릴 자격'에 대해 세워 놓은 규칙 이나 법칙이 있었다면 무엇인가요? 어린 시절 "넌 아무짝에도 쓸모없어."

   또는 "넌 두들겨 맞아도 싸."라는 말을 듣지는 않았나요? 당신 의 부모님은 스스로 좋은 것을 누려도 괜찮다고 느끼셨나요? 항상 좋은 자격을 얻기 위해 돈을 벌고 있지는 않았나요? 자신 을 위해 돈을 벌었나요? 당신은 "너한테 착한 구석이라곤 한 군 데도 없어."라는 말을 듣지는 않았나요? 아니면 죄인은 좋은 것 을 누릴 자격이 없다고 생각하나요? 당신이 무슨 실수를 저질 렀을 때, 그 벌로 무언가를 빼앗긴 적은 없나요?

3. 당신은 당신이 원하는 것을 누릴 자격이 있다고 느끼나요? 어 떤 생각이 바로 드나요? 혹시 '다음에, 돈을 벌고 나면.'이나 '그 걸 하기 전에 해야 할 일이 있지.' 라는 생각이 들지는 않나요? 당신은 이것을 누릴 만큼 충분히 좋은 사람인가요? 앞으로도 이를 누려도 될 만큼 충분히 좋은 사람일까요?

4. 당신이 원하는 것을 누리기 위해 용서해야 할 사람이 있다면 그 사람은 누구인가요? 비통함을 마음 곳곳에 갖고 있으면 좋

은 것을 받아들이기 힘들어진다는 것을 유념하세요.

5. 진심으로 누리고 싶은 것은 무엇인가요? 당신은 "나는 사랑과 기쁨과 모든 좋은 것을 누릴 자격이 있다."라는 말을 믿나요? 아니면 누릴 수 있는 것은 아무것도 없다고 생각하면서 기분이 우울해지지는 않나요? 그렇다면 왜 그런가요? 그 메시지는 어디에서 온 것인가요?

이 부정적인 생각을 기꺼이 놓아줄 건가요? 그 자리에 무엇을 넣고 싶은가요? 이것들은 단지 생각일 뿐, 생각은 바뀔 수 있다는 것을 기억하세요.

거울 연습

거울로 가서 자신 눈을 들여다보면서 이렇게 말해 봅시다. "나는 기꺼이 _____할 자격이 있어. 그리고 나는 지금 이것들을 받아들여." 이 말을 2~3회 더 말해 봅시다.

어떻게 느껴지나요? 항상 여러분이 느끼는 감정과 여러분의 몸에서 일어나고 있는 반응에 주의를 기울이세요. 이 말이 진실로 느껴지시나요? 아니면 여전히 자신이 가치가 없다고 느껴지시나요?

몸에 대한 여러분의 반응이 부정적인 느낌이라면, 다시 거울 앞에서 서서 다음과 같이 확언해 보세요. "나는 나의 행복한 삶을

방해하고 있는 내 사고방식을 내려놓겠어. 나는 _____

_____을 누릴 자격이 있어."

    이 확언이 받아들여진다는 느낌이 들 때까지 이 문장을 반복해서 말해 보세요. 여러 날을 연속해서 해야 할지 모르지만, 효과는 나타납니다.

새로운 삶 창조하기

당신은 무엇을 위해 사나요? 당신의 삶의 목적은 무엇인가요? 앞으로 어떤 삶을 살고 싶은지 당신의 이야기를 적어 보세요. 당신에게 열정과 열의를 가득 느끼게 하는, 당신이 원하는 바로 그 삶에 대해 자세하게 적어 보세요. 그저 당신의 마음이 창조적으로 생각할 수 있도록 내버려두세요. 그리고 이 연습을 즐겁게 하시길 바랍니다.

시각화

자, 이번에는 바로 앞에서 한 연습을 통해 창조해 낸 삶에 실제로 살고 있는 당신을 상상해 봅시다. 이 이상적인 삶은 어떻게 느껴지나요? 당신은 어떻게 보이나요? 당신은 무엇을 느끼고, 보고, 맛보며, 만지고 듣고 있나요? 당신이 맺고 있는 관계를 상상해 보세요. 당신은 누구와 함께하고 있나요? 심호흡을 통해 몸을 편안하게 이

완하면서 당신이 새롭게 만든 이 자유와 행복을 느껴 보세요.

무엇이 당신을 행복하게 하는가?

이제 당신을 행복하게 만들어 주는 것을 생각해 봅시다. 이 시간
은 당신이 '원하지 않는 것'에 대해 이야기하는 시간이 아닙니다.
당신의 삶에서 진정으로 원하는 것에 대해 아주 명확하고 구체적
으로 생각해 보는 시간입니다. 생각할 수 있는 모든 걸 적어 보세
요. 여러분의 삶의 전 영역에 대해서 생각해 봅시다. 최소한 50가
지 이상을 적어 보세요.

이 연습은 이전에 상상한 당신의 이상적인 삶에 당신을 좀 더
가까이 데려가 줄 것입니다.

생각할 수 있는 모든 욕구를 다 적은 뒤에, 그 옆에 각각에 해
당하는 확언을 적어 보세요. 여러분에게 딱 맞는 확언을 만들어도
좋고, 아래 목록에 나와 있는 확언 가운데 하나를 이용해도 좋습
니다. 당신은 새로운 멋진 삶을 누릴 자격이 있습니다.

확언 목록

- 나는 내가 가치가 없다는 생각을 내려놓는다. 내 삶에서 최고의 대접을 받을 자격이 있으며, 이를 누릴 수 있도록 허락한다.
- 나에게는 내 삶에 일어나는 모든 일에 대처할 힘, 능력, 지식이 있다.
- 마음이 경험을 창조한다. 나는 삶에서 좋은 것을 창조할 무한한 능력을 갖추고 있다.
- 나의 내적 비전은 명확하고 밝다.
- 나는 쉽게 새로운 경험, 새로운 방향과 새로운 변화의 흐름을 탄다.
- 나는 내면의 지혜에 마음이 열려 있다. 나는 평화롭다.
- 나는 다른 사람들의 기대를 능가한다.
- 나는 우주에서 안전하다. 모든 생명이 나를 사랑하고 지지해 준다.
- 나는 나 자신과 내 삶에 대한 새로운 생각을 기꺼이 창조한다.
- 나는 기꺼이 배운다. 나는 쉽게 앞으로 나아간다.
- 나는 모든 상황을 사랑으로 축복하며 모든 일이 가능한 최고로 좋은 방식으로 내게 일어난다는 것도 안다.
- 나는 내 자신의 두려움과 한계를 기꺼이 뛰어넘는다.
- 나는 안전하며, 내 삶의 완벽함을 받아들인다.
- 나는 나 자신을 존중한다. 나는 신성으로부터 보호받고 안내받는다.

- 나는 내 패턴을 보고 변화하는 것을 선택한다.
- 나는 내가 얼마나 멋진지를 안다. 나는 나 자신을 사랑하고 좋아한다.
- 나는 새로운 삶을 창조한다. 나를 온전히 지지해 주는 신념들만 받아들인다.
- 나는 변화할 힘이 나에게 있다는 것을 믿는다. 나는 기꺼이 다음 단계로 나아간다.
- 나는 지금, 이 순간을 산다. 매 순간이 새롭다.
- 나는 매일 매일 더 나아지는 멋진 삶을 창조한다.

삶의 목적을 찾기 위한 치유 확언

나는 삶과 하나가 된다.

그리고 삶은 나를 사랑하고 지지해 준다.

나는 귀중한 사람이다.

나는 좋은 것을 누릴 자격이 있다.

몇 개, 조금이 아니라 모든 좋은 것을 누릴 자격이 있다.

나는 의식의 새로운 공간으로 이동한다.

이곳에서 나는 나 자신을 새로운 시선으로 본다.

나는 나 자신과 내 삶에 대한 새로운 생각을 기꺼이 창조한다.

새로운 생각이 새로운 경험을 만든다.

무한한 가능성이 내 앞에 놓여 있다.

나는 행복한 삶을 살 자격이 있다.

나는 사랑의 풍요를 느낄 자격이 있다.

나는 건강할 자격이 있다.

나는 편안하게 살고 부자가 될 자격이 있다.

나는 기쁨과 행복을 누릴 자격이 있다.

나는 내가 되고 싶은 모든 것이 되는 자유를 누릴 자격이 있다.

나는 이 이상의 모든 것을 누릴 자격이 있다.

나는 모든 좋은 것을 누릴 자격이 있다.

우주는 기꺼이 나의 신념이 현실로 나타나게 해 준다.

이것이 내 존재의 진실이고, 나는 있는 그대로 이를 받아들인다.

나의 세상에서는 모든 것이 좋다.

후기

나와 이 놀라운 여행을 함께하고 있는 사랑하는 친구들에게 감사합니다. 편지를 보내 준 분들께도 깊이 고개 숙여 감사드립니다. 친절하고 따뜻한 표현에 다시 한번 감사드리며, 소중한 경험을 나에게 나눠 주신 것을 영광으로 생각합니다.

내가 맨 앞의 소개에서 말씀드렸듯이, 이 책의 요점은 한 개인이 얼마나 많은 사람을 감명시킬 힘이 있는가 하는 것을 보여주기 위함입니다. 그래서 나는 독자 여러분들도 여러분의 일상에서 이 책의 주인공들이 했던 방법들을 적용해 보기를 바라고 있습니다.

우리의 아름다운 지구에 행복한 힘이 되어 주도록 합시다. 사랑·기쁨·열정을 퍼트려 봅시다. 여러분이 할 수 있을 때, 할 수 있는 곳에서 나눠 주세요. 매일 친절한 행동을 해 보세요. 여러분 자신과 여러분이 가지고 있는 모든 것에 관해 우주에 감사해 보세요. 그리고 무엇보다도 여러분은 삶이 제공하는 사랑, 번영 그리고 모든 멋진 것들을 누릴 자격이 있다는 것을 아시기를 바랍니다.

여러분과 내가 매일, 다양한 방식으로 이 세상을 더욱 좋은 곳으로 만들 수 있습니다. 정말 그렇답니다.

— 루이스 L. 헤이

치유 기도

나의 내면 깊은 곳에는 마르지 않는 사랑의 우물이 있다. 나는 이제 이 사랑이 밖으로 흐르게 한다. 사랑이 나의 가슴과 몸과 마음, 의식과 나의 존재를 채우고 밖으로 뻗어나간다. 그리고 몇 배가 되어 다시 나에게로 돌아온다. 사랑을 베풀수록 더 많은 사랑을 베풀어야 한다. 사랑은 무한하게 공급된다. 사랑을 베풀면 나는 행복해진다. 내면의 기쁨이 사랑으로 표현된다. 나는 나를 사랑한다. 그러므로 나는 내 몸을 잘 돌본다. 나는 사랑을 담아 내 몸에게 영양가 있는 음식과 음료를 준다. 나는 사랑으로 내 몸을 대하고 옷을 입힌다. 그리고 내 몸은 사랑을 담아 건강과 활기로 내게 답한다. 나는 나를 사랑한다. 그러므로 나 자신을 위해 필요로 하는 것이 갖춰져 있고 즐거움이 가득한 편안한 집을 마련한다. 나를 포함한 모든 사람이 방에 들어오면 사랑의 기운을 느끼고 그로 인해 행복 해질 수 있도록 이 방을 사랑으로 가득 채운다. 나는 나를 사랑한다. 그러므로 나는 내 창의성과 능력을 발휘할 수 있는, 정말 내가 좋아하는 일을 한다. 나는 나를 좋아하고 사랑하는 사람들과 함께 일하며, 돈을 많이 번다. 나는 나를 사랑한다. 그러므로 나는 모든 사람에게 사랑을 담아 대한다. 왜냐하면 내가 다른 사람들에게 베풀면 배가 되어 나에게 돌아올 것이란 걸 알기 때문이다. 내 세상에는 사랑스러운 사람들만 있다. 왜냐하면 그 사람들은 나의 거울이기 때문이다. 나는 나를 사랑한다. 그러므로 나는 나의 과거를 용서하고 흘려보낸다. 그리고 나는 자유롭다. 나는 나를 사랑한다. 그러므로 나는 온전히 지금을 산다. 나는 매 순간 좋은 경험을 하면서, 내 장래가 밝고 즐겁고 안전하다는 것을 안다. 왜냐하면 나는 우주가 사랑하는 아이고, 우주는 지금처럼 언제까지나 나를 사랑으로 돌볼 것이기 때문이다. 정말 그러하다.

부록: 사랑과 평화의 확언

사랑하는 독자 여러분께,

이 책을 읽으며 여러분의 내면에서 새로운 깨달음과 평화를 찾으셨기를 바랍니다.

아래의 확언들은 삶에서 평화, 사랑, 그리고 자유를 경험하도록 도와주는 강력한 메시지입니다. 이 확언을 소리 내어 읽거나 마음속으로 반복하며 여러분만의 치유와 성장을 위한 시간을 가져보세요. 가장 확언이 확실하게 효과가 있는 것은 잠재의식에 25번 씩 손으로 꾹꾹 눌러서 쓰는 방법이 있습니다. 거울을 보면서 다음의 확언들을 해보는 것도 좋겠습니다.

이 순간, 여러분은 사랑받고 있으며 충분히 가치 있는 존재입니다.

하루를 여는 확언

- 나는 나 자신을 사랑스럽게 용서합니다. 나는 자유롭습니다.
- 나는 지금 있는 그대로 완전히 평화롭습니다.
- 나는 삶의 흐름에 몸을 맡기고, 사랑이 나를 통해 흐르도록 허락합니다.
- 모든 경험은 나의 성장 과정에 완벽합니다.

평화를 위한 확언

- 나는 내 마음속의 사랑으로 나를 정화하고 치유합니다.
- 나는 내 마음이 평화롭도록 허락하며, 주변은 명료하고 고요합니다.
- 나는 모든 제한을 뛰어넘어 자유롭고 창의적으로 표현합니다.

자신감과 안전의 확언

- 나는 삶의 과정을 신뢰합니다.
- 나는 안전하며, 모든 것이 내게 완벽하게 맞아떨어집니다.
- 나는 나 자신을 믿고, 내 인생에서 최고의 것을 창조합니다.

삶의 사랑과 조화를 위한 확언

- 나는 사랑으로 나를 둘러싸고 모든 것을 수용합니다.
- 나는 과거를 떠나 새로운 것을 향해 나아갑니다.
- 삶은 나를 지지하며, 나는 항상 보호받고 있습니다.

확언 활용법

- **매일 아침과 저녁:** 자신에게 집중할 수 있는 조용한 시간을 마련하고, 확언을 반복하세요.

- **필요한 순간:** 힘들거나 불안할 때, 마음의 평화를 되찾고 싶을 때 확언을 떠올리세요.

- **기록하기:** 자신이 가장 공감하는 확언을 다이어리나 노트에 적어보세요.

사랑과 평화가 여러분의 삶에 가득하기를 바랍니다.

이 순간, 여러분은 완전하며 소중한 존재입니다.

루이스 헤이의 자기 사랑 치유 혁명

초판 1쇄 인쇄 2025년 1월 17일
초판 1쇄 발행 2025년 1월 24일

지은이 | 루이스 헤이
옮긴이 | 엄남미
펴낸이 | 엄남미
펴낸곳 | 케이미라클모닝
편집 | 김재익
본문 디자인 | 필요한 디자인

등록 | 2021년 3월 25일 제2021-000020호
주소 | 서울 동대문구 전농로 16길 51, 102-604
이메일 | kmiraclemorning@naver.com
전화 | 070-8771-2052

ISBN 979-11-92806-18-1 (03110)